CAPTAIN POPCORN

UNIVERSE

SYLVAIN MORIAME

CAPTAIN POPCORN UNIVERSE

hachette HEROES

SOMMAIRE

1

Fantasy

1 | FANTASY

Le Seigneur des Anneaux, Le Trône de fer, L'Assassin royal, Conan... La fantasy.

S'il m'avait fallu choisir un seul sujet, ça aurait été celui-ci. La fantasy, ou son sous-genre, l'*heroic fantasy*, parfois traduite en « médiéval fantastique », voilà le genre qui recèle les plus précieuses de mes rencontres personnelles avec la culture (geek).
Un autre monde, une époque différente. D'un passé historique à peine mâtiné de merveilleux à un univers entier aux règles naturelles différentes des nôtres, la fantasy nous propose un ailleurs, un autrement.

Si on voulait l'affilier à un genre établi avec plus d'ancienneté dans la littérature française, on dirait sans doute que la fantasy est une déclinaison du merveilleux, qui se distingue du fantastique par un élément surnaturel généralement accepté, connu et presque considéré comme naturel par les personnages du récit.

A contrario, le fantastique propose un univers dans lequel l'irruption du surnaturel détonne et parfois même, effraie, notamment dans ses déclinaisons horrifiques.

La fantasy est protéiforme. Fable, conte, épopée, comédie parfois, drame souvent. Dans le genre médiéval fantastique, on retrouve clairement la notion de Moyen Âge. Un Moyen Âge idéalisé, fantasmé, extrapolé, transformé ou, au contraire, très documenté, peu importe... Ce décor est souvent choisi pour les récits de fantasy.
Qu'elle se situe au Moyen Âge, dans une hyperborée pré-antique, une Renaissance échevelée ou même une galaxie très lointaine, la fantasy évite généralement l'époque moderne et laisse de côté les évolutions sociales et surtout techniques.
Toutefois, il existe des exceptions où une évolution technologique peut venir jouer un rôle dans l'histoire, même s'il s'avère souvent secondaire. On pense à l'invention de la poudre à canon chez Robert Jordan pour *La Roue du temps* ou encore aux prémices de l'ère industrielle pour Joe Abercrombie dans *A Little Hatred.*

D'une certaine façon, il existe autant de styles de fantasy que d'auteurs qui l'écrivent. Pour le plaisir de l'exercice intellectuel, on peut jouer avec les sous-genres qui correspondent à autant de préfixes qu'on accole au mot *fantasy* : *heroic, dark, light, high, low*… sans oublier la *sword & sorcery*. Et j'en oublie forcément. Une série de définitions n'aurait que peu d'intérêt, d'autant que ce qui compte, ce sont les textes et leur capacité à vous toucher.

Peut-être irez-vous farfouiller sur le Net pour clarifier ce qu'est, au hasard, la *dark fantasy*. Les exemples que vous trouverez dans vos pérégrinations électroniques et votre curiosité feront le reste.

J'ai pu trouver mon bonheur dans chacune de ces sous-catégories. L'essentiel, c'est la capacité des créateurs à nous faire vibrer au rythme des aventures ou mésaventures de leurs personnages, ces vaisseaux qui nous permettent de vivre ce merveilleux par procuration.

Ici, je vous invite à cheminer à mes côtés au fil de sentes encaissées au creux de combes abritées et verdoyantes, sur les crêtes venteuses et minérales ou encore dans ces ruelles aux odeurs alléchantes ou repoussantes, où chaque froissement promet une terrible surprise.

Je serai votre guide pour plonger de concert au cœur de certaines de ces histoires, au travers de la mienne. Une sélection parmi tant d'autres possibles !

FANTASY, MON AMOUR

Je vous parlerai des œuvres qui ont marqué ma vie depuis mon enfance, ce qui m'amènera, parfois, à me dévoiler un peu. Ce chemin particulier commence, dans mon histoire, avec la mythologie grecque et la chevalerie. Deux sujets et deux périodes bien distincts, et pourtant, quand on y pense, en mélangeant les deux, on retrouve bon nombre des ingrédients de la fantasy.

S'il fallait donner un âge, disons 7 ans. Un premier livre illustré consacré à quelques histoires marquantes de la mythologie grecque et « bim », c'était parti.

Quelle fascination pour ces créatures monstrueuses et les héros qui leur faisaient face, armés de leur courage et de leur ingéniosité ! Jason saisit par les cornes les taureaux soufflant le feu par les naseaux, Thésée terrasse le Minotaure dans le labyrinthe de Minos (évidemment, j'avais reconnu le nom du méchant de *Goldorak* !), Bellérophon surgit des cieux, chevauchant Pégase, déterminé à pourfendre la chimère ! Persée triomphe de Méduse, au cœur de son propre temple, évitant son regard pétrifiant grâce au reflet sur son bouclier poli... Puis enfin Héraclès (ou Hercule), capable d'étouffer un lion, de détourner le lit d'une rivière ou même de porter, un temps, pour soulager Atlas, le ciel sur ses épaules.

Plus j'en apprenais, et plus ces récits épiques me fascinaient. Cronos (ou Saturne dans la mythologie romaine) qui dévore ses enfants, comme évoqué avec une cruauté tout organique dans la toile de Rubens du XVIIe siècle. Les dieux, menés par Zeus, qui défont les Titans pour ensuite vaincre les Géants, dans la Titanomachie puis la Gigantomachie. L'invincible Achille pourtant vaincu et le gâchis terrible de la guerre de Troie. Ulysse et son incroyable périple, relevant tous les défis grâce à sa ruse et son ingéniosité...

La mythologie grecque (et romaine) est l'un des fondements de la culture classique et, on la retrouve souvent dans des expressions de la langue française. Quelques connaissances en la matière sont toujours un plus, d'autant que des œuvres récentes peuvent toujours y faire référence. C'est le cas de *Westworld*, entre autres.

Bien jeune et très premier degré à l'époque, j'y voyais surtout des histoires héroïques et merveilleuses, qui propulsaient des héros dans des situations surnaturelles et les confrontaient à des créatures puissantes et effrayantes. Je pense néanmoins, avec le recul, que les enseignements sous-jacents de ces périples initiatiques nous marquent inconsciemment de leur empreinte.

Au travers des livres, des films, des spectacles de contes et, plus tard, de divers dictionnaires, la mythologie m'a ouvert la porte aux mythes et légendes du monde entier, du *Mahabharata* hindou à l'animisme aborigène en passant par l'*Épopée de Gilgamesh* en Mésopotamie ou encore les contes touaregs d'Arrigulan et Adelaseigh.

Véritable creuset d'un antique vécu commun et peut-être même de ce qu'on appelle la « conscience collective », on retrouve des trames comparables au cœur de mythes pourtant racontés à des milliers de kilomètres de distance, comme l'a notamment relevé Carl Gustav Jung. C'est à partir de son essai *Psychologie de l'inconscient* (première version 1913), qui marque son éloignement de Freud, que le jeune psychiatre Jung développe ses fameux archétypes de l'inconscient collectif qui seraient constitutifs des mythes. Ces similitudes nous enseignent qu'au-delà des différences culturelles, c'est bien l'expérience humaine fondamentale qui nous relie tous.

Si la mythologie ne vous est pas familière, je ne peux que vous recommander d'y plonger par le support qui vous attire le plus, même si le livre reste un excellent outil pour se cultiver et contribuer à former ce que je nommerai « l'intelligence » faute d'un terme moins large et débattu.

Tout gamin, ce sont aussi les péplums mythologiques qui ont profondément marqué mon imaginaire, en particulier ceux que je découvrais dans l'émission *La Dernière Séance* dès 1982, sur FR3 – eh oui ce n'était pas encore France 3 à l'époque ! On y découvrait le cinéma américain en deux films entrecoupés de dessins animés présentés par Eddy Mitchell, avec Patrick Brion, éminent spécialiste du cinéma, pour définir en coulisses la ligne éditoriale.

Même si les westerns avaient la part balle – euh belle – dans le prolongement de ma passion pour la mythologie, je pense surtout à ces films dont les monstres étaient animés par le génie des effets visuels des années 1950 à 1980, Ray Harryhausen, comme *Le Septième Voyage de Sinbad*, *Jason et les Argonautes* ou encore *Le Choc des Titans* (la version de 1981).

J'y retrouvais souvent cette fascination que m'inspiraient les fabuleux romans de Jules Verne qui, parfois, mettaient aussi en scène des créatures antédiluviennes et gigantesques.
C'est ma mère qui est à l'origine de cette transmission du goût pour la plupart de ces sujets, une raison parmi un millier d'autres pour lui être éternellement reconnaissant.

Je vous disais que tout avait commencé par la mythologie grecque et la chevalerie.
Les chevaliers, le Moyen Âge fantasmé, les châteaux forts, puis surtout les légendes arthuriennes, voilà bien un autre univers dans lequel je sautais à pieds joints pour mieux m'y perdre avec délice.

Encore une fois, tout a commencé par des livres illustrés qui reprenaient des histoires marquantes des grands chevaliers de l'imaginaire, piochés principalement dans la *Chanson de Roland* ou la geste arthurienne.
Roland et son épée Durandal, son ami Olivier et sa lame Hauteclaire ; Gauvain, le chevalier dont la force est proportionnelle à la course du soleil ; Yvain, le Chevalier au lion ; Lancelot, le chevalier presque parfait ; Perceval, qui voit le Graal sans le reconnaître ; Galaad, le chevalier pur ; et Arthur lui-même, figure héroïque et tragique. Les hauts faits de ces personnages plus grands que nature et pourtant si humains gardent à mes yeux une puissance évocatrice remarquable.

Plus tard, c'est le film *Excalibur* de John Boorman qui me fit forte impression, d'autant que j'ai dû le voir relativement jeune, bien trop pour en comprendre la portée symbolique et suffisamment pour être un peu mal à l'aise face aux scènes où s'expriment les passions érotiques, notamment dès l'ouverture et la conception d'Arthur.

Excalibur est un film à la fois onirique et bestial, qui vient saisir la question profonde du mythe arthurien mettant des humains passionnés et faillibles en quête d'un idéal d'une pureté absolue et donc inatteignable du fait même de leur propre nature.

Outre les livres et autres visites de châteaux, je retrouvais également cet univers dans un anime, *King Arthur*, diffusé sur la 5 à l'époque, en 1987. Je suivais ce dessin animé en prenant mon petit déjeuner avant l'école, et j'étais à fond dans les aventures d'Arthur, Lancelot et Tristan.

Même s'il est parfois maladroit et que le temps l'a rendu sans doute moins impressionnant qu'à sa sortie, en 1981, *Excalibur* propose toujours une expérience cinématographique saisissante, portée par une bande originale inoubliable, entre Wagner et *Carmina Burana*.

Me voilà à 10 ans à peine. Je n'étais pas encore tout à fait dans la fantasy, mais tous les éléments de mon parcours se mettaient en place, à mon insu, pour que mes premières rencontres avec elle se transforment en coup de foudre.

Si ma mémoire est bonne, ma première véritable rencontre avec la fantasy pure et dure s'est faite avec un Livre dont vous êtes le héros (LDVELH) de la collection Folio Junior de Gallimard Jeunesse, et il me semble qu'il s'agissait du premier tome de la formidable saga *Loup Solitaire : Les Maîtres des Ténèbres.* Le choc fut total. Encore aujourd'hui, revoir cette couverture effrayante et sanglante, bien plus évocatrice que l'illustration peu inspirée qui la remplace dans l'édition actuelle, ravive de puissants souvenirs.

La plupart d'entre vous doivent déjà connaître le principe d'un LDVELH, à savoir un livre jeu dont le sens de lecture n'est pas linéaire. L'idée consiste à faire du lecteur le héros central d'une aventure qu'on poursuit en faisant des choix qui renvoient à tel ou tel paragraphe.

Je n'aurais pas pu mieux tomber puisque, jusqu'à ce jour, la série *Loup Solitaire* reste ma préférée parmi les nombreuses que j'ai pu tester au fil des années consacrées à écumer le genre.

Attendez un peu… Je suis assailli d'un doute horrible. Et si mon premier contact avec la fantasy remontait en réalité au dessin animé *Les Maîtres de l'univers* ? Oui, oui, Musclor et Skeletor, la série diffusée sur Antenne 2 à partir de 1984 ! Je me souviens de la « hype » totale que j'avais ressentie en découvrant… les pubs pour les figurines ! C'est si bon parfois d'être victime du marketing.
Pour la postérité (aheum), gardons plutôt le livre dont vous êtes le héros comme première référence de fantasy. C'est plus classe.

C'est en fin d'école primaire, entre le CM1 et le CM2 pour être exact, que j'ai découvert chez un ami le jeu de plateau *Le Sorcier de la montagne de Feu*. Ce titre vous est peut-être familier, car il s'agit du premier LDVELH de la fameuse série *Défis fantastiques*, un titre dont le succès a sérieusement relancé en 1982 ces livres jeux qui existaient depuis les années 1970.

Toutefois, c'est bien du jeu de plateau dont il est ici question et, sans aucun doute possible, ce fut pour moi une révélation encore plus incroyable que celle du livre, car nous avions pu jouer ensemble, en groupe (rendez-vous compte !) et passer ainsi l'une des plus mémorables après-midi de ma vie.

Surtout, ce jeu fut le premier pas sur une piste qui m'amènera, finalement, après quelques détours malheureux, en contact avec le sacro-saint de mon attachement à la fantasy, à savoir la lecture du *Seigneur des Anneaux* et la pratique du jeu de rôle (JdR).
Quand j'évoque les détours malheureux, c'est qu'à l'époque, j'ignorais encore totalement la notion de jeu de rôle. Pour moi, une boîte ressemblant à celle du *Sorcier de la montagne de Feu* devait nécessairement être un jeu de plateau et c'est cette idée qui me poussa à choisir pour un anniversaire une autre boîte de Gallimard, *Pendragon*.
En l'ouvrant, pas de plateau de jeu, pas de figurine ! Des livrets de règles dont je ne comprenais pas le sens. Le drame pour un enfant (un peu gâté) déçu de son cadeau. Heureusement, Captain Popcorn ne pleure jamais.

Mon salut n'est venu qu'un peu plus tard, quand le grand frère de Bertrand, un ami d'enfance chez qui j'avais découvert le *Sorcier*, accepta de nous improviser une partie d'initiation au jeu de rôle...

C'est justement dans l'univers de *Pendragon* (un jeu de rôle qui s'inscrit dans la légende arthurienne) que cette partie prenait place. Je ne sais plus si ce scénario improvisé était génial ou juste rocambolesque, mais ce qui est certain, c'est que ma vision du loisir en général et ma vie même, sans vouloir exagérer, s'en sont retrouvées bouleversées.

Ainsi, on pouvait, à trois personnes déjà, créer et vivre ensemble n'importe quelle histoire aventureuse et fantastique, en passant simplement par la narration, la discussion, la description de l'environnement et des actions des héros, et quelques règles encadrant les jets de dés.

Et voilà.

Quelle découverte incroyable !

GRANDES ŒUVRES ET CHOCS INITIATIQUES : MES INCONTOURNABLES

Assez parlé de mon enfance ! Parlons plutôt de mon adolescence. Rhooo, ça va. Je déconne. Pas totalement en fait… Les pages qui suivent vous donneront un aperçu des œuvres de fantasy les plus importantes de ma vie. Un chapitre plutôt copieux donc, en toute logique !

Tout comme ce livre de manière générale, l'idée ici n'est absolument pas de rechercher une forme d'exhaustivité, ce n'est pas le propos. Je n'ai pas tout lu, ni tout vu, malheureusement, et recenser tout ce qui existe en fantasy serait non seulement fastidieux, mais aussi peu pertinent.
On n'est pas dans le *Universe* ici, mais seulement mon petit CPU.

Je commence par *Le Seigneur des Anneaux* et j'évoquerai d'autres grands classiques, sachant que des pépites moins connues viendront aussi, un peu plus loin. Même si vous connaissez déjà ces classiques, j'espère que la vision personnelle que je vous en propose ici vous sera agréable.

J'espère sincèrement que ces pistes vous apporteront à votre tour de formidables expériences de lecteur, de spectateur ou de joueur.

LE SEIGNEUR DES ANNEAUX

Il me semble que c'est dans la continuité des premières découvertes que j'ai lu *Le Seigneur des Anneaux* (*SdA*). Je me souviens avoir demandé à ma mère de m'acheter la trilogie au Furet du Nord, la célèbre librairie lilloise. Trois tomes, couverture de cuir rouge et reliure cousue, avec jaquette de papier glacé illustré.

Même si les débuts de l'histoire sont sans doute un peu longuets pour un garçon de 11 ou 12 ans, je me suis rapidement pris d'une grande passion pour ce récit qui m'emportait directement dans le jardin d'Eden de la fantasy, les Terres du Milieu.
Dévorer le *SdA*, c'était comme croquer à pleines dents la pomme de la connaissance. Les personnages variés, de la simplicité des Hobbits aux Elfes glorieux en passant par les Humains tiraillés, les contrées traversées et la gravité des enjeux, tout me parlait intimement.

Attention, quelques spoilers dans le paragraphe qui suit !

Les Êtres des Galgals, l'étrange Tom Bombadil, la fureur du Balrog et la chute de Gandalf, la Lothlórien de Galadriel, le destin de Sméagol, la rencontre de Faramir et Éowyn… Joie intense et profonde de vivre un tel chef-d'œuvre pour la première fois. Que d'émotions !

Dès lors, la fantasy est devenue, de très loin, mon genre littéraire de prédilection. Alors, ne vous étonnez pas de trouver ici de nombreux romans. C'est bien là que réside le cœur palpitant du genre.

Peut-être qu'un jour, un film ou une série au contenu original parviendront à atteindre ou dépasser la magie créatrice des meilleurs ouvrages de fantasy, mais, pour le moment, nous en sommes loin.

Le Seigneur des Anneaux fait partie des rares livres que j'ai lus deux fois, mais cela remonte maintenant à un paquet d'années. Je n'ai donc aucun avis sur la nouvelle traduction de Daniel Lauzon publiée en 2014, dont je n'ai pas fait l'expérience. Un jour, peut-être.

S'il fallait souligner les faiblesses du *Seigneur des Anneaux*, on pourrait éventuellement évoquer un style qui se détourne volontairement de questions plus troubles de la psyché humaine comme les motivations sexuelles (qu'on retrouve parfois dans l'œuvre de Robert E. Howard, pourtant antérieure), ou encore remarquer un récit finalement très centré sur des références mythiques européennes alors que l'ampleur se veut universelle. On peut aussi y voir des choix de l'écrivain plutôt que des défauts, à chacun de se faire son avis.

Il est particulièrement difficile de ne choisir qu'un personnage ou un passage d'une œuvre qu'on vénère – le mot est fort, mais disons une vénération néanmoins capable d'un regard critique !
Si je ne devais retenir qu'un personnage, et même si j'hésiterais sans doute avec Aragorn, ce serait finalement Samsagace Gamegie. Sam est bouleversant. Il incarne la bonté, l'abnégation et le courage qui sommeille en tout héros du quotidien qui s'ignore. Sans Sam, Frodon (oui j'utilise plutôt « Frodon » que « Frodo », simple question d'habitude) aurait plusieurs fois échoué. D'ailleurs, il serait mort dans les filets de Shelob. Ah ! Shelob contre Sam... quel affrontement d'anthologie. Tout ce qu'il faut savoir de Samsagace, on le trouve déjà dans son prénom. Il est empli de sagacité, de sagesse. Inspirons nos choix de ce qu'aurait fait Sam à notre place, et rarement nous nous tromperons.

Dans la continuité, s'il me fallait choisir un seul passage du chef-d'œuvre, ce serait sans doute celui où l'on voit Sam porter Frodon sur son dos pour couvrir les dernières centaines de mètres vers le sommet de l'Orodruin – oui, j'aime placer du sindarin, c'est toujours stylé ! Même si l'amour qui unit Arwen à Aragorn est totalement bouleversant, l'amitié indéfectible entre Frodon et Sam l'est davantage encore à mes yeux.

Ce n'est qu'après *Le Seigneur des Anneaux* que j'ai enfin lu *Bilbo le Hobbit*, dont l'illustration de couverture, en Bibliothèque Verte, m'avait toujours semblé un peu ridicule. Pourquoi l'avoir si longtemps ignoré alors qu'il trônait dans la salle de lecture de mon école primaire ?
Enfin... *Le Hobbit* reste l'ébauche d'un monde et une histoire initialement destinée aux enfants, ce que n'est certainement pas *Le Seigneur des Anneaux* et encore moins *Le Silmarillion*, qui fut publié à titre posthume en 1977 par Christopher Tolkien, le fils de J. R. R. Tolkien, aidé dans cette tâche gargantuesque par Guy Gavriel Kay, nom que je vous invite à retenir et sur lequel je reviendrai.

Le Silmarillion offre une expérience de lecture très différente du *SdA*, puisqu'il s'agit d'une compilation de récits et pas d'une histoire qui suivrait les mêmes protagonistes du début à la fin.
Pour moi, ce fut à nouveau une révélation de la capacité que peut avoir un auteur à imaginer et développer non seulement son propre monde, mais aussi sa propre cosmogonie et mythologie.
Malgré ses particularités et une certaine aridité que pourront lui reprocher certains lecteurs, *Le Silmarillion* n'en offre pas moins d'incroyables moments de félicité, de gloire, de bravoure, de déchéance et de nostalgie épique et grandiose. Peu d'auteurs sont capables de rivaliser avec J. R. R. Tolkien de ce point de vue, et c'est là un joyeux euphémisme.

Le Silmarillion est davantage qu'un complément au *SdA* ; c'est une bible indispensable des Terres du Milieu qui vient mettre en perspective la fin du Troisième Âge où se déchaîne la guerre de l'Anneau et inscrire cette période dans une tapisserie plus vaste.

Choisir un personnage proéminent du *Silmarillion* semble quasiment impossible, mais disons Lúthien, la plus belle des enfants d'Ilúvatar et ancêtre d'Arwen. Elle incarne la supériorité ultime de l'art et de la bonté face à la malice et la destruction. Túrin, dit Turambar, antihéros tourmenté au parcours tragique, est une autre figure du *Silmarillion* qui a laissé sur moi une empreinte, cette fois plus ambivalente, mais tout aussi durable.

Toutefois, si je devais évoquer un passage du *Silmarillion*, ce serait le duel entre Fingolfin et Morgoth. Un des combats les plus poignants qu'il m'ait jamais été donné de lire. Le choix d'un Elfe de se mesurer, seul, à une divinité déchue – oui, bon, un Vala, une puissance déchue, si ça peut faire plaisir aux puristes !

Les messages que Tolkien nous laisse au travers de son œuvre sont éminemment positifs et pacifistes. Néanmoins, on y trouve aussi la notion de désenchantement du monde à mesure que l'homme le domestique et l'industrialise, une vision qui se révèle douloureusement actuelle.

Vous l'aurez compris, pour Le Seigneur des Anneaux, les livres ont, pour moi, précédé les films.

Le film *La Communauté de l'Anneau* est sorti en France le 19 décembre 2001. J'étais allé, seul et le matin même, le voir au cinéma. À l'UGC de Lille pour être exact, puisque j'y vivais encore à l'époque.

L'introduction m'a pris aux tripes, m'a coupé le souffle. J'entendais la voix de Galadriel me conter l'histoire de l'Anneau... GALADRIEL !

Dès que Gandalf est apparu à l'écran, les digues ont rompu et j'ai pleuré à chaudes larmes. Ma vision intime de l'histoire était là, sur écran géant. Quel choc intense, quel bonheur ! Il faut dire que John Howe, génial illustrateur, avait travaillé de près sur le projet. Mais tout de même, j'ai rarement ressenti un tel sentiment de satisfaction. Sans doute ma plus grande émotion de cinéma.

Cette trilogie a ses imperfections. Peu, mais elle en a. Gimli n'a pas eu le traitement qu'il méritait, se limitant souvent à une forme de ressort comique. Même si elles m'avaient plu à l'époque, avec le recul, je pense que quelques exagérations visuelles auraient pu être évitées et particulièrement la transformation faciale de Bilbon quand il retrouve Frodon et que la cupidité de l'Anneau ressurgit soudain. Le jeu de Ian Holm aurait pu se passer des effets.

De l'autre côté du spectre (hihi), de nombreuses adaptations m'ont semblé extrêmement pertinentes, comme le rôle accru confié à Arwen et la poursuite à cheval, les Nazgûl à ses trousses, jusqu'au gué où elle reprend l'intervention destinée à Glorfindel dans les livres.

Ce sont évidemment les versions longues de la trilogie que je préfère. Je serai éternellement reconnaissant à Peter Jackson pour le dévouement qu'on retrouve dans ces chefs-d'œuvre.
De tous les merveilleux acteurs, je retiendrai particulièrement Ian McKellen, si émouvant en Gandalf, et Viggo Mortensen, si investi et si incroyablement fidèle à l'humilité et la grandeur d'*Aragorn*. À ce sujet, pour les fans hardcore, sachez que Sir Ian McKellen a partagé en janvier 2020 un lien vers un journal de bord qu'il avait tenu durant le tournage.

Christopher Lee était, entre autres, l'inoubliable interprète de Saruman, même si, initialement, il visait le rôle de Gandalf ! Selon lui, c'est Samsagace le véritable héros de l'histoire et, vous vous en doutez, je ne le contredirai pas.

Il est possible que la trilogie du *Seigneur des Anneaux* forme mon film préféré de tous les temps, mais c'est un vaste débat que je vous propose de laisser pour une prochaine fois, en vidéo peut-être ?

Quittons maintenant ces Terres du Milieu où l'on pourrait aisément se perdre. Direction l'Âge hyborien, ***« Entre les années où les océans burent Atlantis et les cités majestueuses, et les années de l'émergence des Fils d'Aryas. »*** *(Conan l'Usurpateur,* dans la nouvelle *Le Phénix sur l'épée.)*

CONAN

C'est le moment de mettre à fond la musique de Basil Poledouris avec son chef-d'œuvre, la bande originale de *Conan le Barbare*, film de 1982 de John Milius.
Ma découverte des aventures de Conan a suivi un chemin inverse à celle du *Seigneur des Anneaux*. J'ai vu les films et ensuite, bien plus tard, j'ai lu une partie des écrits de Robert E. Howard.

Il faut souligner qu'il existe au moins deux Conan. *Conan le Cimmérien* d'un côté, personnage créé par Robert E. Howard comme protagoniste de certaines de ses nouvelles, et *Conan le Barbare* de l'autre, la version très différente qu'en proposent les films des années 1980, ou encore les comics Marvel. De fait, j'ai beaucoup aimé les deux versions, même si le véritable Conan est évidemment celui de son créateur, un survivant un peu sauvage, qui traverse, avec la grâce d'une panthère dans les ombres, les paysages incroyables et les dangers mortels de l'Âge hyborien, tout en observant d'un œil critique les dérives décadentes d'une civilisation qui s'urbanise.

Cela étant dit, ceux qui considèrent *Conan le Barbare* comme un nanar ou un film pour abrutis sont totalement à côté de la plaque. Certains voient dans *Conan le Barbare*, le film de 1982, un pamphlet non seulement individualiste, mais, plus encore, une glorification de la domination violente et masculine ou même une incarnation du surhomme nietzschéen, voire une forme de fascisme.

Même si les positionnements politiques de John Milius ne permettent pas d'exclure totalement certaines de ces suppositions, il me semble qu'il faut surtout veiller à éviter toute surinterprétation. Ce qui est amusant, c'est qu'une première version du scénario avait été écrite par Oliver Stone, d'un bord politique a priori bien éloigné des idées de Milius.

Au sujet de Nietzsche, il faut savoir que la phrase ***« Ce qui ne nous tue pas nous rend plus fort »*** qui ouvre le film n'est qu'une paraphrase de la citation complète de l'auteur : ***« Appris à l'école de guerre de la vie, ce qui ne me tue pas me rend plus fort. »***

Quoi qu'il en soit, il est normal de détacher le personnage de Conan de toute morale judéo-chrétienne puisqu'il vit à une époque fantasmée bien antérieure à ces concepts. Il faut également savoir que John Milius a beaucoup projeté dans ce film de sa fascination pour Gengis Khan. En 2010, le réalisateur a même tenté de monter un film consacré au terrible conquérant mongol avec… Mickey Rourke dans le rôle !

Conan le Barbare propose de suivre le parcours d'un homme confronté à des circonstances exceptionnelles. Un homme qui utilisera ses atouts, notamment sa puissance physique et son talent au combat, pour prendre en main sa destinée.

Ce film reste à mes yeux un grand classique totalement fascinant. On ne peut pas en dire autant de la suite de 1984, *Conan le Destructeur*, qui peut divertir les plus jeunes (ce qu'il fit avec moi !) mais qui est bien loin de porter et de transmettre la puissance instinctive et vitale du premier film qui ouvrit à Arnold Schwarzenegger les portes du succès à Hollywood.

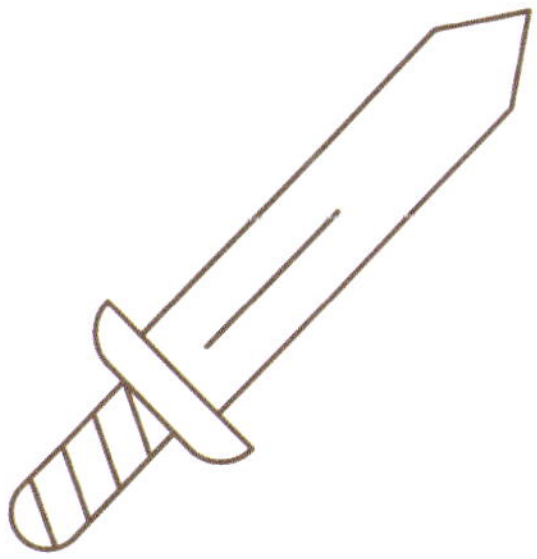

Attention, alerte spoiler sur le film !

Parmi les scènes m'ayant le plus touché, il y a évidemment l'introduction avec l'attaque du village cimmérien et la mort de la mère de Conan aux mains de Thulsa Doom.

La crucifixion de Conan (le coup de dent sur le vautour !) et son retour à la vie étaient pour le moins fascinants.

Enfin, cette bataille des monts où « two stood against many » – deux hommes firent face à de nombreux autres – me fait toujours vibrer, même si, après un nouveau visionnage, la réalisation a pris un sacré coup de vieux...

Avant de découvrir le véritable *Conan* d'Howard, je me suis laissé avoir, dans les années 1990 et début 2000, par les ersatz signés notamment de L. Sprague de Camp. J'ai redécouvert récemment la profondeur et la qualité des écrits de Robert E. Howard grâce à l'intégrale de *Conan* aux éditions Bragelonne.

L'auteur y pose certaines bases d'une fantasy qu'on pourrait décrire, par certains aspects, comme bien plus moderne que celle de J. R. R. Tolkien, malgré une création et une publication antérieures. En effet, Howard écrit, entre autres, des nouvelles dans lesquelles on retrouve *Conan* de 1932 à 1936 alors que la première publication du *Seigneur des Anneaux* n'intervient qu'en 1954.
Attention, je ne dis pas que je préfère les nouvelles d'Howard au *Seigneur des Anneaux*, la comparaison frontale n'est d'ailleurs pas vraiment judicieuse. Disons simplement qu'il faut accorder à Howard la place et la reconnaissance qu'il mérite.

Robert E. Howard a donné vie à d'autres personnages, notamment Solomon Kane et Kull, le roi atlante qui a servi de modèle pour poser les bases de Conan.
Conan évolue donc dans un « Âge hyborien » imaginaire, situé plus de 10 000 ans avant notre ère. Le mélange culturel inventé par Howard lui permet surtout de s'affranchir des contraintes de la fiction historique tout en profitant d'un monde où ses écrits peuvent piocher dans une ambiance d'Égypte antique avant de basculer, en passant dans une région pas si lointaine, dans un contexte de bas Moyen Âge ou même de flibuste sortie du XVIe siècle.

Ce qui est clair, c'est que pour véritablement connaître Conan, il faut lire les textes de Howard, souvent bien plus riches qu'on ne l'imagine et porteurs non seulement d'une certaine ambiguïté morale, mais aussi d'une vision acerbe de certains travers de l'humanité. Bon, et parfois, ça se bat, ça se bat bien même, aucune raison de bouder son plaisir !

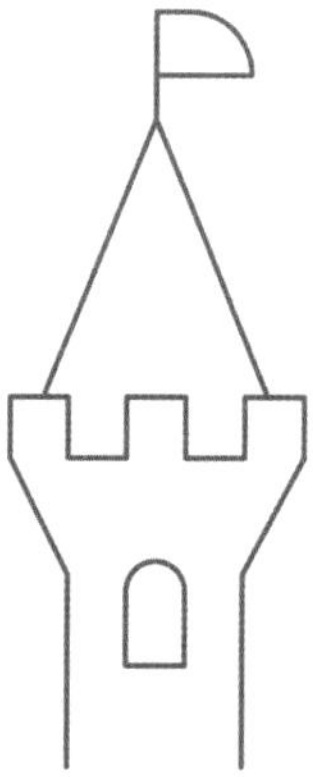

LE CYCLE DES PRINCES D'AMBRE

Le cycle des Princes d'Ambre, voilà, après *Le Seigneur des Anneaux*, le deuxième pilier de ma culture fantasy naissante à l'âge adolescent. Tout commence par *Les Neuf Princes d'Ambre*, premier tome d'un cycle de cinq livres, suivi d'une seconde pentalogie. Croyez-moi, lorsque vous les aurez lus, vous souhaiterez qu'il y en ait davantage.

Parmi vous, un bon nombre connaît peut-être déjà cette saga qu'on doit à Roger Zelazny, un auteur émérite de science-fiction qui signait ici un détour parfaitement remarquable dans la fantasy. Toutefois, je préserverai un certain mystère sur l'histoire, puisque le premier tome nous entraîne justement dans la découverte d'une étrange vérité pour Carl Corey, amnésique après un accident de voiture. Cela dit, si vous préférez ne rien en savoir du tout, plongez-vous dans la lecture de ce chef-d'œuvre et revenez peut-être poursuivre ces lignes plus tard, à l'occasion.

Je suis chanceux, puisque c'est avec l'édition de 1988, chez Denoël, dans la collection Présence du futur, que j'ai découvert les *Princes d'Ambre*. Chanceux, car les illustrations de couverture des dix tomes avaient alors été réalisées par Florence Magnin, dans un style en tout point admirable et évocateur.

Le premier choc à la lecture résidait pour moi dans le style court de Zelazny, rythmé, coupé au couteau, en totale opposition avec ce à quoi *Le Seigneur des Anneaux* m'avait habitué. Ensuite, c'est évidemment le charisme et l'entêtement de son héros, Corwin, qui m'ont transporté dans une histoire tout bonnement fascinante.

Au cœur du concept qui permit au regretté Roger Zelazny d'établir l'architecture de cette œuvre, on trouve la notion de multivers associée au mythe de la caverne de Platon. Ajoutez-y une famille régnante, surpuissante et hautement dysfonctionnelle, le tout dans une ambiance de Moyen Âge merveilleux nourri de systèmes de magies aussi géniaux qu'originaux.

Parmi les nombreuses qualités, je dois revenir sur la capacité de l'auteur à donner vie aux affrontements et notamment aux duels à l'épée. Même si les descriptions emploient des termes techniques d'escrime, comme se fendre ou exécuter une parade en quarte pour ensuite riposter, on ne perd rien de l'excitation, au contraire.

Si je devais retenir une scène, ce serait sans doute un duel entre Corwin et Benedict, à moins que ce ne soit le dénouement du premier livre…

Quant à choisir un personnage, ce serait nécessairement Corwin. Ce Corwin qui tente, qui prend des risques, qui jamais n'abandonne. Ce qui le définit avant tout, c'est son endurance et la déclinaison mentale de cette qualité, à savoir une détermination qui flirte parfois avec l'obstination.

On pourrait reprocher au *cycle des Princes d'Ambre* un final trop bref, qui laisse nombre de questions en suspens. À ce sujet, Roger Zelazny a écrit quelques nouvelles dans le prolongement de la saga et on suppose qu'il avait potentiellement le projet d'amener l'histoire dans une nouvelle direction avec des écrits à venir. Malheureusement, la maladie l'a emporté très tôt, à 58 ans, en 1995.

Vous l'aurez bien compris, il s'agit pour moi d'une œuvre incontournable.

L'ASSASSIN ROYAL

Robin Hobb est une auteure prolifique dont je n'ai lu que la série de *L'Assassin royal*, ce qui, vu sa longueur, n'est déjà pas si mal. En effet, l'ensemble de ce récit se déploie sur trois trilogies parues entre 1995 et 2017 et bien plus de volumes encore dans la traduction française en livres de poche.

Quand on aime Robin Hobb, c'est qu'on est prêt à s'investir dans une prose faisant la part belle aux personnages, à leurs états d'âme, leurs dilemmes et leurs peines de cœur. Certes, il y a de l'inventivité, avec les magies de l'Art et du Vif et parfois de l'action, d'autant plus glaçante quand le combat est appréhendé avec un réalisme aussi brutal.

Toutefois, *L'Assassin royal* reste avant tout une œuvre d'intériorité et, n'ayons pas peur des mots, de sentiments. On y explore les multiples facettes de l'amitié, de la loyauté, du lien entre mentor et élève, mais aussi de celui entre l'homme et l'animal. L'amour n'est pas en reste, et notamment dans une relation très particulière, qui déploie ses nuances sur toute la saga avec une subtilité poignante.

La puissance des sentiments, voilà vraiment ce que je garde de cette saga, et je me rends compte en l'évoquant que c'est l'une des rares œuvres de mes coups de cœur de fantasy écrite par une femme. Il faut dire qu'il y a nettement plus d'auteurs que d'auteures dans ce genre, même s'il y en a d'éminentes telles Ursula K. Le Guin avec notamment le *cycle de Terremer* ou, évidemment, J. K. Rowling avec *Harry Potter*.

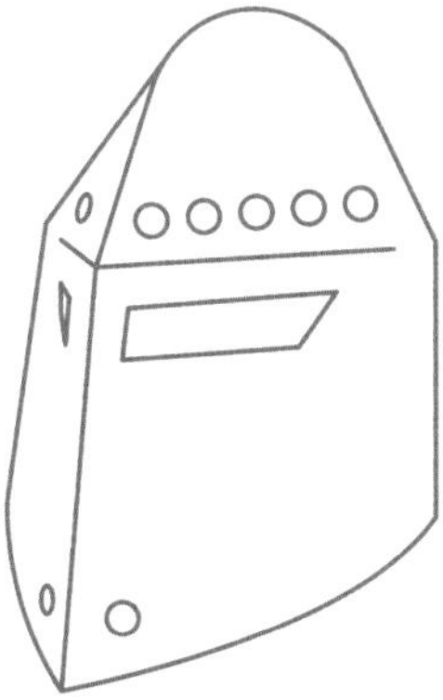

LA BELGARIADE ET LA MALLORÉE

J'évoquais les femmes et justement, celle qui se cache derrière un autre grand auteur, David Eddings, n'est autre que son épouse, Leigh. En effet, coauteure non créditée pour les premiers romans, son rôle ne fut reconnu que dans les œuvres plus tardives du couple. *La Belgariade* et *La Mallorée* sont deux cycles de cinq livres chacun, publiés entre 1982 et 1991, qui dépeignent une seule et même vaste fresque épique.

Si le fond de cette histoire reste extrêmement classique, avec toutes les étapes du parcours du héros qu'on retrouve si souvent en fantasy, ce sont les personnages imaginés par le couple Eddings qui font tout le sel de ces récits. Même s'il y a de véritables enjeux dramatiques dans cette épopée, on sourit souvent, on rit même parfois, ce qui est loin d'être le cas dans une majorité des grands classiques du genre.

Le héros central n'est qu'un prétexte pour développer toute une galerie de caractères (*big up* à La Bruyère !) dont certains sont purement irrésistibles. Je retiens notamment Silk, un roublard dans toute sa splendeur, à tel point qu'il en devient l'homme le plus riche du monde et dont le nez frétille à l'évocation du moindre mauvais coup. Un homme insaisissable aussi bien moralement que physiquement, mais qui sait ce que l'avenir lui réserve !
Il y a aussi Mandorallen, ce chevalier qui ne connaît pas la peur, mais devra pourtant apprendre à l'apprivoiser, même s'il faut bien avouer qu'en tant qu'épéiste, il a raison de ne craindre personne.

D'une certaine façon, on pourrait décrire ce cycle comme de la fantasy popcorn, mais attention, il y a bien une volonté derrière tout cela de reprendre des poncifs et de tenter de les tordre juste ce qu'il faut pour en extraire de savoureux moments.

Ce n'est ni mon cycle,
ni mes auteurs préférés,
mais que de bons souvenirs !

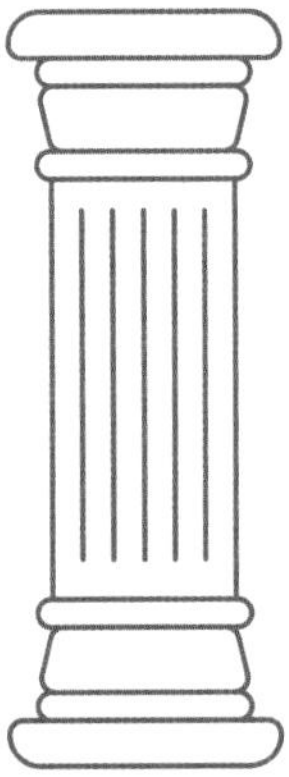

LYONESSE

On reste dans les années 1980 avec la trilogie *Lyonesse* qu'on doit à un grand maître, Jack Vance.
Ce qui est intrigant, c'est que Jack Vance est surtout connu pour l'aventure et la science-fiction et *Lyonesse* est sa seule véritable incursion dans le genre fantasy à proprement parler. (Bon, c'est vrai, certains classeront les histoires de *La Terre mourante* en fantasy, et je ne leur jetterai certainement pas la pierre !)

L'immense Vance a 67 ans quand il débute le premier tome de *Lyonesse*, *Le Jardin de Suldrun*, en 1983. Qui pourrait croire qu'un homme vieillissant serait capable d'insuffler autant de puissance adolescente à son ouvrage ? Un mélange si frappant de mélancolie et de délire féérique et primesautier ?

Ceux qui connaissent les récits de *La Terre mourante* et les « exploits » de Cugel (j'y reviens au chapitre science-fiction) ne seront pas étonnés, certes, mais quand même !
Là encore, il s'agit d'une lecture qui remonte à loin, mais j'en garde un souvenir aussi précieux que s'il s'agissait là d'un recueil des tendres moments de ma propre enfance.

> ***Jack Vance se saisit de mythes celtiques et pré-arthuriens pour nous entraîner dans des aventures émouvantes, fantasmatiques, cruelles, et pourtant si porteuses d'espoir.***

La politique des royaumes humains se mêle aux plans au long cours d'archimages surpuissants, tout en suivant des personnages variés et étonnants. Des personnages ancrés à ces îles dont on pourrait presque goûter le vin doré sur nos lèvres et sentir les embruns sur nos visages, à travers chaque page.
Je préfère vous mettre en garde. Elle vous restera, cette image de la blonde Suldrun, le regard perdu dans ces vagues venant mourir sur son petit rivage.
Lyonesse, c'est beau, tout simplement. Plongez-y.

LÉGENDES DES CONTRÉES OUBLIÉES

Je reviendrai aux livres, mais la fantasy s'est aussi largement exprimée dans le neuvième art. Plusieurs BD m'ont marqué, mais aucune ne l'a fait autant que *Légendes des Contrées Oubliées* de Bruno Chevalier et Thierry Ségur. Beauté cruelle et singulière que celle des *Légendes*... Faune et flore étranges, scénario qui ménage ses effets, style graphique très personnel de Ségur et ces couleurs à tomber !

Tout est réuni pour nous transporter dans un ailleurs.

Nous marchons aux côtés de ces Nains en quête d'un Roi. Nous mettons toutes nos forces dans les coups de Morkaï, l'illettré tragique. Nous rions et pleurons avec eux et prenons conscience des Puissances à l'œuvre. Initialement publié en trois tomes, réunis ensuite en une magnifique intégrale rééditée depuis, *Légendes des Contrées Oubliées* est un pur chef-d'œuvre.

Il n'y a rien à ajouter ni à enlever. Magnifiques et mortelles, les Contrées seront toujours là, en vous... à moins que ce soit votre esprit qui soit resté là-bas ?

J'aurais pu citer bien des œuvres encore, notamment les *Chroniques de la Lune Noire*, une saga inspirée d'une mythique campagne de jeu de rôle avec le créateur de *Donjons & Dragons*, Gary Gygax en personne, comme maître de jeu et François Marcela-Froideval, auteur des *Chroniques*, en joueur.

Disons toutefois que le récit des *Légendes des Contrées Oubliées*, plus resserré, bénéficie d'une grande cohésion et d'une trame parfaitement maîtrisée, émotionnellement plus forte là où les *Chroniques* donnent dans l'épique le plus gigantesque et délirant.

GUY GAVRIEL KAY

Souvenez-vous, j'avais évoqué le nom de Guy Gavriel Kay au sujet du *Silmarillion*, puisque c'est ce jeune homme qui avait alors aidé Christopher Tolkien à organiser les notes de son père afin de publier cette bible des âges anciens d'Arda (le monde incluant les Terres du Milieu).

Imaginez-vous ! Guy Gavriel a 20 ans, il est étudiant en philo et, du fait d'un réseau de connaissances qui le relie à l'épouse de Christopher Tolkien, il se retrouve à travailler, pendant deux années, sur les notes du maître…

Si je devais désigner un seul auteur de fantasy, mon auteur préféré, un choix éminemment difficile, ce serait sans doute lui. Voilà ce qui explique la différence avec les précédentes entrées de ce chapitre, qui évoquaient des œuvres spécifiques. Ici, je parle du travail de cet auteur dans sa globalité.

C'est la trilogie de *La Tapisserie de Fionavar* qui fut mon premier contact avec son œuvre, et quelle claque ! On reproche souvent à cette trilogie d'être très classique et trop proche du *Seigneur des Anneaux*. Et pourtant… à mes yeux, c'est une incroyable réussite. L'auteur parvient même à transformer en force ce qui m'était apparu, initialement, comme une erreur, à savoir ancrer l'origine du récit dans notre monde contemporain (années 1980 du coup !), au Canada.

Guy Gavriel Kay écrit particulièrement bien, il entrelace les destins et les intrigues avec génie et il est capable de tellement faire monter l'attente autour d'un moment précis qu'on se surprend à se mordre les lèvres d'impatience.

Dans tous ses romans, on retrouve surtout ce soin tout particulier à dépeindre des personnages très différents, issus d'origines et milieux variés, profondément humains, avec lesquels le lecteur entre en empathie. *La Tapisserie de Fionavar* est l'œuvre bouillonnante d'un auteur jeune et passionné, qui n'a pu résister à l'envie d'y injecter des références à de nombreux mythes, notamment le mythe arthurien.

J'étais jeune, moi aussi, au moment de le lire. La vingtaine, seul dans une « chambre de bonne » comme on disait à l'époque. Sous les toits, douze mètres carrés et toilettes sur le palier. Le grand luxe pour suivre des études à Paris en provincial du Nord que j'étais. Dans ces moments d'isolement, entre deux exposés et « galops d'essai » à Science Po, certaines œuvres étaient de véritables fenêtres vers l'ailleurs et *La Tapisserie de Fionavar* fut sans doute la plus belle.

Pourtant, ce sont probablement les ouvrages suivants de G. G. Kay qui sont les plus aboutis. En effet, c'est après *La Tapisserie*, que G. G. Kay a commencé à définir une approche qu'il suivrait ensuite pour le reste de sa carrière et qu'on peut résumer par la notion de fantasy historique. L'auteur va ainsi lire, voyager et échanger avec des spécialistes de l'histoire d'une région et d'une époque et, soudain, c'est la magie de la création, une idée germe jusqu'à éclore en roman.

Parmi les merveilles, et je pèse mes mots, de G.G. Kay, je ne peux que vous prier de vous pencher sur la sélection suivante.

Tigane s'inspire de l'Italie et de ses cités-États. Une terrible magie a effacé jusqu'à la mémoire de l'une d'elles, mais certains s'efforcent de sauver ce souvenir. Un pavé qui demande quelques pages pour être apprivoisé, mais quelle profondeur, quelle humanité ! Vous vibrerez autant que vous pleurerez.
La Chanson d'Arbonne visite la France méridionale du XIIIe siècle avec ses troubadours et son équivalent d'Aliénor d'Aquitaine. Une ode à l'amour, au courage et à cette région où l'auteur vivait au moment d'écrire ce roman.
Les Lions d'Al-Rassan vous emmènera dans les prémices de la Reconquista, en Espagne. De tous les romans de l'auteur, c'est peut-être celui qui propose les personnages les plus glorieux et inoubliables, dont l'un est directement inspiré du Cid.
Enfin, la duologie de *La Mosaïque de Sarance* dépeint l'improbable voyage d'un artisan vers l'équivalent de Constantinople à l'époque de l'Empire byzantin sous Justinien et Théodora. Une des œuvres les plus puissantes émotionnellement, avec une copieuse galerie de personnages et une remise en perspective de vos valeurs et croyances.

Depuis près de 20 ans, des discussions se lancent sans aboutir pour des projets d'adaptation à Hollywood. L'auteur précise qu'il préviendra lui-même ses lecteurs si un projet solide prenait enfin forme car il ne souhaite pas alimenter des rumeurs souvent décevantes.

Je reviendrai en fin de chapitre sur les œuvres de fantasy que j'aimerais particulièrement voir adaptées à l'écran !

DAVID GEMMELL

Je suis en pleine lecture du *Cycle Drenaï* au moment d'écrire ces lignes, mais je connais déjà l'auteur au travers du *Lion de Macédoine*. David Gemmell est un grand nom de la fantasy ainsi qu'un autodidacte. C'est son talent brut de conteur qui nous frappe dès son premier livre, Légende, publié en 1984, alors qu'il avait 36 ans.

Ne cherchez pas ici un génie du style et de la formule, non, ni même des intrigues très finement entrelacées. La puissance de Gemmell rugit dans son sens inné de l'action, de la description des batailles et dans sa façon de ramener le souffle épique dans la boue et le sang. Des qualités qu'on retrouve nettement chez Joe Abercrombie que j'évoquerai un peu plus loin dans les auteurs à découvrir – oui, je sais, Abercrombie est bien établi, mais peut-être pas autant que les noms précédemment cités !

Le *Lion de Macédoine* nous embarque dans une version fantastique de la Grèce antique aux côtés de Parménion, un personnage historique, contemporain de Philippe II de Macédoine et d'Alexandre le Grand.

Comme vous le savez, l'aspect mythologique partait sur de bonnes bases avec un lecteur tel que moi ! N'allez pas y chercher une forme de précision historique, mais plutôt des personnages parmi les plus *badass* jamais écrits. Encore une idée qui me fait penser à un autre auteur, Steven Erikson, que je vous présenterai un peu plus loin (voir p. 54), c'est fou !

La fantasy est un genre qui accueille de multiples styles, mais on peut en apprécier plusieurs ! Les nuances de Guy Gavriel Kay ne m'ont rendu hermétique ni à la force brute de Gemmell, ni à la mélancolie féérique de Jack Vance.

LES JEUX DE RÔLE

Puisque j'évoquais *Donjons & Dragons* à l'origine des *Chroniques de la Lune Noire*, autant poursuivre sur ma lancée et revendiquer la place extrêmement importante des jeux de rôle dans ma façon de vivre la fantasy.

Si vous avez encore un doute sur ce qu'est le jeu de rôle sur table, allez jeter un œil à la partie nommée « 1888 » sur la chaîne YouTube Tales of Pi, j'y suis joueur ! En l'occurrence, aucun jeu officiel n'y est utilisé, mais peu importe, vous comprendrez rapidement le principe : un groupe de joueurs incarnent les rôles principaux dans une histoire qui va se créer autour d'eux, au fil de leurs décisions et discussions, le tout étant orchestré par un maître de jeu impartial qui s'occupe des autres personnages d'une histoire dont il est le seul à connaître les grandes lignes.

L'ensemble fonctionne selon certaines règles de jeu permettant de résoudre les situations où la simple discussion ne suffit plus. Par exemple, lorsqu'un joueur décide que son personnage doit grimper à un mur ou encore écouter une conversation à travers une porte : va-t-il y parvenir ?

Au sortir de l'enfance, j'ai commencé par les règles avancées de *Donjons & Dragons* (dont il existe de multiples itérations des règles et qui reste le jeu de rôle le plus pratiqué et vendu dans le monde). Toutefois, c'est clairement Warhammer, le jeu de rôle fantastique, qui a marqué mon adolescence. Maître de jeu (il fallait bien s'y coller !), j'ai pu m'appuyer sur la fabuleuse Campagne Impériale, une série de scénarios très réputés qui permet aux joueurs de vivre une formidable épopée au travers de l'Empire, territoire inspiré d'une Allemagne aux prémices de la Renaissance et menacée par les hordes pernicieuses et mutantes du Chaos.

Je ne m'étendrai pas longuement sur chaque jeu, mais pour les connaisseurs, je citerai quand même *Pendragon* (j'avais enfin compris le principe !), *Rêve de Dragon, In Nomine Satanis/Magna Veritas, Star Wars*, et pour ce qui est du *Jeu de rôle des Terres du Milieu (JRTM)*, j'ai créé des tas de personnages, je me suis plongé dans les suppléments avec bonheur pour, finalement, ne jamais y jouer.

Il faut bien avouer que mon cas est extrêmement répandu parmi les « rôlistes » : je possède bien plus de jeux que de temps et d'occasions pour tous les pratiquer et bon nombre sont simplement restés dans ma collection. Je préfère ne pas penser à tous ces jeux abandonnés, ça me fait trop mal au cœur – ne me parlez pas d'*Ambre*, le jeu de rôle du *cycle des Princes d'Ambre*, qui reste un des grands regrets de ma vie de rôliste insatisfait, faute d'y avoir vraiment joué !

LES JEUX VIDÉO

Je serai bref, criminellement bref sur ce sujet que je ne maîtrise pas assez, même si je doute qu'on puisse véritablement « maîtriser » un sujet qui relève d'une sélection de coups de cœur !

Disons que je n'ai pas suffisamment pratiqué pour avoir une vision d'ensemble de la fantasy en jeu vidéo.

Je ne suis passé que relativement tardivement à l'ordinateur pour le jeu et pendant bien longtemps, c'est sur consoles que je jouais, et surtout sur consoles SEGA pour être précis, si vous souhaitez me situer dans la fameuse guerre des consoles des années 1980 et 1990 !

PHANTASY STAR

Phantasy Star resta longtemps ma référence absolue du jeu de rôle japonais (JRPG). J'ai joué aux quatre volets, de la Master System à la Megadrive et jusqu'à la tentative *Phantasy Star Online* sur Dreamcast – oui, je suis resté fidèle aux consoles SEGA jusqu'à leur disparition, snif.
Étrangement, c'est un genre pour lequel j'ai une certaine méfiance qui m'a donc emporté dans mes jeunes années : la *science fantasy*, puisque *Phantasy Star* nous emmène loin dans l'espace, avec un mélange technologique étonnant entre armes blanches et vaisseaux spatiaux.
Le plus abouti de la série est sans doute *Phantasy Star 4*, auquel il restait possible de jouer sur PlayStation 3 grâce à une compilation d'anciens jeux SEGA...

SHINING FORCE

Je ne pensais pas qu'une série de JRPG puisse dépasser *Phantasy Star* dans mon cœur jusqu'à ce que survienne... *Shining Force* ! La puissance ! Le choc fut tel que l'univers de ce jeu de combat tactique m'inspira en partie dans l'écriture de mon propre jeu de rôle sur table...
Jeu tactique au tour par tour, *Shining Force* permet de se constituer une équipe de combattants triés sur le volet et optimisés un maximum pour faire face à des combats d'une difficulté croissante.
J'avais adoré *Shining Force* 1, révéré *Shining Force 2*, et je pleure encore à ce jour toutes les larmes de mon corps de n'avoir eu accès, en Europe, qu'au premier scénario de *Shining Force 3*. Le reste est, à ma connaissance, en japonais.

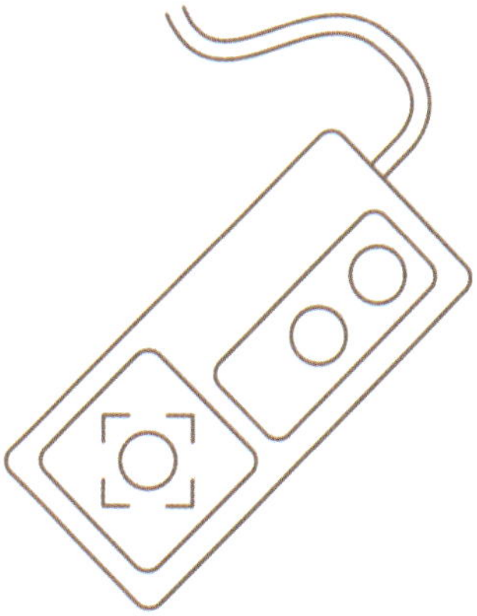

WORLD OF WARCRAFT

Impossible de ne pas évoquer *World of Warcraft* (*WoW*), puisque c'est autour de ce MMORPG (jeu de rôle en ligne massivement multijoueur) qu'on ne présente plus que j'ai amorcé un premier changement de vie en devenant maître de jeu, puis en travaillant sur les forums d'assistance de Blizzard Entertainment.

J'ai beaucoup joué à *WoW* de 2006 à 2009, avec un âge d'or que je situe à l'extension *Burning Crusade*.

J'y jouais pour la Horde (soyons sérieux, s'il vous plaît) et j'y incarnais un Tauren druide spécialisé feral – transformation en félin et en ours pour les néophytes – et surtout en rôle de tank – le personnage qui doit concentrer sur lui l'agressivité des grands méchants et survivre ! J'ai adoré cette période pour l'ambiance de guilde, surtout lors des raids. Que d'efforts et de joie commune dans ces victoires durement gagnées !

DRAGON AGE I ET III

Voilà qui commence à dater, mais les derniers grands chocs de ce beau média qu'est le jeu vidéo me sont venus de *Dragon Age*, jeu découvert longtemps après sa sortie, tout auréolé qu'il était d'une réputation bien méritée.

J'ai joué aux premier et troisième volets, que j'ai véritablement adorés. *Dragon Age : Inquisition* m'a particulièrement plu et c'est le dernier grand RPG auquel j'ai pu consacrer suffisamment de temps.

Voilà pourquoi je ne ferai qu'effleurer *The Witcher 3*, puisque j'ai tâtonné son vaste univers sans m'y plonger corps et âme, comme il le mériterait, de peur de m'y perdre.

Il existe évidemment des dizaines d'autres géants de la fantasy en jeu vidéo, ne serait-ce que *Baldur's Gate* et les déclinaisons plus récentes du genre, que je n'ai fait que survoler avec *Pillars of Eternity*.

LES FILMS DE FANTASY

On quitte ici le chapitre des incontournables, mais je vous préviens, cher lecteur, ne pensez pas pour autant qu'il ne reste que des miettes dans les pages qui suivent, loin de là !
Disons que j'évoquerai ici des œuvres qu'on pourrait situer sur l'échelle officielle de « hype popcornienne » entre le « génial » et le « tout pourri ». Oui, c'est une échelle reconnue à l'international.

Comparé à celui des livres, le catalogue existant des bons films de fantasy est finalement très limité et pour ce qui est des séries, c'est encore pire. Il n'en reste pas moins quelques rares exceptions, souvent sorties en salles grâce à de véritables prises de risques.

LE DRAGON DU LAC DE FEU

En 1981 est sorti *Dragonslayer*, qui devient *Le Dragon du lac de feu* pour la France. Voilà un film bien particulier, que j'ai fantasmé de voir longtemps, sans doute suite à la découverte d'une bande-annonce ou d'une affiche, je ne sais plus. Après l'avoir vu, bien plus tard, je pense qu'il ne m'aurait pas plu du tout enfant, et aujourd'hui encore, il me laisse partagé.

Dragonslayer est un film totalement improbable et, en un sens, une précieuse rareté, puisqu'il est cruel, moralement ambigu et pas loin d'être antichrétien tout en étant pourtant estampillé « Disney ». En réalité, c'est une coproduction entre Paramount et Disney, à une époque où le studio de Mickey tâtonnait encore pour ses films live, en osant des thématiques et images qui seraient, aujourd'hui, malheureusement proscrites.

Dans ce qui me rend le film difficile à aimer, l'absence de charisme de ses protagonistes et les performances douteuses des acteurs principaux ne sont pas les moindres fautifs. Vous connaissez sans doute Peter MacNicol pour son rôle déjanté dans *Ally McBeal* et le voir ici, pour un premier rôle tellement éloigné de l'image qu'on a de lui, est une source autant d'amusement que d'incrédulité. Vous imaginez Peter MacNicol partir tuer un dragon avec une lance enchantée ?
J'ai du mal.

Dragonslayer est un film dont l'obscurité, voire l'obscurantisme, vient se fondre dans de sombres décors filmés en lumière naturelle. Certaines images restent étonnamment dures et ce n'est vraiment pas un film à recommander aux enfants, même si certains sont malheureusement habitués trop tôt à la violence.
Parmi les points forts, il faut relever un haut Moyen Âge (l'équivalent de l'an 600) qui ne tombe pas dans les clichés ultradominants du cinéma hollywoodien qui essaie de singer l'époque.
Outre l'ambivalence morale de nombreux personnages, la fin en particulier et la mort du personnage le plus pur sans doute et surtout le plus naïf, vient planter le dernier clou dans ce qu'on pourrait aujourd'hui attendre d'un tel film sous l'égide Disney.

Enfin et surtout, le dragon, Vermithrax Pejorative, est une belle réussite visuelle pour l'époque. Même s'il revêt désormais un rendu qui semble « daté » à nos yeux habitués aux images de synthèse, il est une véritable prouesse de l'animation en *go motion* qui avait été appliquée pour la première fois l'année précédente, sur *L'Empire contre-attaque* !

Même le monstre peut trouver une part de la sympathie du public et le dénouement, loin d'un happy end glorieux, confirme l'ancrage de cette fantaisie dans une forme de réalisme désabusé. Seule l'apparition in extremis d'un cheval nous sauve du cynisme complet et de la totale disparition de la magie, remplacée par une foi aveugle envers un christianisme présenté comme contraignant et envahissant.

THE DARK CRYSTAL

Aussi fou et ancien que cela pourra paraître à certains, j'ai vu *The Dark Crystal* (ou, simplement, *Dark Crystal* en V.F.) à sa sortie en France, au printemps 1983. J'étais tout gamin et j'ai adoré.

La distinction entre génie, folie et inconscience est parfois ténue. Le projet de Jim Henson et Frank Oz en est la parfaite illustration, même si la postérité leur donne raison, faisant de cette œuvre expérimentale un cas unique.
On pourrait citer bien des noms tant le travail d'équipe est crucial pour donner vie à des marionnettes, avec le souci du détail apporté à ce pur film de fantasy, mais s'il fallait en ajouter un seul, ce serait certainement celui de Brian Froud, concepteur visuel de peuples féeriques qui a su insuffler une véritable unité plastique au monde de Thra.

Fait relativement rare dans la fantasy (mais pas non plus totalement isolé, attention), le message de *Dark Crystal* est profondément pacifiste et la violence n'est jamais présentée comme un moyen de faire avancer l'intrigue. Au-delà, on distingue même, sous la fausse naïveté de la quête de Jen et Kira, les Gelfings, les inspirations new age d'Henson avec les notions de karma, de réincarnation et de la domination de l'esprit sur la matière. On peut y voir aussi l'illustration du concept du Yin et du Yang.

Même s'il est parfois un peu lent ou maladroit, *Dark Crystal* conserve un charme désuet, poétique et touchant. Initialement, le film aurait pu être encore plus hermétique, puisque, dans sa première version, les dialogues des Skeksès n'étaient pas même sous-titrés en anglais et restaient dans une langue inventée, totalement inconnue des spectateurs. Les réactions aux projections tests ont convaincu Henson de rattraper cela tardivement dans le processus de production. La conception de *Dark Crystal* a demandé tellement de temps et de travail que les projets de suite furent abandonnés, du moins jusqu'à la série Netflix, *Dark Crystal : Le Temps de la résistance.*

L'HISTOIRE SANS FIN

Peu de films germano-américains ont rencontré autant de succès commercial que *The NeverEnding Story*, sorti en 1984. Délicat de m'étendre sur ce film alors même que l'auteur du livre qu'il adapte le critique très durement et a même intenté un procès aux producteurs du long-métrage.

Je n'ai pas lu le livre, malheureusement, mais il semble moins simpliste, notamment dans sa définition de Bastien et de la soif de pouvoir qui s'empare de lui lorsqu'il obtient pleinement le pouvoir de reconstruire le Pays fantastique (renommé « Fantasia » dans le film).

L'Histoire sans fin reste un sympathique film pour enfant avec des moments forts et des créatures marquantes. Je pense notamment au destin de la monture d'Atreju et à l'apparence de Gmork, le loup géant au service du Néant, qui m'avait fait forte impression à l'époque.

Même si le livre est certainement supérieur, on ne peut qu'apprécier le message si bien délivré par le film, l'indispensable imaginaire et la triste désolation qui menace notre monde lorsqu'on oublie la puissance d'évocation et d'inspiration des histoires, mythes et légendes qui portent nos civilisations.

Le film a indiscutablement marqué la génération des années 1980 et ce n'est pas un hasard de retrouver la fameuse chanson du générique en sympathique clin d'œil dans la saison 3 de Stranger Things.

LEGEND

Legend, sorti en 1985, fait partie de ces longs-métrages que j'ai découverts sur petit écran, sans que je puisse vraiment mettre le doigt sur la date précise. En revanche, son vilain rouge et cornu, difficile de l'oublier !

Il existe trois versions du film au moins, et il ne fait aucun doute que le *director's cut* de Ridley Scott est, de loin, la meilleure, même si une légère aura d'inachevé continue de la hanter. Mis à part une transition flashy entre deux plans (avec l'image qui se retourne, un truc improbable, très années 1980 !), une broutille en somme, *Legend* s'impose comme visuellement époustouflant.

L'atmosphère et les créatures sont tellement réussies qu'on reconnaît clairement leur impact sur la trilogie du *Seigneur des Anneaux*, ce que Peter Jackson a reconnu. La parenté entre le gobelin Blix et certains des orques de Jackson m'a sauté aux yeux alors que je revoyais *Legend* pour vous en parler.

Ridley Scott a travaillé le scénario avec William Hjortsberg et ils ont multiplié les versions dès 1981. Les contraintes de production les ont poussés vers une version finale plus concise, en sacrifiant de nombreuses intrigues secondaires et digressions. De fait, *Legend* est un film bien plus linéaire et comptant largement moins de personnages que *Willow* notamment.

Ce qu'il perd éventuellement en rebondissements, il le compense par sa puissance évocatrice au sein de ses deux principaux décors : la forêt primordiale, archétypale, peuplée de fées et de licornes, d'un côté. L'antre de Darkness, un gigantesque arbre mort qui nous présente quelques variations sur le thème des enfers, de l'autre.

Il faut revoir ce *director's cut* pour prendre conscience de la puissance presque horrifique des cuisines du mal, avec ces ogres qui préparent les prisonniers à vif et ne sont pas sans rappeler le terrifiant Pyramid Head de *Silent Hill*. Ridley Scott voulait une histoire originale puisant dans l'essence des contes de fées et, dans l'ensemble, il remporte son pari alors que s'entremêlent symbolisme chrétien, puissances païennes et réflexion sur la nature faillible de l'homme.

Le décor initial de la forêt, construit en studio, avait des proportions gigantesques et promettait des plans fabuleux. Un incendie emporta la majorité de cet incroyable plateau quelques heures à peine avant que Ridley Scott ne puisse commencer à y tourner... Il n'en reste à ce jour qu'un vague test caméra qui ne fait qu'approfondir nos regrets de cinéphiles.

Impossible de ne pas évoquer Darkness, l'une des plus marquantes représentations physiques du Diable à l'écran, encore de nos jours, avec Tim Curry (oui, le clown de la version TV de Ça, notamment !) engoncé dans un costume et d'innombrables couches de maquillage, à tel point qu'il eut une crise de claustrophobie et abima sa propre peau à la fin d'une journée de tournage.

Il faut dire qu'aux cinq à six heures de préparation du matin, il fallait ajouter, le soir venu, un bain spécial permettant à la matière de se déliter... De ces sacrifices, il reste une incarnation troublante d'une image qu'on aurait comme arrachée du Démon niché dans notre inconscient collectif.

La nature exacte de Darkness n'est d'ailleurs pas si évidente, puisque le personnage invoque son propre père dans le film, ce qui ferait peut-être de lui, si ce n'est directement Satan, une sorte de fiston favori, en mode « Damien a bien grandi ».

Darkness est aussi une incarnation d'un dieu ancien, préchrétien, assoiffé de sacrifices sanglants.

Mia Sara s'en sort bien dans le rôle d'une princesse qui pèche par orgueil et porte un peu de la notion du péché originel, soumise aux tentations du Mal dans des scènes d'une beauté surréelle.
Un tout jeune Tom Cruise qui, à l'époque, n'avait eu le budget que pour ses deux dents de devant, assure déjà lui-même ses cascades, notamment d'impressionnants plongeons. Pendant tout le film, on a envie de le peigner pour que ses mèches arrêtent de l'empêcher de voir ce qui se passe et on se demande pourquoi il est toujours accroupi, si ce n'est pour parler aux acolytes colorés qui l'accompagnent dans sa quête.

Quant à Gump, le chef du peuple féérique, si son visage vous dit quelque chose, c'est parce qu'il s'agit de celui de David Bennent, rendu célèbre très jeune par *Le Tambour*. Il incarne parfaitement la Nature changeante, aussi menaçante que bienfaitrice, prête à tuer, mais tout aussi prompte à pardonner et se réjouir.

(Re)voir Legend avec des yeux d'adulte est une belle expérience. Surtout, ne vous trompez pas, le director's cut dure 1h54.

Ah ! Ridley Scott était en forme... à l'époque.

LABYRINTH

La fructueuse collaboration de Jim Henson et Brian Froud ne pouvait pas s'arrêter à *Dark Crystal*.

Afin de poursuivre, l'idée d'Henson consiste à imaginer un film un peu moins sombre que *Dark Crystal*, tout en proposant des protagonistes aux personnalités plus marquées. Après une idée initiale centrée exclusivement sur des marionnettes, la décision est prise de confier les deux rôles principaux à des acteurs de chair et de sang.

Ainsi, Sarah, l'héroïne, devra partir au secours de son bambin de demi-frère, emporté par le roi des Gobelins après le souhait idiot d'en être débarrassée alors qu'elle en avait la garde. Les épreuves insolites et les rencontres révélatrices lui permettent de prendre conscience de grandes leçons qui la feront passer de l'enfance à l'âge adulte, sans oublier jamais la puissance de l'imaginaire.

On doit les premières versions du scénario à Terry Jones, éminent membre des Monthy Python. Toutefois, cette base sera retravaillée à maintes reprises, notamment par Laura Philips, Elaine May, Jim Henson lui-même et enfin, George Lucas ! Ce dernier mettra également sa patte sur le montage final, dans un équilibre délicat trouvé entre les aspirations d'Henson, enclin à laisser s'étirer les dialogues et moments de poésie, et les siennes propres, plus favorables à l'action.

Des modifications seront également aménagées afin de s'assurer de la participation de David Bowie dans le rôle de Jareth, roi des Gobelins. Ainsi, un ton plus léger sera donné et des scènes musicales au palais ajoutées pour profiter de l'implication de la star. Quant à l'interprète de la jeune Sarah, Jennifer Connelly, elle convainc Jim Henson au casting et ce, malgré la concurrence de plusieurs futures actrices de renom.

David Bowie n'a quasiment pas besoin de jouer pour incarner l'étrangeté de Jareth et il pousse le professionnalisme jusqu'à porter des collants qui le moulent de très (trop ?) près… Les courts numéros de comédie musicale n'apportent pas grand-chose à mon goût, mais ils restent relativement anecdotiques sur la durée du film.

Jennifer Connelly parvient à donner de la crédibilité à ses interactions avec les marionnettes, et on découvre alors une jeune femme à l'aube d'une belle carrière, sachant qu'elle mériterait à mes yeux davantage encore de reconnaissance et d'opportunités de grands rôles. Ah, Jennifer…

***Labyrinth* est un film dont j'avais connaissance, mais que je n'ai pris le temps de regarder que très récemment. J'ai été impressionné par la magie visuelle qu'il reste capable de délivrer plus de 30 ans après sa réalisation.**

Le design de Brian Froud fait merveille et c'est son fils, alors âgé de 2 ans, qui incarne le petit Toby. Rassurez-vous, ses pleurs au beau milieu des Gobelins ne semblent pas lui avoir laissé de traumatisme durable ! On ressent clairement les inspirations du *Magicien d'Oz* ou encore de *Blanche-Neige*, sans oublier les livres pour enfants de Maurice Sendak.

Les amateurs d'art seront sans doute étonnés d'apprendre que le sculpteur Ron Muek, qui travaillait avec Henson depuis quelques années, est dans le costume de l'une des marionnettes, le bon géant Ludo.

WILLOW

George Lucas est partout ! Le créateur de *Star Wars* avait en tête l'histoire de *Willow* avant même de sortir *La Guerre des étoiles*. Ce n'est qu'après *Le Retour du Jedi* qu'il estime que la technologie des effets spéciaux a suffisamment progressé pour donner corps à sa vision, sachant qu'il rencontre sur ce tournage le jeune Warwick Davis qui y incarne alors l'Ewok Wicket. (Warwick Davis joue également dans *Labyrinth*, parmi la nombreuse équipe qui donne vie aux Gobelins.)

Malgré l'ancienneté de l'idée, qui doit donc lui tenir à cœur, c'est à Ron Howard, rencontré comme acteur sur *American Graffiti*, que Lucas décide de confier la charge de la réalisation. Pour la petite histoire, c'est d'ailleurs *American Graffiti* qui avait permis de lancer ensuite *Happy Days* qui évoque une époque insouciante et révolue de l'*American way of life* et dans laquelle Ron Howard interprète Richie Cunnhingam. Ce choix de Lucas n'est pas si fou, puisque Howard a déjà deux succès commerciaux de réalisation à son actif avec *Splash* en 1984 et *Cocoon* en 1985.

J'avais 11 ans à la sortie de *Willow*, que je suis allé voir au cinéma avec un ami d'enfance et sa famille. Ami qui nomma ensuite son fox-terrier « *Willow* », c'est dire l'effet du film sur nous ! Même en revoyant aujourd'hui le film, un souffle d'aventure et un enthousiasme communicatif portent les péripéties très rythmées de *Willow* et Madmartigan – Val Kilmer au top !

Dans le scénario, on sent clairement l'influence d'éléments clés du *Seigneur des Anneaux*, mais le tout avec une approche très orientée vers la comédie d'action.

La bande-originale de James Horner (*Braveheart*, *Titanic*, *Avatar* !) n'y est pas pour rien avec son entrain virevoltant, même si on lui reproche des emprunts non crédités aux œuvres de Schuman ou Korngold, entre autres. Saviez-vous que le célèbre compositeur (dont *Braveheart* reste, à mes oreilles, le chef-d'œuvre) est mort dans le crash d'un avion qu'il pilotait, en 2015 ?

Autre petite anecdote remarquable, c'est Pat Roach, ancien catcheur, qu'on retrouve dans le rôle du Général Kael, à la visière de tête de mort. Pat Roach est notamment célèbre pour ses combats contre Harrison Ford dans les films *Indiana Jones* – le grand pilote allemand, chauve, c'est lui ! Il est le seul acteur, avec Ford, à apparaître dans les trois premiers films – comment ça, il en existerait un quatrième ? Ahem…

ILS MÉRITENT D'ÊTRE CITÉS (OU PAS)

Quelques autres films du monde de la fantasy ou issus de contrées frontalières méritent d'être mentionnés ici, même s'ils m'ont moins marqué que les précédents.

KRULL est une totale bizarrerie. Un film de 1983 qui fut un échec commercial, mais qui est vaguement considéré comme culte par quelques afficionados. Le principe du mélange entre science-fiction et fantasy est plutôt inventif, mais du produit final, on ne peut vraiment sauver que quelques scènes étranges, à commencer par celle de la Veuve de la toile. La fin est particulièrement grotesque et la princesse Lyssa s'érige en véritable symbole de la calamité que sont ces rôles de potiches inutiles en détresse.

PRINCESS BRIDE On pourrait presque en dire autant de la princesse de *Princess Bride*, mais tout de même, elle saute à l'eau et tabasse un rat géant, ce qui n'est pas si mal, puis bon, c'est quand même Robin Wright ! Souvent considéré comme culte, *Princess Bride* a pour principale qualité de ne pas se prendre au sérieux et de le faire avec une certaine manière qui rend l'ensemble sympathique. Mais culte ? Pour moi ? Malheureusement pas.

LADYHAWKE, LA FEMME DE LA NUIT supporte très mal un nouveau visionnage, j'en ai fait la triste expérience. Sur la base de mes souvenirs uniquement, je vous aurais dit que le film, sympathique, était sublimé par la présence de Michelle Pfeiffer. Certes, elle y est radieuse, mais c'est loin de suffire à sauver l'ensemble du naufrage artistique, avec une bande-son catastrophique, des costumes aberrants et une incroyable accumulation de clichés dignes d'un Moyen Âge de carton-pâte. La poésie de la malédiction pesant sur le couple Pfeiffer / Hauer ne suffit pas à sauver le reste.

TARAM ET LE CHAUDRON MAGIQUE est un dessin animé Disney que j'avais adoré petit. Depuis, je lui ai consacré une vidéo sur ma chaîne ! Belle initiation pour les plus petits, parce qu'il faut transmettre l'amour de la fantasy !

CŒUR DE DRAGON est une sympathique tentative de relancer le genre dans les années 1990, mais ce n'est pas un grand film, malgré le charisme de Dennis Quaid et la voix de Sean Connery dans le rôle du dragon.

HIGHLANDER est un film que j'ai beaucoup apprécié, notamment pour les scènes en Ecosse, mais il relève du genre fantastique plutôt que de la fantasy. Le Kurgan reste un méchant emblématique. Dommage que cette histoire en théorie intemporelle peine à s'extirper d'un style très typé années 1980. Cela dit, c'était les années 1980, ce qui peut jouer ! On retient forcément la musique de Queen et on peut se souvenir avec émotion de la série télé dérivée, élevée par le charisme et les capacités martiales d'Adrian Paul en Duncan MacLeod.

LES AVENTURES DU BARON DE MÜNCHHAUSEN Voilà un film qui relève du conte, mais qu'on peut éventuellement adouber comme une œuvre de fantasy. Quoi qu'il en soit, ce film de Terry Gilliam, qui fut un gros échec commercial à sa sortie, mérite d'être revisité, ne serait-ce que pour son originalité et son ambiance si particulière.

LA SAGA HARRY POTTER Je n'en parlerai que très peu, car je ne suis pas un fan et encore moins un connaisseur. Même si j'en reconnais avec plaisir les qualités de production, j'ai toujours ressenti une trop forte distanciation avec ses personnages et une ambiance qui me semble faussement sombre et fondamentalement enfantine. J'espère que les « Potterhead » ne chercheront pas à attenter à mon intégrité physique – activité fortement déconseillée par les médecins, cela dit en passant, du fait de mes pouvoirs de Popcorn.

WORLD OF WARCRAFT Grosses attentes, gros potentiel, gros casting principal (Travis Fimmel est génial dans *Vikings*) et finalement, grosse déception, même si certains éléments visuels sont très chouettes.

LES SÉRIES DE FANTASY (ATTENTION ÇA SE GÂTE !)

On reste dans le subjectif, on risque même de ne jamais en sortir dans ce livre, soyons réalistes ! Il existe très peu de séries qui correspondent à une définition relativement stricte de la fantasy et même quand c'est le cas, on peut compter les potables sur les doigts de la main.

HERCULE ET XENA, LA GUERRIÈRE

Hercule et *Xena* ne sont pas franchement de bonnes séries, disons qu'elles ne tiennent pas la route face aux productions profondes et élégantes qui ne manquent pas dans le format sériel.
Cela dit, oui, bien sûr que je les regardais étant ado, du moins au début…
De la bagarre, des créatures mythologiques et de l'humour douteux. C'était un début quand on n'avait pas grand-chose à se mettre sous la dent. Déjà à l'époque, j'avais parfaitement conscience de l'aspect ultrakitsch de ces séries et, le moins qu'on puisse dire, c'est que ça ne s'est pas arrangé rétrospectivement. Revoyez des extraits aujourd'hui… c'est chaud quand même.

THE SHANARA CHRONICLES ET LEGEND OF THE SEEKER

Deux séries adaptées de deux sagas de fantasy bien établies, pour des résultats pour le moins consternants.
The Shanara Chronicles souffre terriblement de son ambiance adolescente avec ses acteurs sortis d'un book de mannequins pour Gap. Il paraît que la seconde saison est moins ratée que la première, que je n'ai pas réussi à terminer.
Quant à *Legend of the Seeker*, on passe encore un cap dans la nullité, puisque la série ne bénéficie même pas des quelques qualités visuelles qu'on peut reconnaître à *Shanara*. Fuyez pauvres fous !

KAAMELOTT

Kaamelott, une série de fantasy ?
En quelque sorte. Enfin, oui, c'est de la fantasy comique, ou tragi-comique dans les deux derniers livres. Étant donné la pauvreté de la production française en la matière, *Kaamelott* relève d'une sorte de miracle, même si le format et le budget n'ont jamais permis de pousser bien loin les expressions concrètes de fantasy à l'écran, Dame du Lac mise à part. La puissance toute relative de la magie de Merlin aide pas mal également, de même que la tendance des chevaliers à fuir les monstres. Fantasy du récipient ? *Kaamelott* mérite d'être considérée en tant que telle. Pour ceux qui auraient encore un doute, les BD *Kaamelott* situent cet univers dans une pure tradition d'*heroic fantasy* inspirée des jeux de rôle.

DARK CRYSTAL : LE TEMPS DE LA RÉSISTANCE

Voilà un projet d'une rare audace, une prise de risque à tous niveaux, et, plus qu'un hommage, une prolongation et un enrichissement, même s'il est orienté vers le passé, du monde de Thra inventé par le film *Dark Crystal*.

À la tête de cette série, Louis Leterrier a accompli un travail en tout point remarquable, en respectant avec un entêtement bienveillant la volonté initiale de Jim Henson et Frank Oz de s'appuyer sur tout ce qu'il était humainement possible de faire avec les marionnettes. Netflix a dû allouer un sacré budget à ce travail d'équipe de longue haleine. Le résultat réjouit et impressionne.

Les décors sont fous, le scénario soigné, les enjeux terribles… On croit totalement à ces Skeksès qui avaient déjà traumatisé l'enfance de certains et les enrichissements du lore autour de chaque peuple sont en parfaite harmonie avec le film. Mention spéciale pour Hup, le paladin podling à la cuillère.

Difficile de savoir combien de spectateurs ont su profiter de cette merveille, un accomplissement de la fantasy, dans un genre bien spécifique, une réussite née d'une passion profonde et véritable.

THE WITCHER

Aussi inégale soit-elle, *The Witcher* reste une des meilleures séries de fantasy en comparaison des autres tentatives du genre. Vous aurez peut-être noté que la saga littéraire du *Sorceleur* n'apparaît pas parmi mes incontournables. Ce n'est pas un oubli. Même s'ils se lisent sans déplaisir, les récits des mésaventures de Geralt de Riv ne m'ont pas non plus totalement convaincu. Les aspects les plus intéressants découlent du détournement de contes populaires, des créatures inhabituelles parfois tirées du folklore d'Europe orientale et cette position sociale particulière du personnage, à la fois héros, paria et nuisance nécessaire.

La série s'efforce de donner autant d'importance à ses trois protagonistes dès le début, ce qui revient à rallonger la sauce pour la princesse Cirilla.

Des acteurs convaincants dans l'ensemble, à commencer par l'excellente Jodhi May en reine Calanthe, des costumes et des effets inégaux, du meilleur avec la stryge au pire avec les armures de Nilfgaard et le dragon de synthèse… Voilà une étrange création qui se suit toutefois avec plaisir. Le succès aidant et avec l'expérience de la première saison, les enjeux croissants de la suite des romans permettent d'espérer une montée en qualité au fil des saisons.

GAME OF THRONES

Pas de panique, un focus y est dédié un peu plus loin ! (voir p. 60)

INCLASSABLES ET PERLES RARES

Nous avons déjà chevauché à bride abattue sur les plaines vallonnées et fertiles des incontournables, des classiques de la fantasy. Toutefois, je vous propose maintenant d'emprunter cette sente, discrète et sinueuse, ce chemin de traverse qui nous mènera, je l'espère, vers quelques beautés mystérieuses, cachées dans les tréfonds de cette forêt de contenus, aussi inquiétante que touffue.

MALAZAN BOOK OF THE FALLEN / LE LIVRE DES MARTYRS

Ce n'est pas un choix que de commencer ce chapitre par *Le Livre des Martyrs*, la puissance de l'œuvre s'impose à moi. N'ayez aucun doute : oui, cette décalogie aurait parfaitement sa place parmi mes plus grands chocs et incontournables, mais, justement, ce chapitre permet aussi de mettre en avant des auteurs parfois moins lus en France.

C'est en V.O., en anglais, que j'ai dévoré *Malazan Book of The Fallen* au rythme de sa publication.
Je vivais alors en Irlande et j'avais la nostalgie de mes précédentes plongées dans les grandes histoires de la fantasy. J'avais tout simplement recherché sur Internet quels étaient les grands nouveaux cycles du genre, les plus prometteurs et aboutis.
Merci au web !

Cette série est exigeante. Elle est vaste et complexe et compte sur la confiance et la patience du lecteur sans lui fournir tout de suite les clés pour comprendre tout ce qui se passe, ni même tous les noms étranges qu'il découvre.
En échange, quelle générosité ! Quelle profondeur ! Steven Erikson, qui a choisi ce nom de plume en hommage à sa mère, grande lectrice, en reprenant son nom de jeune fille, est un génie. Le terme est galvaudé, on le cuisine à toutes les sauces, mais atteindre un tel niveau de construction d'univers, de profusion de personnages fascinants, de subtilité morale et de puissance épique, ce n'est quasiment pas humain.

Steven Erikson le rappelle souvent, archéologie, anthropologie et jeu de rôle sont les matières qui l'ont le plus inspiré. C'est de là que provient la richesse inégalée de son univers, développé en commun avec Ian Cameron Esslemont, alors que les deux jeunes hommes étaient étudiants colocataires et passaient le plus clair de leur temps à jouer au jeu de rôle en face-à-face.

Des âges, des peuples entiers, des civilisations ont surgi du néant avant de retomber dans l'oubli. Ce lent processus de sédimentation culturelle, on le ressent au travers de chaque page.

Plus encore, les personnages, qui sont toujours au cœur de cet art. Aucun roman de fantasy ne peut atteindre les sommets sur sa seule histoire ou son univers. Vous pourrez sentir le cuir des personnages de Steven Erikson comme si vous le portiez vous-même. L'auteur se refuse à des incarnations monolithiques du bien et du mal et, au travers des nombreux points de vue qu'il développe, nous permet de nous questionner plus profondément sur des choix moraux fondamentaux.

Le Livre des Martyrs propose une fantasy résolument adulte et ne recule pas plus devant l'introspection philosophique que face aux affrontements les plus démesurés et déchirants que vous lirez de toute votre vie.

Soyez-en témoin.

HIS DARK MATERIALS / À LA CROISÉE DES MONDES

Étonnant sans doute de trouver ici la trilogie de Philip Pullman, *À la croisée des mondes*, qu'on peut déjà considérer comme un classique. Toutefois, cette œuvre reste un peu à la marge de la fantasy, entre le livre jeunesse et le plus cruel des contes initiatiques, le tout avec plus de science et de gnosticisme que de magie à proprement parler, même si les sorcières sont bien là.

Je n'ai lu que très tardivement la trilogie, en préparation de la série, et j'ai été très agréablement surpris par un récit qui atteint l'équilibre entre réflexion sur notre rapport à la religion, intrigue romanesque et cheminement de l'enfance à l'âge adulte.

C'est surtout pour la série éponyme développée par la BBC et HBO que j'ai décidé de placer l'œuvre parmi les perles rares, puisqu'elle reste relativement confidentielle comparée à d'autres.

Il suffit de parcourir la section famélique consacrée aux séries de fantasy pour comprendre qu'on ne peut se permettre de passer à côté d'une nouveauté réussie quand on est adepte du genre.

Malgré quelques épisodes en creux en début de saison, *His Dark Materials* mérite clairement votre attention, d'autant plus que l'histoire va gagner en densité et gravité au fil des saisons, tout comme elle en gagne au fil des tomes. Le générique à lui seul vaut son pesant d'or.

LES SALAUDS GENTILHOMMES

Cela fait longtemps, déjà, que j'ai lu *Les Mensonges de Locke Lamora*, premier tome de la saga des *Salauds Gentilhommes*. C'est un livre qui a trouvé son public et que certains s'étonneront peut-être de voir apparaître parmi les œuvres à découvrir.
On reste néanmoins dans une niche ultra-pointue, celle de la « fantasy criminelle » comme la dénomme son auteur, Scott Lynch.

Pas encore un classique ou un incontournable à mes yeux, car je n'ai pas encore repris la saga après un deuxième tome un peu en deçà de la maestria démontrée par le premier, l'œuvre n'en reste pas moins remarquable, en tous points.
Entre jargon fleuri, coups fourrés, amitié inébranlable et adversaires impitoyables, *Les Mensonges de Locke Lamora* fleure bon l'intelligence et le brio, parfaitement incarné par son protagoniste qu'on ne peut qu'aimer.

LES ROYAUMES D'ÉPINES ET D'OS

C'est bon, vous n'aviez jamais entendu parler de cette tétralogie ? Parfait ! Si vous connaissez déjà, bravo, vous pouvez quand même continuer, surtout si ça vous a plu.
Neil, un jeune chevalier aux idéaux aussi solides que son bras, Aspar, un garde forestier infatigable et méfiant, Anne, une princesse qui en a dans le ventre, une magie originale et mystérieuse et une menace diffuse qui lance une intrigue surprenante et parfois cruelle, voilà juste un aperçu de ce que vous trouverez dans *Les Royaumes d'épines et d'os*.
Le texte, que j'ai lu en français cette fois, réserve son lot de termes médiévaux.

Voilà un cycle méconnu et sous-estimé qui parvient pourtant à recycler des archétypes établis grâce à un univers original et des personnages particulièrement attachants.
Une saga très particulière qui demande un peu de temps à se lancer du fait de la décision d'aborder l'intrigue depuis plusieurs points de vue, mais lorsque l'image d'ensemble se forme, elle se révèle évocatrice, cohérente, émouvante…

LA PREMIÈRE LOI

Rappelez-vous, du moins si vous avez la discipline de lire ma terrible prose dans l'ordre, que j'ai déjà évoqué le nom de Joe Abercrombie en vous parlant de David Gemmell. Le parallèle entre ces deux-là m'est venu naturellement, et j'ai pu constater dans mes recherches que j'étais loin d'être le seul à l'avoir établi.

J'ai lu d'autres romans d'Abercrombie, mais on retrouve déjà tout de ce qui fait sa spécificité dans la trilogie de *La Première Loi*. À savoir une forme de réalisme pessimiste, des corps qui vivent et souffrent et la constante volonté de contourner ou de malmener certains poncifs.

Il s'échine notamment à déconstruire la notion de héros et à rendre à l'économie et l'évolution technique une place quasiment toujours absente de la fantasy traditionnelle.

Joe Abercrombie est aussi doué pour exprimer l'horreur des massacres que pour emporter ses lecteurs dans l'exaltation du combat. Tout est dans cette ambivalence à double tranchant.

Le bougre est même capable de vous rendre un tortionnaire presque sympathique !

La Première Loi ne plaira pas à ceux qui choisissent la fantasy pour échapper à la grisaille morale du monde réel, en revanche, pour les autres, ce sera sacrément jouissif. Puis bon… Logen Neuf-Doigts, quand même… quel personnage !

LE SECRET DE JI

Les lecteurs de mon âge connaîtront sans doute, mais pour d'autres, il serait bien dommage de ne pas évoquer le *Secret de Ji* de Pierre Grimbert, le premier auteur français que j'évoque ici.

J'ai lu la tétralogie d'origine sous sa première édition, entre 1996 et 1997 et ce fut une magnifique découverte. J'en garde des souvenirs un peu vagues, mais ce qui est certain, c'est que le fameux secret du titre est très marquant dans sa révélation.

Une intrigue forte, un certain optimisme aussi sans doute, disons qu'on est loin de la fameuse ambiance « *gritty* » que relançait le premier tome du *Trône de fer* à la même époque.

Les personnages manquent peut-être parfois de nuances, mais certains, je pense notamment à Grigàn le guerrier, n'en sont pas moins mémorables.

Le *Secret de Ji* porte un véritable sens de la découverte et de l'émerveillement.

MÊME PAS MORT (ROIS DU MONDE)

Second auteur français de cette sélection, Jean-Philippe Jaworski s'est d'abord exprimé dans le jeu de rôle (terreau fertile à la créativité, en plus d'être un fabuleux loisir… Comment ça, je fais du prosélytisme ? Évidemment !) avant de publier ses écrits, en commençant par un recueil de nouvelles situées dans son univers de fantasy, le Vieux Royaume. Décor qui sera également celui de son premier roman, *Gagner la guerre*, couronné du prix Imaginales en 2009.

C'est pourtant de *Même pas mort*, premier tome de la série *Rois du monde*, dont je vous parle ici. Déjà, je n'ai pas lu *Gagner la guerre*, ce qui est une excellente raison de ne pas en parler et surtout, *Même pas mort* a la particularité d'explorer une fantasy particulière, à la frontière entre fantasy historique et conte mythologique.

Même pas mort, qui s'est aussi vu décerner le prix Imaginales, a la grande particularité de nous plonger corps et âme chez les Celtes. Le moins qu'on puisse dire, c'est que Jaworski a l'amour de la langue et c'est par son obsession de la précision du vocabulaire qu'il vient se saisir d'une époque et lui insuffler une telle vitalité que sa réalité vient vous exploser au visage.

Les explosions n'étant pas sans risque, il faut parfois s'accrocher, quitte à se demander si l'auteur s'est lancé dans un concours contre lui-même de la recherche du mot le plus méconnu.
Cela étant dit, sa plume est de haut niveau, plus affûtée sans doute que celle d'une majorité des auteurs déjà cités dans ce modeste journal de bord culturel.

Le merveilleux est bien présent avec certaines figures, souvent inquiétantes, de l'imaginaire celtique.

Si la perspective de vous plonger auprès des Celtes, ce peuple glorieux, vous titille, ne vous posez plus de question, cette saga est pour vous !

CARNIVAL ROW

Juste une série récente, *Carnival Row*, passée relativement inaperçue. Une *fantasy gaslight* comme disent certains, dans un monde imaginaire qui allie technologie du XIXe siècle et peuples féériques cohabitant difficilement avec une civilisation humaine en pleine révolution industrielle et expansion coloniale.

Malgré ses défauts, un peu prévisible et cherchant parfois à jouer à *Game of Thrones* sur le plan des intrigues sans en avoir les moyens en termes d'écriture, *Carnival Row* reste un pari original et audacieux, qui allie les genres de l'enquête, du merveilleux, du conte social, avec même une petite pointe d'horreur lovecraftienne. Pas une grande série, mais un détour sympathique.

JEUX DE RÔLE

Outre les jeux évoqués parmi mes incontournables, est survenue plus récemment (bientôt 9 ans, mais bon, admettons) la révélation de l'éditeur français Agate, avec *Les Ombres d'Esteren*, à l'ambiance gothico-celtico-horrifique, tout un programme !

C'est un jeu transmédia avec notamment des albums de musique composée spécifiquement pour son univers si particulier. Au fil des publications qui viennent étoffer et approfondir *Les Ombres*, je reste charmé par l'ambiance qui s'en dégage grâce au talent de ses auteurs (dont une auteure très active, Iris) ainsi que des maquettistes et illustrateurs qui élèvent la qualité visuelle d'ensemble à un niveau stratosphérique.

Agate développe également *Dragons*, une variation sur la base des règles de *Donjons & Dragons* 5e édition, mais qui propose son univers propre, en cours d'écriture, mais particulièrement prometteur.

Les Ombres d'Esteren tout comme *Dragons* sont des jeux que je pratique régulièrement en jeu par forum, une variation du jeu de rôle, à distance et par écrit. Je sais, dit comme ça, je ne vous vends pas du rêve, mais la pratique a son charme.

Dernière perle rare qui pourrait même surprendre quelques connaisseurs, *Everway* est un jeu tout droit sorti des années 1990 et qui était bien trop en avance sur son temps pour rencontrer un large succès. C'est grâce à la chaîne Le Podcast Anonyme que j'ai pu le (re)découvrir.

Système narratif, où les dés sont remplacés par un jeu de tarot et où l'inspiration provient d'illustrations rassemblées elles aussi en jeu de cartes, *Everway* est devenu un objet de collection que je trouve fascinant dans son approche de la narration collaborative.

Ah, mais au fait, le doute m'assaille… Je vous ai dit que c'était le meilleur loisir du monde le jeu de rôle ?

Non ? Bah voilà, c'est fait !

FOCUS

GAME OF THRONES : L'ADAPTATION DE L'INACHEVÉ

Vous ne pensiez pas vous en tirer sans un passage par Essos et Westeros, quand même, si ? Ce serait bien mal me connaître !

LES APPORTS DU TRÔNE DE FER

Bon. Je sais. *Game of Thrones* est devenu un sujet sensible pour certains, trop déçus par la dernière saison de la série la plus marquante de toute l'industrie des séries – je n'ai pas dit la meilleure de toutes les séries, nuance !
Vous avez le droit. Le droit de continuer à l'adorer, le droit d'être définitivement déçu, tout est question de gradation et de subjectivité, rien de bien grave au fond, même si je suis bien placé pour savoir qu'on investit beaucoup, émotionnellement, dans certaines œuvres de fiction.

Dans mon parcours personnel, c'est d'abord l'histoire du *Trône de fer* (ou devrais-je parler d'*Un Chant de glace et de feu* ?) acheté en 1998 au Furet du Nord – comme pour *Le Seigneur des Anneaux*, en effet, je vois qu'il y en a deux qui suivent, au premier rang... bande de fayots ! Un achat qui s'est décidé, à l'époque, uniquement sur la base de la couverture et du prix Locus obtenu par ce roman en 1997. C'était aux éditions Pygmalion, envers lesquelles je ressentais déjà une réelle gratitude pour avoir publié *La Tapisserie de Fionavar* de Guy Gavriel Kay.

Depuis, je tiens cette série de romans de G. R. R. Martin en très haute estime et elle est devenue, sans aucun doute possible, une nouvelle référence à mes yeux.

Point intéressant et souvent méconnu ou mésestimé dans son impact, celui de la traduction de l'œuvre. En effet, quand on s'y attarde, le travail de Jean Sola sur les quatre premiers tomes (ou douze en décompte français) laisse rarement indifférent. D'un style direct et généralement peu soutenu en américain, on passe, via la traduction de J. Sola, à une ambiance médiévale au vocabulaire spécifique et à des formules souvent plus recherchées.

Même si on estime certains choix du traducteur comme relativement malheureux, il faut savoir que Jean Sola regrettait de ne pas avoir l'opportunité de réviser certains éléments, notamment à l'occasion du passage en format poche. Les deux termes qui lui sont le plus souvent reprochés sont « loup-garou » pour *direwolf* et « seiche » pour *kraken*.

À mes yeux, Monsieur Sola a surtout su inventer de formidables transpositions dans notre langue de certaines inventions de G. R. R. Martin : « Mestre » pour *Maester*, « Vivesaigues » pour *Riverrun*, « Peyredragon » pour *Dragonstone*, « Lancehélion » pour *Sunspear*, « Port-Réal » pour *King's Landing* ou encore « Accalmie » pour *Storm's End*.

Seule certitude, la traduction est un art subtil. Jean Sola nous a quittés en 2012, peu de temps après avoir été remplacé par Patrick Marcel, à partir du tome 5, *A Dance with Dragons*.

Avec *A Song of Ice and Fire*, George R. R. Martin a ouvert la voie à deux grandes tendances, certains l'encensent pour cela alors que d'autres lui en tiennent rigueur.

Tout d'abord, il a (re)lancé la notion de réalisme dans la fantasy et par réalisme, il faut évidemment entendre toutes les vicissitudes de l'âme humaine. Je ne m'étendrai pas sur les inspirations historiques de Martin, rappelées à tout bout de champ, mais, en résumé, il a souhaité réinjecter une bonne dose de cruauté telle qu'on en trouve tout simplement dans l'histoire.

De ce point de vue, Joe Abercrombie (évoqué parmi les perles rares) dit carrément avoir ressenti un déclic en lisant la saga du *Trône de fer* et en constatant qu'on pouvait trouver un public en s'éloignant drastiquement du sempiternel masque manichéen bicolore que la fantasy déposerait trop souvent sur une réalité en nuances de gris. L'œuvre de G. R. R. Martin est ainsi devenue synonyme de machinations politiques, violences, trahisons et autres actes sordides, sans oublier l'importance reconnue au sexe parmi les motivations humaines.

Tout cela est très vrai et c'est justement ce qui fait l'une des grandes forces de la saga du *Trône de Fer*, du moins pour ceux qui acceptent qu'un comportement honorable et héroïque puisse aboutir à une mort ignominieuse pour un personnage qu'on suit depuis des centaines de pages.

Attention toutefois, j'ai déjà été témoin d'arguments selon lesquels G. R. R. Martin se délecterait de la violence ou encore serait le promoteur d'une forme de misogynie en mettant en scène des violences faites aux femmes. Ce type de position me semble totalement à côté de la plaque. C'est tout le contraire, puisqu'on ressent clairement, à la lecture, la détestation de l'auteur pour des comportements qu'il évoque ou met en scène pour mieux en dénoncer l'horreur.

G. R. R. Martin souligne fermement que sa saga ne doit être en aucun cas considérée comme une allégorie, de même que J. R. R. Tolkien réfutait toute volonté d'avoir évoqué la Seconde Guerre mondiale par l'intermédiaire du *Seigneur des Anneaux*. Pour autant, G. R. R. Martin était objecteur de conscience pour la guerre du Vietnam, même s'il souligne qu'il aurait accepté de combattre l'Allemagne nazie s'il avait été confronté à ce choix.

En ce qui concerne les femmes, il suffit de constater les formidables personnages qu'il invente et développe, et qui occupent un large spectre de comportements et de caractères, pour comprendre qu'il est particulièrement attaché à une représentation diversifiée et subtile. Cela étant posé, il faut néanmoins reconnaître que la série, de son côté, a largement surexploité les scènes de nu féminin dans ses premières saisons.

Justement, puisque j'en viens à la série… Outre le réalisme, la deuxième tendance initiée par l'auteur survient avec la série *Game of Thrones* qui a totalement bouleversé l'équilibre des représentations entre cinéma et télévision, en ouvrant la voie à la fantasy épique sur petit écran.

Les séries avaient trouvé leurs lettres de noblesse bien avant *Game of Thrones*, aucun doute à ce sujet, mais en termes de popularité mondiale et surtout de niveau de production, on n'avait jamais vu pareil phénomène.

Je ne sais pas si le succès de la série aurait été envisageable sans celui de la saga du *Seigneur des Anneaux* dix ans auparavant au cinéma, mais ce qui est certain, c'est que nombre des plus ambitieux projets actuels destinés aux plateformes de VOD n'auraient jamais été envisagés sans *GoT*. Je pense notamment à la série dans le monde du *Seigneur des Anneaux* (le serpent se mord la queue !), mais je reviendrai dans la section suivante sur les grands projets de fantasy à venir.

On peut aussi noter que le succès de la série a grandement amplifié celui que les livres connaissaient déjà en librairie, ce qui ne peut que motiver d'autres auteurs à rêver d'un même traitement. Toutefois, tout le monde n'est pas HBO et même là…

DU LIVRE À LA SÉRIE : QUALITÉS ET DÉFAUTS

Avant de foncer tête baissée sur la dernière saison de tous les outrages (rhoo, ça va, je rigole… ou pas) revenons au moins sur les cinq premières saisons et leur formidable qualité d'adaptation.
À quelques bémols près (j'y reviendrai), les choix des premières saisons de *GoT* sont excellents. C'est vrai, avec un matériau de base aussi riche, se vautrer aurait été étonnant, mais la qualité n'est jamais acquise, sachant qu'on a évité de peu la catastrophe après un premier pilote totalement raté. Daniel Weiss et David Benioff ont reconnu qu'ils avaient accumulé les erreurs : des costumes au casting et, surtout, au scénario. On a eu chaud.

Dénués de toute expérience de la production de télévision, les deux hommes n'avaient pour eux que leur seul enthousiasme pour l'œuvre originale, qu'ils n'ont pas même essayé de résumer à HBO puisqu'ils estimaient la tâche impossible. Là déjà, on a un point un peu inquiétant. Enfin…

En partant de bases aussi fragiles, le résultat final reste prodigieux. Je pense que Weiss et Benioff, mais aussi HBO, ont été excellents dans la composition de l'équipe rassemblée autour du projet. Je ne citerai que Bryan Cogman et Vanessa Taylor à l'écriture, Alex Graves, Alan Taylor, David Nutter, Miguel Sapochnik et Neil Marshall à la réalisation, mais il y a aussi tous ceux qui ont travaillé aux multiples aspects de la production, d'une incroyable qualité sur cette série.

Durant les quatre premières saisons, on pouvait presque défendre le point de vue selon lequel la série était meilleure que les livres.
Pas de temps mort, les éléments essentiels de l'histoire brillamment mis en images et des choix judicieux dans ce qui était laissé de côté. Pour ne donner qu'un exemple, le développement du rôle de Bronn était pertinent au vu de la qualité des duos formés avec Tyrion puis Jaime. En revanche, la scène de viol de Cersei par Jaime auprès de la dépouille de leur fils Joffrey sème la controverse ; certaines subtilités dans la dynamique de cette relation particulière ayant disparu au passage de la page à l'écran.

Reste, dans l'ensemble, une excellente adaptation. À partir de la saison 5 toutefois, alors que la série s'embarque sur les terres inexplorées au-delà de ce qui était écrit noir sur blanc dans les tomes déjà parus, les choses se gâtent.

Une équipe douée pour l'adaptation peut trouver ses limites dans le processus particulier de création qu'implique de poursuivre et conclure une histoire lancée sur de multiples trames narratives amenées à se rejoindre. Des faiblesses se font clairement ressentir à Dorne dès la saison 5 et, à partir de la saison 6, un constat de simplification de l'intrigue s'impose, sans parler de la disparition de la cohérence des temps de voyage en saison 7. Il n'en demeure pas moins quelques magnifiques épisodes, toujours portés par l'incroyable travail de Ramin Djawadi à la musique, et des morceaux de bravoure tels qu'on n'en avait jamais vu en télévision.

Les problèmes de la saison 8 tiennent essentiellement en deux points.
Tout d'abord un effet « tout ça pour ça » concernant la menace des marcheurs blancs, présentée dès la première scène de la série comme essentielle, et résolue en un coup de dague sorti de nulle part. Qui a parlé de trampoline ? Personne, voyons. Où sont ces regards de défi, mystérieux et ces sous-entendus intrigants dans la relation qui se dessinait entre Jon Snow et le Roi de la nuit ? Partis en fumée, oubliés.

Non, la véritable menace finale de *Game of Thrones* sera Daenerys. Ça se décidera en 30 secondes et seules Arya et Sansa le sauront à l'avance, parce qu'elles auront eu accès au script. Ah. Jamais je n'ai dit qu'un revirement tragique de Daenerys était une mauvaise idée. On peut trouver les germes d'une telle notion relativement tôt dans la propension de la jeune femme à recourir à la violence. Toutefois, s'il y a bien une constante chez elle, c'est de préserver la masse des démunis, souvent innocents, des décisions politiques sur lesquelles ils n'ont jamais eu vraiment prise.

Les fondations de cette évolution n'ont pas été travaillées en amont, et on sacrifie la cohérence et l'intérêt psychologique des personnages, véritable pierre angulaire de l'œuvre de Martin, sur l'autel de l'effet de surprise. À un degré moindre, on pourrait faire le même reproche à l'accession de Bran Stark au trône. Celui qui ne pouvait pas imaginer devenir seigneur de Winterfell peut, sans problème cette fois, diriger Westeros… en plus, il le savait d'avance, tralala-lalère !

Rassurez-vous, j'en ai fini avec les pointes de mauvais esprit. Pour essayer de comprendre un peu mieux ce que certains, dont je fais partie, considèrent comme des ratés, il faut sans doute se pencher sur la situation de Daniel Weiss et David Benioff au moment de préparer la dernière saison.
C'est simple, ils ont totale carte blanche, du fait de la popularité monstrueuse atteinte par la série, popularité qui n'a fait que croître au fil des saisons, y compris sur les sixième et septième saisons qui commençaient nettement à pécher par certains aspects. En résumé, les deux acolytes étaient les rois du monde et, de leur propre aveu, n'ont pas cherché le retour d'autres scénaristes sur leur travail.
Ce sont eux également qui ont défini, en toute liberté, le nombre d'épisodes. HBO aurait été partante pour une saison plus longue. Pour ce qui est du budget, j'en suis moins sûr, laissons-leur le bénéfice du doute sur ce point.

La tendance montante qui a commencé à ronger la série pour finalement exploser en tragique apothéose avec la saison 8, se résume dans le remplacement de la nuance et d'un sévère réalisme par les effets de surprise et le spectaculaire à tout prix. Le plus dommage, c'est qu'on devine encore quelques fulgurances, disséminées, de ce qui constituait auparavant la grandeur du récit, notamment dans les deux premiers épisodes de cette dernière saison, dont la véritable apothéose survient avec l'adoubement de Brienne.

À partir du moment où l'on balaie les marcheurs blancs dans un épisode oubliant toute logique militaire, et dès que Jaime quitte une Brienne avec qui il vient de passer la nuit, on s'engage alors sur un chemin de non-retour. La comparaison peu flatteuse, doux euphémisme, entre le Euron Greyjoy de la série et celui du livre était donc révélatrice. Il faut bien dire que Weiss et Benioff ont confié avoir toujours voulu réduire les éléments de merveilleux au strict minimum.

De mon côté, j'attends toujours avec autant d'impatience la suite de l'histoire sous son format d'origine, les romans. L'auteur conserve toute ma confiance (oui, certes, il s'en fout) pour mener à bien une histoire forcément plus vaste et complexe que ce qu'il a été possible d'en transposer sur écran.

Quant à la série, essayons de conserver les glorieux souvenirs des débuts, alors que l'adaptation, souvent splendide, ouvrait la voie à la grande fantasy sur petit écran.

Ce qui nous amène...

LE FUTUR DE LA FANTASY !

Quitte à vous sembler un brin passéiste, je crois que le futur de la fantasy aura encore bien besoin des adaptations pour briller ces prochaines années.

LA ROUE DU TEMPS / THE WHEEL OF TIME

La Roue du temps est une gigantesque saga de fantasy qui s'est vendue à 80 millions d'exemplaires, 20 de plus que celle du *Trône de fer* – qui n'est pas terminée, attention ! J'ai hésité à l'inclure parmi mes incontournables mais, si je l'évoque ici, c'est du fait de la série (en cours de production au moment d'écrire ces lignes, mais ralentie par la pandémie de coronavirus) qui est attendue sur la plateforme Prime Video.

La Roue du temps, c'est d'abord une saga en quatorze tomes qui a demandé 4,4 millions de mots, près de 23 ans et 2 auteurs pour arriver à sa formidable conclusion. Deux auteurs, puisque son créateur, Robert Jordan, est mort en 2007 d'une amylose cardiaque, alors qu'il travaillait sur ce qu'il prévoyait être le douzième et dernier tome concluant l'œuvre de sa vie.

C'est principalement sa compagne, Harriet McDougal, qui a choisi Brandon Sanderson pour compléter le cycle, ce qu'il fit en trois tomes de plus, pour un total de quatorze. Quand j'indique quatorze tomes, c'est en anglais dans le texte, langue dans laquelle j'ai lu ce gigantesque cycle de fantasy. Apparemment, la traduction française serait toujours en cours alors que le dernier tome en V.O. est paru en 2013.

Comment ai-je commencé le cycle ? Excellente question ! Retour à mes années d'étudiant exilé à Paris depuis mon Nord natal. Le TGV me permettait de retourner chez ma mère de temps en temps et c'est durant un de ces voyages que j'ai entendu un échange au sujet de la saga.

Pour avancer à l'époque, il fallait donc acheter les tomes en anglais alors que l'e-commerce n'était que balbutiant... C'est donc chez WH Smith, rue de Rivoli, dans le 1er arrondissement de Paris que j'allais me ravitailler. Un rayon entier dédié à la fantasy anglosaxonne, le bonheur. Longue saga en anglais ? *Challenge accepted!*

Chaque tome de la série commence par ce paragraphe, adapté au lieu de l'action...

« The Wheel of Time turns, and Ages come and pass, leaving memories that become legend. Legends fades to myth, and even myth is long forgotten when the Age that gave it birth comes again. In one Age, called the Third Age by some, an Age yet to come, an Age long past, a wind rose in the Mountains of Mist. The wind was not the beginning. There are neither beginnings nor endings to the Wheel of Time. But it was a beginning. »

« La Roue du Temps tourne et les Âges naissent et meurent, laissant dans leur sillage des souvenirs destinés à devenir des légendes... »

La Roue du temps a donc cette particularité de s'inscrire dans un système de croyance teinté de récurrence cyclique, ce qu'on retrouve dans le concept d'éternel retour développé déjà par les astronomes de Mésopotamie. On y retrouve également la notion de réincarnation et, éventuellement, de karma, qui sont des piliers de l'hindouisme comme du bouddhisme.

Ainsi, Robert Jordan, auteur principal et initial de la saga, s'éloigne des principes chrétiens qui baignent *Le Seigneur des Anneaux* en particulier, et cela même si le premier tome de *La Roue du temps* s'inscrit clairement en hommage à Tolkien. Il faut avouer que pour trouver un éditeur en 1990, pour de la fantasy et ce, malgré le succès rencontré avec la novélisation du film *Conan le Destructeur* (!), mieux valait pour Jordan ne pas trop s'éloigner du modèle. À mesure que se déploie (et parfois, se perd) le récit, on sent bien les particularités et choix qui font de *La Roue du temps* une œuvre à part, qu'il serait naïf de réduire à une simple prolongation du *Seigneur des Anneaux*.

Si cette œuvre est sans doute un incontournable du genre, fait-elle donc partie des miens ? Je ne le sais toujours pas. Du moins… je sais que je suis très heureux de l'avoir lue car elle se compose de moments très forts, portés par des personnages inoubliables, comme Mat Cauthon pour ne citer que lui.

La série est verbeuse dès ses débuts, mais l'intrigue avance à un rythme raisonnable jusqu'au tome 6. Ensuite viennent les tomes 7 à 10, trop longs, se perdant dans des intrigues secondaires et à peine sauvés par quelques événements marquants qui sont autant d'oasis au beau milieu d'un désert dans la progression. Puis, soudain, alors qu'on n'y croit plus, le tome 11 retrouve du souffle et ouvre sur les trois derniers, de Brandon Sanderson, qui parvient à offrir à la saga une vaste et puissante conclusion, une véritable apothéose qui culmine dans un dernier tome absolument épique.
Depuis lors, je me suis promis de lire les ouvrages de Brandon Sanderson, situés dans ses propres univers, et je m'y attelle à peine. Peut-être aurai-je l'occasion de vous en parler un jour, mais pas ici, pas encore.

L'adaptation d'un tel mastodonte représente une véritable gageure, mais le format sériel jouit au moins de l'avantage de la durée. Je suis impatient de découvrir cette réinterprétation qui pourra, je l'espère, extraire la substantifique moelle de cette saga-fleuve qui gagnerait ainsi en rythme et en ressortirait magnifiée.

La « Série Seigneur des Anneaux »

C'est ainsi qu'on appelle souvent le projet de série, là encore pour Prime Video, qui se situe sur Arda, l'univers créé par J. R. R. Tolkien.

C'est le Deuxième Âge qui fournira le contexte de cette histoire nécessairement ambitieuse et, plus particulièrement, l'île de Númenor, même si on peut supposer que ce ne sera pas le seul lieu de l'action qui devrait nous emmener aussi dans certaines régions de la Terre du Milieu.

Númenor était l'immense île offerte aux hommes après leur participation à la guerre contre Morgoth. Variation du mythe de l'Atlantide, c'est avant tout l'histoire d'une civilisation dépassée par son hybris, corrompue de l'intérieur par Sauron qui saura cultiver la jalousie que ressentent les mortels envers la vie éternelle des Eldar et Valar.

De nombreux et prestigieux talents se penchent sur le berceau de cette superproduction au budget phénoménal. Sur la base de ce qui est connu au moment d'écrire ces lignes, la série est attendue, de pied ferme, mais pas avant fin 2021, au mieux.

Les adaptations que j'espère… ou redoute !

Depuis le film de John Milius (voir p. 26) et bien loin du matériau d'origine, rien de bien convaincant n'est jamais ressorti des adaptations de *Conan*. Un projet de série, encore une fois sur Prime Video, a un temps été sérieusement envisagé avant d'être abandonné.

Pourtant, le potentiel est là ! C'est dans la fidélité à la richesse des textes, en donnant vie à l'écran à ces ambiances évocatrices et ambivalentes, que réside sans doute le secret de la réussite.

J'en reviens au *Livre des Martyrs* (ou *Malazan Book of The Fallen* en V.O.), après vous avoir expliqué mon adoration pour cette œuvre dans la section des perles rares et inclassables (voir p. 54).

Selon Steven Erikson lui-même, plusieurs négociations ont eu lieu autour d'adaptations de ce cycle immense, autant par son volume que par sa qualité. Il s'en est fallu de peu que l'auteur ne signe avec une société de production appartenant à Harvey Weinstein juste avant que n'éclate le scandale autour des comportements ignobles de cet individu. Comme le dit l'auteur : « We dodged a bullet. »

Reste donc ce potentiel monstrueux à canaliser et une équipe suffisamment passionnée et inconsciente pour se lancer dans l'adaptation d'un tel béhémoth.

Que ce soit pour 30 films ou 200 épisodes, disons qu'il y aurait de quoi faire, même si les coûts de production pour un résultat visuellement probant me semblent a priori encore prohibitifs. Quant à saisir la richesse insensée de l'histoire et de ses résonances morales et philosophiques... disons qu'il faudrait réunir de sacrés plumes sur un tel projet.

S'il ne restait qu'une évidence en termes de mine d'or inexploitée de la fantasy, ce serait pour moi le *cycle des Princes d'Ambre*.
Malgré l'ampleur de la tâche, ce projet me semble atteignable pour ce qui est de la production visuelle. Quant à la trame, elle me semble tout simplement parfaite pour saisir le spectateur par la main et l'entraîner dans un univers où le mythique s'acoquine aux manigances et aux passions pour un résultat irrésistible et, surtout, parfaitement adapté au rythme de la narration sérielle.

Si vous voulez mon avis, elle est potentiellement là, la véritable succession à *Game of Thrones*. Gardez l'œil bien ouvert sur *les neuf princes d'Ambre* !

La fantasy est protéiforme et il y a bien de grandes œuvres que je n'ai pas évoquées ici, pour diverses raisons. Parmi celles-là, je pense notamment à certains longs-métrages d'Hayao Miyazaki.

Justement...

2

ANIME MANGA & Cie

2 | ANIME, MANGA & CIE

Je ne me prétends spécialiste de rien, mais plutôt amateur de beaucoup. D'une génération qui a eu la chance de découvrir les premiers anime à la télévision française, ma jeunesse en a été fortement marquée et j'en conserve une grande tendresse pour cette fameuse japanimation. Le goût pour la lecture de mangas, en revanche, n'est venu que nettement plus tard et reste en retrait de ma consommation de livres « classiques ».

À vrai dire, la richesse des mangas et anime aurait permis d'éclater leur évocation parmi tous les autres chapitres, puisque ce sont deux médias qui recouvrent tous les genres de pop culture ou presque. Je ne me suis d'ailleurs pas privé d'évoquer un anime tel que *King Arthur* dans le chapitre consacré à la fantasy, puisque oui, sans le moindre doute possible, mon premier contact fut celui proposé par les programmes jeunesse des années 1980 et 1990.

En même temps sont venus les jeux vidéo, puisque, fan inconditionnel des consoles de jeux SEGA, c'est aussi par ce biais que j'ai pu effleurer une partie des codes de l'animation japonaise avec des univers et graphismes connexes.

Par extension, je fais aussi partie de cette jeunesse qui a connu le terme de « japoniaiserie », néologisme dont on attribue certes la création à l'écrivain Champfleury, champion du réalisme littéraire et grand connaisseur des chats (!), mais dont l'usage bondit soudain avec l'essai de Ségolène Royal, publié en 1989 : *Le ras-le-bol des bébés zappeurs* (si, si, je vous assure, c'est un vrai titre). Madame Royal était notamment soutenue par *Télérama* qui se faisait le relais de parents qui ne comprenaient pas la programmation du fameux *Club Dorothée*.

À leur décharge, il faut reconnaître que l'émission ne distinguait sans doute pas assez les anime tous publics de ceux à réserver à une audience plus avertie, au moins adolescente. On pense essentiellement à *Hokuto no Ken* (*Ken le Survivant*), même si la version diffusée en France était très largement censurée, voire charcutée *hokuto* de cuisine.

Évidemment, du côté des gamins comme moi, à l'époque, c'était l'outrage dans les cours de récré. Comment ça « japoniaiseries » ? Ils voulaient nous retirer les meilleurs dessins animés de l'univers sous prétexte qu'ils étaient trop violents ? Comme si nous étions incapables de faire la distinction entre fiction et réalité… S'ils avaient déprogrammé *Les Chevaliers du Zodiaque*, une révolution à coups de pains au chocolat dans la tronche les attendait, sans le moindre doute possible.

Depuis cette époque bénie, ma connaissance du sujet s'est un peu enrichie, *Le Voyage de Chihiro* s'est vu décerner l'Ours d'or du meilleur film à la Berlinale de 2002 et je me dis que ce rejet en bloc de l'animation japonaise était quand même sacrément stupide.
Pourquoi chercher à mettre *Jeanne et Serge* et *Berserk* dans le même panier ? (Oui, je sais, ça parle de volley-ball *Jeanne et Serge*, pas de basket, mais je n'avais pas la référence *Slam Dunk*.)

LA JAPANIMATION DE MON ENFANCE

GOLDORAK

« Goldorak, go ! Va accomplir ta mission ! » Si tout petiot, je demandais à ma mère de me dessiner des soucoupes volantes, ce n'était pas pour rien. Mulder n'avait rien à voir dans tout ça, les coupables étaient *Goldorak* et *La Bataille des planètes*.

Si je n'ai que de vagues souvenirs de ce dernier, les sourcils d'Actarus dans *Goldorak* restent au contraire bien vivaces, sans parler de son surpuissant robot. Il avait beau porter un gilet à franges et se jeter dans une trappe de vide-ordures, tous ces détails ne pouvaient décrédibiliser à mes yeux le prince d'Euphor. Alors oui, j'ai découvert par la suite que le nom même « Actarus » n'avait jamais existé que dans l'imagination de traducteurs dans l'erreur, mais impossible d'effacer ce formidable patronyme de ma mémoire.

Au Japon, *Goldorak* a plutôt bien marché, dans la continuité de *Mazinger Z* en termes d'audience, mais c'est surtout à l'exportation que le succès fut véritablement immense et notamment en France.

Certains fustigeaient déjà cet anime comme étant inadapté aux enfants. Mais, bien au contraire, ses thématiques parfois profondes et l'humeur mélancolique de son héros se révélaient nettement plus intéressantes et accrocheuses que la production jeunesse locale.

Certes, je regardais surtout pour voir des robots géants se mettre sur la gueule, mais quand même, certains efforts de scénario ne passaient pas inaperçus, loin de là, il ne faut jamais sous-estimer la capacité d'un jeune public à un peu de finesse.

ALBATOR, CAPITAINE FLAM ET ULYSSE 31

Si on reste dans l'enfance jusqu'à mes 10 ans, les trois mousquetaires de mes dessins animés fétiches se composaient de *Goldorak*, *Albator*, *Capitaine Flam* et *Ulysse 31*. Comment ça, il y en a quatre ? Vous ne connaissez pas *Les Trois Mousquetaires* ou quoi ?
On ne souligne jamais assez l'importance de la musique pour les œuvres de cinéma et de télévision et de ce point de vue, *Goldorak* fut bien loti avec les compositions de Shunsuke Kikuchi, notamment connu par la suite pour son travail sur *Dragon Ball*.

Si **ALBATOR** fut aussi vilipendé, bien que moins nettement que *Goldorak* (parce que *Albator*, c'est plus « romantique », vous voyez ?), il est amusant de constater que tel ne fut pas le cas pour *Capitaine Flam* et *Ulysse 31*. On pensait le premier venu des États-Unis et on savait le second provenir d'une coproduction franco-japonaise.
Étonnant aussi de remarquer qu'un nom aussi emblématique qu'*Albator*, pour les Français, n'est qu'une invention locale parce qu'on craignait que le nom original, *Captain Harlock*, ne fasse trop penser au meilleur pote de Tintin (pas Milou, l'autre).

Entre les différentes versions d'*Albator*, principalement celles de 1978, *Albator, le corsaire de l'espace* puis *Albator 1984* pour nous en France, c'est un joyeux bazar scénaristique, d'autant plus que Leiji Matsumoto, son créateur, prend un malin plaisir à faire apparaître le personnage dans plusieurs de ses œuvres, par exemple *Cosmos 1999*.
Quelques incohérences, certes, que l'auteur tentera de résoudre dans le manga *L'Anneau des Nibelungen* (inspiré de l'œuvre de Wagner, comme le nom l'indique), mais toujours une classe intersidérale pour une figure majeure du manga, à l'esthétique particulièrement reconnaissable.
Des personnages longilignes ou ratatinés, des femmes éthérées, des héros aussi avares de parole que riches de vie intérieure, et des combats spatiaux fascinants à bord de vaisseaux animés d'une âme propre. Qu'ils se nomment *Arcadia*, *Atlantis* ou *Death Shadow*, en résumé, on a deux designs principaux de vaisseaux : le vert à tête de mort en proue et le bleu à l'avant plus effilé.

Dans tous les cas, la science-fiction de Matsumoto nous propose un avenir désenchanté, où l'humanité se laisse aller, dirigée par des incompétents. Albator est l'un des rares à s'en tenir à ses valeurs, à un strict code moral qui le mène à entrer en conflit alors qu'il n'aspire au fond qu'à la paix. Le capitaine est aussi marqué par le deuil, ces différents éléments expliquant la mélancolie qui le baigne, même si ses sentiments nostalgiques ne l'empêchent jamais de se battre pour un avenir meilleur.
Voilà finalement une source de fascination peut-être plus saine et certainement plus inspirante pour des enfants que l'univers pseudo-militaire de *GI Joe*. Bon, ok, j'adorais les jouets *GI Joe*.

Du côté du **CAPITAINE FLAM**, c'est surtout le triomphe de la pensée rationnelle et scientifique (le nom de famille du Capitaine est « Newton » !) sur la pure violence et les ambitions de pouvoir.
Malgré un héros creux et archétypal, on retrouve des scénarios plus fouillés qu'on ne le pense et des inspirations très nettes des grands films de SF de l'époque. Surtout, *Capitaine Flam* reste une adaptation des romans et nouvelles *Capitaine Futur* d'Edmond Hamilton, publiés dans les années 1940, ce qui explique la richesse de certaines intrigues.
Si on fait abstraction du matériau d'origine des scénarios, *Capitaine Flam* est une série purement japonaise, même si elle a été diffusée aux États-Unis avant d'arriver en France.

ULYSSE 31 a la particularité d'être une coproduction franco-japonaise et c'est une franche réussite et un joli coup aussi pour FR3 à l'époque, d'autant qu'on a poussé la référence jusqu'à s'inspirer du logo de la chaîne (un œil à l'iris hexagonal) pour le vaisseau *Odysseus*. Placement de produit plus classe, tu meurs.
Autre source d'inspiration visuelle inattendue pour le héros, Ulysse, qui arbore la barbe et la rousseur de Jean Chalopin lui-même, cocréateur de la série et surtout fondateur de DIC d'où sortiront aussi bien *Les Mystérieuses Cités d'or* que *Jayce et les Conquérants de la Lumière* ou encore *Inspecteur Gadget*, *MASK*, *Les Popples*. Impressionnant.
Tout petit, je dévorais des yeux les découpages en 5 minutes d'*Ulysse 31*, qui étaient stratégiquement diffusés à 19h55, juste avant la fameuse case du journal télévisé. Eh oui, 5 minutes (moins en enlevant le générique !), puisqu'il s'agissait d'un découpage du format habituel de 26 minutes en six mini-épisodes, égrainés au fil de la semaine jusqu'à retrouver l'épisode complet le dimanche. Je ne dirai pas ici que ces mini-épisodes précédaient l'émission *Les Jeux de 20 heures* avec Maître Capello, sinon je vais vraiment passer pour une antiquité.

Si vous avez lu le chapitre consacré à la fantasy, vous savez déjà que je suis un fan de longue date de mythologie grecque. Il suffit d'y ajouter la fascination pour l'espace et la science-fiction nourrie par *Goldorak* et compagnie et on devine aisément mon amour immodéré pour *Ulysse 31*.
De la musique aux histoires en passant par l'animation, tout était particulièrement soigné. En y ajoutant encore la voix si riche et chaleureuse de Claude Giraud pour Ulysse, on obtient un résultat étourdissant. On peut aussi noter que quelques images de synthèse font timidement leur apparition, une première pour un dessin animé de ce type !

« Salut, c'est moi Nono, j'suis le robot héros, cadeau d'Ulysse pour Télémaque son fils, je vis dans l'grand vaisseau, comme un poisson dans l'eau avec Thémis, Télémaque et Ulysse ! »

LES MYSTÉRIEUSES CITÉS D'OR

Après le succès populaire et artistique d'*Ulysse 31*, on pouvait supposer qu'une voie royale serait ouverte au projet suivant d'animation franco-japonaise, en particulier porté par Jean Chalopin et Bernard Deyriès.
Bien sûr que non ! Il a fallu obtenir des fonds au Luxembourg et quasiment brader la série auprès des chaînes de télévision pour enfin en obtenir la diffusion. Comment les responsables de programme ont pu ne pas comprendre, dès le visionnage des premiers épisodes, qu'ils avaient là de l'or entre les mains ? Le public, lui, ne s'y trompe pas et c'est sans doute l'une des séries pour lesquelles la notion de « culte » en France n'est pas loin d'être à prendre au pied de la lettre.

Le scénario pioche dans l'Histoire, mais aussi les mythes des continents et civilisations perdus de Mu et de l'Atlantide, tout en respectant la structure d'une quête initiatique et les éléments intemporels du voyage du héros tel que formalisé par Joseph Campbell, mythologue américain, dans son essai *Le Héros aux mille et un visages*.
Les personnages sont diversifiés et attachants, l'équilibre entre tension, humour et émerveillement frise la perfection et l'animation est au sommet de la qualité qu'on peut attendre d'une production sous un tel format.

Tous ceux qui suivaient assidûment les aventures d'Esteban, Tao et Zia, sans oublier l'ombrageux Mendoza, se souviennent aussi, avec émotion, des inflexions inimitables de Jean Topart, qui prêtait déjà sa voix à celle de Zeus dans les moments les plus forts d'*Ulysse 31*. Elle enveloppait chacun des petits documentaires suivant les épisodes des *Cités d'or* de son timbre singulier et envoûtant, dans une invitation au voyage.

S'agit-il de la meilleure série d'animation française jamais réalisée ? Peut-être. Toutefois, rappelons-nous qu'elle n'est pas que française justement et qu'on peut voir dans cette qualité tout le succès d'une fructueuse collaboration franco-japonaise.
Solaris, Grand Condor, Olmèques et Vieux Pic, des mots qui suffisent à faire résonner dans nos cœurs l'alerte de Pichu et ce générique de l'enfance, tant l'émotion reste vivace.

ASTRO, LE PETIT ROBOT

Il m'aurait sans doute fallu développer ici un peu de mon affection lointaine pour *Astro, le petit robot*, la version française du célèbre *Astro Boy* du grand Osamu Tezuka, véritable père fondateur des séries animées japonaises. Je le mentionne, mais je dois avouer que je ne garde que des souvenirs trop parcellaires de cette version des années 1980, tandis que la série japonaise initiale, en noir et blanc, reste inédite en France.
L'inventivité était forte et les thématiques finalement assez proches de celle qu'on pourra identifier plus tard chez Hayao Miyazaki, notamment la question du pacifisme.

LES CHOCS DÉTERMINANTS

Si les anime avaient déjà rythmé ma tendre enfance, l'arrivée de nouvelles séries autour de mes 10 ans marqua un nouveau tournant. Depuis lors et jusque très récemment, j'ai souvent été bouleversé par l'impact visuel et l'originalité de l'imaginaire dépeint par les mangas et l'animation japonaise.

COBRA / SPACE COBRA

« Homme ou machine,
nul n'imagine,
Quel est son secret,
nul ne le sait,
Mais quand on l'appelle,
il surgit du ciel,
Puis il disparaît,
toujours aux aguets,
toujours, toujours. »

Pourquoi commencer par Cobra ? Pourquoi pas. C'est génial Cobra.

La diffusion a commencé en France en 1985, d'abord sur Canal+, mais c'est sur Antenne 2, dans *Récré A2*, que j'ai découvert ce bijou.
Entre le design et la voix d'Armanoïde (Lady) et les tenues et silhouettes des sœurs Nelson (Jane, Catherine et Dominique), je peux vous dire que cette série, c'est l'éveil des sens pour un gamin de 8-10 ans. Avec Jane Fonda, Catherine Deneuve et Dominique Sanda pour modèles, pas étonnant.
Cobra relève-t-il de la masculinité toxique avec son costume moulant, son cigare aux lèvres, sa tête refaite de Jean-Paul Belmondo et, surtout, ses conquêtes à la chaîne ? Je n'en sais rien et j'avoue que je m'en fous totalement. Il est nécessairement le fruit de son époque et, parmi moult influences, on peut citer *James Bond*, ceci expliquant cela.
C'était tellement bien *Cobra*. Le rugball, l'homme de verre, le canon Delta ou « psychogun ». Ah, le rayon Delta, voilà sans doute une des armes les plus cool jamais inventées, d'autant que Cobra ne perd pas en esthétisme grâce à la prothèse plus vraie que nature qui peut faire office de fulgure au poing !
Cobra c'était la coolitude incarnée. Un soupçon de film noir, beaucoup de Philip K. Dick avec la nouvelle *Souvenirs à vendre* qui inspira *Total Recall*, du *space opera*, du *James Bond* et, outre les traits, c'est surtout la précieuse désinvolture de Belmondo que Buichi Terasawa parvient à capter à la perfection.
Une adaptation live ? Parlons-en dans la section consacrée au futur, mais peut-on encore y croire vraiment ? Enfin, la section oui, hein, elle existe, vous verrez (voir p. 110).

ROBOTECH

Juste avant l'arrivée de *Dragon Ball* et des *Chevaliers du Zodiaque*, un premier anime, remanié par les Américains sous le nom de *Robotech*, était diffusé sur la 5.
Même si je dois évoquer le nom *Robotech* pour parler au public français, finalement, c'est uniquement la première époque de ce remaniement qui m'a fasciné, ce qui correspond pour les Japonais à *Macross*, ou, pour le titre international à *The Super Dimension Fortress Macross* (les mecs pas doués pour choisir un titre). En effet, la série *Robotech* correspond en réalité à l'agglomération relativement artificielle de trois séries, sachant que *Macross* correspondait alors à la « première époque » de la lutte de l'humanité face aux menaces extraterrestres.
Bon... je vous ai un peu perdu ? En résumé, moi j'ai kiffé l'anime avec le vaisseau géant, la chanteuse et Rick Hunter (Hikaru Ichijô, pas Fred Dryer !). C'est plus clair ?

C'est évidemment le cocktail savamment équilibré entre conflit spatial, robots transformables et triangle amoureux qui fait tout le charme de cet anime, même si jamais, au grand jamais, je n'aurai admis mon intérêt pour le dernier ingrédient à l'époque. Et pourtant ! La nature des relations entre les hommes et les femmes est au cœur du scénario de *Macross* puisque la civilisation – appelée Protoculture – des géants Zentradi ne conçoit qu'un état de guerre entre les deux sexes.

En proposant une exploration plus approfondie que d'accoutumée de la civilisation extraterrestre menaçant l'humanité, *Macross* parvient à prendre de la hauteur et à mettre les motivations et actions de chacun en perspective. Il ne s'agit donc pas uniquement de méchas au design réaliste et d'affrontements à couper le souffle qui mettent en avant le talent et le courage des pilotes, mais aussi d'une réflexion sur la guerre.
Les Zentradi sont tragiques puisque conçus et prédéterminés pour le conflit. Les voir mourir, souvent dans la douleur, permet de dénoncer l'horreur de la guerre qui ne connaît pas de camp. On est loin des stormtroopers anonymes qu'on s'amuse presque à voir exploser dans *Star Wars*. Même si Jon Favreau et Taika Waititi ont tenté un début d'humanisation dans le dernier épisode de *The Mandalorian*, mais je m'égare encore !
Au-delà, il est question de la relative supériorité du pouvoir de l'art, voire de l'amour, sur celui de la violence. Même s'il s'exprime par des chansons d'amour ultraguimauve dans *Macross*, l'art est montré comme étant capable de créer un lien entre des civilisations devenues presque totalement étrangères l'une à l'autre.

J'étais sans doute incapable de formaliser clairement ces enjeux en regardant *Robotech* à 10 ans, mais les enfants perçoivent et comprennent bien plus qu'on ne le croit. La beauté du message ne m'échappait pas. Si vous n'avez pas le temps pour 36 épisodes, je vous recommande le film de 1984 *Macross: Do You Remember Love?*

DRAGON BALL

Comment choisir s'il faut parler d'abord de Dragon Ball ou de Saint Seyia ? C'est simple : Dragon Ball fut diffusé pour la première fois en France en mars 1988 et Saint Seyia en avril. Un mois d'écart, c'est large !

J'ai immédiatement adoré *Dragon Ball*, parce que c'est drôle. D'autant plus drôle en manga, non censuré, contrairement aux épisodes. « Où sont passées les boules ! », s'exclame Goku confronté pour la première fois à la nudité d'une femme, Bulma. Cette dernière se réveille, affolée, les boules de cristal ont-elles disparu ?
Aux origines, Akira Toriyama puise dans la fameuse légende chinoise du Roi singe pour imaginer les aventures de Son Goku, la carotte. Oui la carotte, Kakarott ! Comme vous le savez certainement déjà, les *Saiya-jin* sont appelés par des noms de légumes tandis que du côté de Bulma, on se situe dans le rayon sous-vêtements.
Le nom chinois du Roi singe est *Sun Wukong* et, en japonais, « Son Gokū ». Il côtoie un homme à tête de cochon, apprend à monter sur les nuages, on lui offre un bâton magique, il peut devenir géant… je pense que vous voyez un peu le tableau !

Tout au long des aventures du petit bonhomme imbattable aux cheveux hirsutes, les références culturelles se multiplient. Au sommet de la tour du Ruban Rouge, il est confronté à un pseudo *Terminator* avec les traits excellemment caricaturés de ce bon Schwarzy, et lorsque Tortue Géniale emmène Goku et Krilin au tournoi des arts martiaux, on est en plein hommage au genre propulsé par Yuen Woo-ping et Jackie Chan avec les films d'arts martiaux burlesques de 1978 (*L'Ombre du serpent* et *Drunken Master*).

Parmi certains fans de manga de la première heure, Dragon Ball n'avait même pas toujours bonne réputation à l'époque où il est arrivé en France, en 1993, dans une édition qui reste chère à mon cœur, mais qui, objectivement, ne respecte pas totalement l'œuvre originale. C'est un problème qu'on retrouve dans de nombreuses « communautés de fans » qui n'ont de communauté que le nom et qui réunissent des gens aux perceptions et attentes extrêmement variées. Dans ces publics, il y aura toujours des individus pour utiliser le terme de « vrai fan » qui ne désigne finalement que ceux qui ont le même avis qu'eux sur une œuvre et qui sont supposés avoir un degré d'investissement suffisant pour les rendre « légitimes ». Cette notion de « vrai fan » m'est particulièrement insupportable et l'une des pires fausses communautés à cet égard est certainement celle de Star Wars.

Revenons à *Dragon Ball* et à la fameuse distinction avec *Dragon Ball Z*, qui n'est pourtant qu'une suite de l'histoire, une suite qu'Akira Toriyama envisageait comme définitive et finale. Que de naïveté !
Il y a certainement plus de fraîcheur, d'humour et d'inventivité dans les premiers tomes de *Dragon Ball*, toutefois, jusqu'à l'arc Cell, je reste personnellement très client de l'histoire racontée dans *Dragon Ball Z* (voire de *Dragon Ball Z Kai* qui nous évite certains épisodes de remplissage). On conserve des aspects ridicules, mais les enjeux se font plus sévères encore dès l'arrivée de Raditz et l'incroyable révélation concernant les véritables origines de Son Goku.

Freezer reste à mes yeux (adolescents encore un peu, sans doute !) un adversaire qu'on adorait détester et qui a fait monter les enjeux à un niveau extraordinaire.

De toute la saga, mes personnages préférés restent Ten Shin Han, Piccolo et, allez... Tortue Géniale quand même ! Vegeta est souvent adoré, je l'aime bien, mais c'est quand même une monstrueuse tête de mule et un ancien sociopathe de la pire espèce. Mes affrontements favoris restent ceux des tournois mondiaux des arts martiaux.

Même s'il existe des œuvres évidemment plus abouties, complexes et surtout matures, elles sont très différentes et *Dragon Ball* conservera toujours pour moi une aura très particulière, malgré la surexploitation de ses personnages et de son univers. Le temps est venu d'évoquer un autre *nekketsu* de légende...

SAINT SEIYA / LES CHEVALIERS DU ZODIAQUE

S'il ne devait rester qu'une constellation, la plus brillante, dans les cieux de l'animation japonaise, ce serait celle de Saint Seiya. Voilà une affirmation purement subjective, bien entendu, qui s'appuie certes sur les énormes qualités de cette épopée, mais qui puise sans nul doute possible à la source profonde des amours enfantines et adolescentes.
Eh oui, « amour », carrément ! Comment désigner autrement la foi profonde et l'investissement émotionnel qui étaient les miens lorsqu'enfin était arrivée l'heure de la diffusion hebdomadaire d'un nouvel épisode des Chevaliers du Zodiaque ?

Fasciné par la mythologie grecque et la chevalerie depuis mon plus jeune âge, j'étais sans doute le public rêvé pour cette histoire de courage, d'amitié et de sacrifice pour un idéal (ou pour une fille avec des cheveux mauves, au pire).
Saint Seyia et *Dragon Ball* étaient parfaitement complémentaires. Le lyrisme et le sérieux du premier compensaient l'absence de cet humour si caractéristique du second.
Les compositions de Seiji Yokoyama participent pleinement à installer cette atmosphère parfois glorieuse, mais souvent mélancolique et douce qui vient souligner ces convictions intimes permettant aux Chevaliers de Bronze de surpasser leurs limites.

Je ne sais pas s'il est pensé ainsi, mais le manque de relief de Seiya, le protagoniste central, ne fait que mettre en lumière davantage encore ses compagnons bien plus intéressants. Si je devais classer un peu bêtement les Chevaliers de Bronze par ordre de préférence, je dirais Ikki du Phénix, Shiryū du Dragon, Hyōga du Cygne, Shun d'Andromède et Seiya du Pégase.
Cela étant dit, Seiya a évidemment ses grands moments et puis il faut dire aussi qu'il a la même voix que Vegeta en français !
Shun, même si je le classe avant-dernier pour son côté pleurnichard qui finissait par agacer, reste un personnage nuancé dont la sensibilité cache une détermination sans faille et un potentiel de combat immense, souvent réfréné par son empathie.

Ceux qui ne voient qu'une succession d'affrontements sanglants dans Saint Seiya passent totalement à côté du message, puisque ce sont les valeurs de ceux qui combattent et particulièrement la vertu et la justesse de leur cause, qui leur permet de triompher.

Ce ne sont pas simplement les « gentils qui gagnent », mais bien une ode au dépassement de soi, au service d'un idéal et à l'union sacrée entre frères d'armes. Bon, je reconnais que ce que je décris là correspond en résumé à la définition même du genre nekketsu, mais si vous avez vibré, comme moi, face aux sacrifices des Saints d'Athéna, vous percevez la note tragique particulière qui se dégage de Saint Seiya.

Entre le manga et l'anime, la différence la plus notable réside dans les ajouts des équipes de la Toei afin de meubler l'avance prise sur le travail du mangaka. On peut citer les Chevaliers d'Acier, de triste mémoire, ou l'arc Asgard dans son intégralité, ce qui explique l'étrangeté de cette digression en mythologie scandinave alors que tout le reste de l'histoire s'inscrit entre mythologie grecque et quelques références arthuriennes, sans oublier les continents submergés de Mu et de l'Atlantide.

Pour ceux qui connaissent juste l'anime et souhaitent s'amuser à creuser un peu le mythe qui entoure l'œuvre de Masami Kurumada, je vous invite à mener quelques recherches sur « La Grande Chronique des guerres saintes », un texte jamais officiellement paru en français et qu'on trouvait dans le *Cosmo Special* sorti le 10 août 1988 au Japon.

Ce texte, généralement appelé « Hypermythe », propose différentes pistes sur la mythologie propre à cet univers. Même si Masami Kurumada ne l'a pas rédigé, il semble y avoir participé puisqu'on y trouve des éléments qui seront plus tard utilisés, notamment dans l'arc Hadès.

HOKUTO NO KEN / KEN LE SURVIVANT

Ce n'est que six mois après l'apparition, miraculeuse, de Saint Seiya à la télévision française qu'a suivi *Hokuto no Ken*, anime titré *Ken le Survivant* dans notre beau pays. De tous les anime de ma jeunesse, c'était bien sûr le plus violent, du moins initialement, puisqu'il était destiné, de l'aveu de son producteur japonais, à des adolescents de 16 ans et plus.

Difficile de comparer *Ken le Survivant* aux poids lourds de l'époque tant l'œuvre a été abîmée par la censure et les doubleurs. Tous les enfants de l'époque se souviennent des écoles « Hokuto de cuisine » et « Nanto de fourrure »... Même si, parfois, sur le coup, l'absurdité d'entendre des choses pareilles nous faisait rire et en en discutant après, en cours de récréation, mes amis et moi en arrivions toujours à la conclusion que c'était quand même du grand n'importe quoi.

Cela m'attriste de savoir que Philippe Ogouz, qui assurait par exemple les voix du *Capitaine Flam* et de Musclor, considérait si mal cet anime qu'il posa, avec ses collègues, la condition de pouvoir raconter n'importe quoi avant d'en poursuivre le doublage. De toute façon, la diffusion de l'anime finit par être interrompue sous la pression de quelques groupes, sans parler de la partie 2 restée bien longtemps sans la moindre traduction française.

Faute de pouvoir suivre et donc prendre au sérieux cette histoire, on pouvait néanmoins deviner le potentiel tragique et épique qui semblait y résider, sous les couches de ridicule dont on l'affublait.
Je conçois qu'en version pleine et entière, cet anime n'est peut-être pas à mettre à disposition d'enfants de tous âges, mais le problème résidait dans ce cas dans la catégorisation et la programmation des émissions. Le voir à 11 ou 12 ans ne m'avait pas choqué, malgré les premiers épisodes qui devaient être parmi les moins censurés en toute logique, la pression (sur les points vitaux de TF1, proches du porte-monnaie sans doute) n'étant arrivée qu'ensuite.

Ken le Survivant propose un futur postapocalyptique où ne règne que la loi du plus fort, laissant des populations désespérées en proie aux bandes les plus ignobles. Le trait de Tetsuo Hara se prête particulièrement bien à ce monde hostile et à ces personnages qui n'ont pas le loisir de plaisanter alors que le meurtre s'est radicalement banalisé.

On reconnaîtra l'inspiration de ces visages fermés aux sourcils broussailleux et de ses corps bodybuildés dans les premières saisons de *Jojo's Bizarre Adventure* puisque Hirohiko Araki est admirateur du travail de Tetsuo Hara.

L'inspiration du monde dévasté des films *Mad Max* est pour le moins évidente, que ce soit dans le look de Kenshiro ou celui, encore plus improbable, des hordes de punks barbares qui terrorisent les survivants plus paisibles. Dans le style interne du Hokuto et externe du Nanto, les écoles d'arts martiaux présents dans l'anime, en schématisant au maximum, on retrouve le principe des opposés complémentaires, cher au taoïsme et bien connu dans le symbole du yin et du yang.

Le travail de Buronson, scénariste, va bien au-delà encore en poussant loin la logique qui va régir les différentes écoles d'arts martiaux et leurs nombreuses déclinaisons.

N'exagérons rien, pas de philosophie complexe dans *Hokuto no Ken*, mais on est bien loin du jeu de massacre décérébré que voulaient y voir ses détracteurs, par principe, opposés à l'animation japonaise dans son ensemble.

Quelques images fortes, parfois à connotations religieuses avec le thème du martyr notamment, voilà ce qui me reste de Ken, et l'envie d'aller plus loin dans la (re)découverte de l'œuvre, dès que je trouverai cinq minutes !

NICKY LARSON ET SIGNÉ CAT'S EYES

Si j'ai hésité à évoquer les anime inspirés de l'œuvre de Tsukasa Hōjō, c'est surtout parce que je ne les ai connus qu'aux travers des anime, moins aboutis que le manga, leur matériau d'origine.

City Hunter est plus drôle, plus trash, mais aussi plus tragique et épique que *Nicky Larson*. Une sorte de version améliorée de ce que nous proposait l'anime, bien évidemment passé à la moulinette de la censure lui aussi, tout comme *Signé Cat's Eyes*, quatre ans auparavant.

En effet, *Signé Cat's Eyes* a d'abord été diffusé sur FR3, à partir de 1986, et c'est là que je le découvris, avec une certaine méfiance initiale parce que bon, quand même, des filles comme personnages principaux, c'était inhabituel par rapport à ce que je regardais – c'est triste, mais c'est totalement vrai ! Néanmoins, le générique en mode aérobic sexy en justaucorps moulant avait quelque chose de très particulier, à tel point qu'il fut assez (trop) rapidement remplacé par des extraits plus anodins.

Passé ce caractère émoustillant et inavouable, disons que *Signé Cat's Eyes* ne m'a pas laissé de souvenir impérissable avec ses intrigues trop répétitives et la faible avancée de la vague trame de fond concernant le père disparu des trois sœurs.

Il y a un domaine dans lequel City Hunter ne peut rivaliser avec son adaptation française, Nicky Larson, et ce sont évidemment les doublages de ses méchants : « Oh non, vouailà Larssssson, il va encoeur nous faire bobooo ! »

Autant les délires de doublage sur Ken le Survivant cassaient totalement l'ambiance et l'esprit de l'histoire, autant ces variations sur Nicky Larson peuvent avoir une forme de charme qu'il me faut reconnaître à contrecœur.

Si la violence de *Ken* avait choqué, c'est évidemment l'obsession sexuelle de Ryô/ Nicky qui pose ici un sérieux problème pour un programme destiné, en France, aux enfants. Le mieux reste donc de conserver les petits bonheurs des souvenirs de Nicky pour ensuite se confronter à la source, le manga. Est-il compatible avec l'indispensable libération de la parole féminine et l'évolution des représentations dans la société ? Je n'en sais trop rien, je vous en laisse juge en votre âme et conscience, sachant que la perversion affichée de Ryô reste avant tout un ressort comique…

NADIA, LE SECRET DE L'EAU BLEUE

Vous aimez les mystères, l'ambiance technologie vapeur fin XIXe siècle, le suspense romantique et l'Atlantide ? *Nadia, le secret de l'eau bleue* est fait pour vous.
Arrivé en 1991 sur la 5, un an après les débuts de *Nicky Larson*, voilà *Nadia, le secret de l'eau bleue* venue me mettre dans tous mes états avec son histoire irrésistible et… Bon OK, j'étais amoureux de Nadia et je m'identifiais à Jean, peut-être parce que c'est un rouquin à lunettes ?

Si on a longtemps suspecté que ce formidable anime soit trop inspiré du *Château dans le ciel* d'Hayao Miyazaki, c'est parce que l'idée initiale de *Nadia* venait du maître en personne, dans les années 1970, et qu'il l'a lui-même développée dans certaines de ses productions.

Alors que Jonathan Swift et ses *Voyages de Gulliver* avaient alimenté l'imaginaire fertile de Miyazaki pour *Le Château dans le ciel*, c'est plutôt Jules Verne qui est à l'honneur dans *Nadia, le secret de l'eau bleue*, et notamment *Vingt Mille Lieues sous les mers*. Dans les deux œuvres, on retrouve une touche steampunk et un duo central formé d'un jeune garçon débrouillard et d'une jeune fille aux origines mystérieuses.

Même sans Miyazaki, la qualité de *Nadia* n'a rien d'étonnant quand on sait que c'est Hideaki Anno à la réalisation, un homme qui avait déjà travaillé sur *Nausicaä de la vallée du vent*, et *Super Dimension Fortress Macross: Do You Remember Love?* Hideaki Anno, celui-là même qui créera ensuite *Neon Genesis Evangelion*.

Revenons à *Nadia,* qui sait faire cohabiter légèreté et gravité. L'insouciance et le comique de certaines scènes n'empêchent pas de traiter du deuil et du passage à l'âge adulte, voire de questions existentielles ultimes comme les origines de l'homme et le sens de la vie sur Terre. Ce type de mélange correspond à l'étrangeté même de la vie, une qualité que je retrouve à un niveau encore supérieur dans *Twin Peaks*. Oui, je sais l'association d'idées est étrange, mais c'est aussi ça la beauté de la culture pop.
Les créateurs de *Nadia* se sont fait de petits plaisirs et à l'époque déjà, j'étais frappé par la forte ressemblance entre Némo et le commandant du vaisseau de *Macross*. C'était volontaire…

La meilleure façon de voir *Nadia*, c'est en se procurant le coffret vidéo qui permet, enfin, de retrouver l'œuvre dans son intégralité, puisque, comme trop souvent, elle avait été censurée et bidouillée sans raison lors de sa diffusion française.

AKIRA

En mai 1991, mon ami d'enfance Michaël et moi sommes allés voir *Akira* au cinéma. Entrés souriants et intrigués, nous en sommes ressortis en KO technique, sous le choc, obligés de rire un peu nerveusement en voyant nos têtes respectives. L'animation, l'intensité, la musique… Monstrueuses claques dans la tronche.
Depuis, je me suis promis de lire le manga (le manga c'est toujours mieux, tout ça, vous connaissez le snobisme de certains à ce sujet !), ce que je n'ai toujours pas fait. Pendant longtemps, j'ai jugé le manga trop cher et volumineux, je ne manquais pas de livres à lire, puis j'oubliais… Enfin, j'en lirai l'intégralité un jour, c'est promis.

Akira propose une vision désespérante de l'humanité. Une vision tristement réaliste sans doute, au-delà des éléments de fantastique et de science-fiction qui permettent de donner corps à la puissance des passions et de la fougue d'une jeunesse dont l'innocence vient se consumer au contact de la société réelle, dans une flamme qui fera plus ou moins de dégâts.

On y retrouve une vision ahurissante et glaçante d'une anticipation urbaine dévastée, aussi bien physiquement que moralement. Neo-Tokyo, la mégalopole labyrinthique et verticale, éblouit de ses lumières braquées vers le ciel en laissant sa jeunesse dans l'ombre bitumée de son réseau veineux. L'illusion de cette lumière s'écroulera avec ses gratte-ciel, les profondes fissures éthiques sous-jacentes précipiteront ce nouveau cataclysme pour enfin, peut-être, laisser la jeunesse survivante inventer un avenir.

À ce jour, je n'ai toujours pas vu d'autre film d'animation m'ayant autant marqué pour sa fluidité visuelle et la puissance viscérale de son propos. Heureusement, d'autres chocs, dans une ambiance plus douce-amère, m'attendaient grâce au studio Ghibli.

Ce qui est certain, c'est qu'*Akira* est venu frapper un grand coup pour qu'enfin l'animation japonaise soit reconnue comme un art véritable en Occident et non pas reléguée aux clichés véhiculés par ceux qui n'y voyaient que du dessin animé cheap et abrutissant.

Si une nouvelle version d'Akira devait voir le jour, j'espère qu'elle ne sortira pas d'Hollywood – trop dur de leur faire confiance sur un tel projet, mais bien du Japon sous la houlette de Katsuhiro Otomo.

LES CHRONIQUES DE LA GUERRE DE LODOSS

Avant d'accéder enfin aux œuvres de Miyazaki, je suis passé par les fameuses cassettes VHS de chez Kazé et, en grand fan de fantasy devant l'éternel, j'ai évidemment jeté mon dévolu sur *Les Chroniques de la guerre de Lodoss*, l'adaptation en anime de romans découlant eux-mêmes d'une campagne de jeu de rôle !
Finalement, en comparaison d'autres séries, elles sont très courtes ces *Chroniques*, avec treize OAV d'une vingtaine de minutes chacun. La première grande qualité de l'œuvre réside dans l'atmosphère mélancolique et romantique qui se dégage de son générique aux images somptueuses et à la chanson touchante.

Je dois être trop fleur bleue ou carrément constitué de guimauve, mais la chanson « Adesso e Fortuna », qui exprime le point de vue de l'Elfe Deedlit, me fait toujours autant d'effet, une véritable madeleine de Proust. Eh oui, un générique peut marquer pour de bon et en commençant aussi fort, on est presque conditionné pour apprécier ce qui suit.
Les dessins sont magnifiques et notamment le design des personnages et des dragons. Quant à l'animation, disons qu'elle tient la route. Le scénario, en revanche, manque cruellement d'originalité et c'est surtout pour le charisme des personnages (Ashram, cette « badassitude » de l'extrême !) et l'ambiance globale qu'on peut conserver un profond attachement à cette belle création qui se décline également en mangas, outre les romans initiaux.

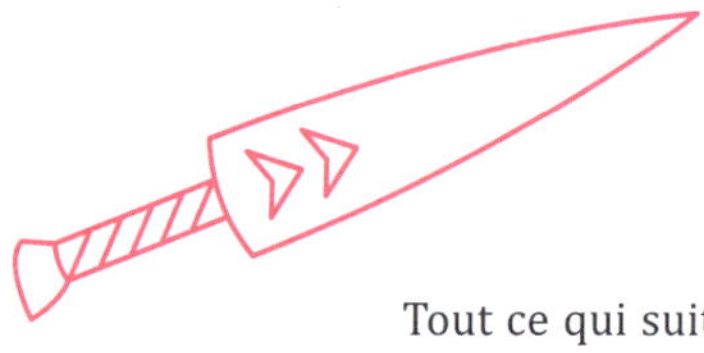

PRINCESSE MONONOKÉ ET COMPAGNIE

Du baccalauréat jusqu'à la dernière année de mon cursus d'études supérieures, je dois avouer un passage à vide dans mon expérience du manga et de l'anime. J'avais peu de temps libre, je devais faire des choix et la priorité est allée aux livres de fantasy et aux parties de jeu de rôle. C'est en janvier 2000 que la découverte de *Princesse Mononoké* au cinéma me fait prendre tardivement conscience du génie d'Hayao Miyazaki et de Joe Hisaishi.

C'est avec une véritable fascination que j'ai découvert les autres productions du duo, sachant que *Le Voyage de Chihiro* sortait en 2001, que *Mon Voisin Totoro* ressortait en 2002 et que *Le Château dans le ciel*, qui date pourtant de 1986, sortait pour la première fois en France en 2003 en profitant de ce nouvel engouement. En résumé, la période entre 2000 et 2003 marque l'explosion des films du duo magique en France. Avant de collaborer avec Joe Hisaishi (qui est de mon point de vue quasiment aussi important qu'Hayao Miyazaki pour expliquer la magie de leurs films), Miyazaki avait réalisé *Le Château de Cagliostro*.

Tout ce qui suit peut être placé sous le giron du célébrissime studio Ghibli (à prononcer comme ça vous chante), même si Nausicaä de la Vallée du Vent est sorti deux ans avant la création du studio, c'est bien la même équipe qu'on retrouve aux commandes de ce chef-d'œuvre.

Le terme de chef-d'œuvre se galvaude à grande vitesse quand on évoque les films du studio et il faudrait sans doute un ouvrage à part entière et tout le travail de recherche approfondi que cela suppose pour leur rendre justice. Disons tout simplement qu'on atteint ici le pinacle de l'animation, non seulement japonaise, mais bien de l'animation tout court. Au-delà, ces films figurent parmi les meilleurs jamais créés dans l'histoire du cinéma.

Mes préférences varieront sans doute selon la date de mon plus récent visionnage de tel ou tel titre, mais je suppose que *Princesse Mononoké* et *Le Voyage de Chihiro* sont mes deux favoris, la bataille pour la troisième place étant trop disputée, notamment entre *Mon Voisin Totoro*, *Nausicaä de la Vallée du Vent* et *Le Château dans le ciel*.

Entre les thèmes abordés, la subtilité et la magnificence avec lesquelles ils le sont, c'est là que repose en partie la magie de ces films qui font rire et pleurer et emportent avec eux nos cœurs au gré des vents, des machines et des amours enfantines.

GUNNM

Ce n'est que tardivement que j'ai abordé le manga *Gunnm* que je connaissais pourtant de réputation depuis plus de vingt ans. C'est tout simplement en préparation de la sortie du film *Alita: Battle Angel* que je me suis plongé dans les neuf tomes originaux, sans avoir pu encore lire Last Order ou *Mars Chronicle*.

Ces neuf tomes ont largement suffi à me convaincre de l'impact de cette œuvre sur certaines représentations du cyberpunk, même si, en sens inverse, *Gunnm* puise abondamment dans des références développées en particulier dans les années 1980.

Même si *Alita*, le film récent, présente des qualités certaines et que j'encourage à le découvrir, le manga reste indéniablement plus riche, plus cruel aussi.

L'une des grandes forces de *Gunnm* réside dans cette capacité à s'extraire d'une temporalité précise en abordant des thèmes universels, notamment l'aspiration à une forme de transcendance émotionnelle et spirituelle qui doit sans cesse lutter contre la lourdeur visqueuse du monde matériel.

Le manga aborde aussi des questions de science-fiction au long cours qui restent parfaitement d'actualité dans tout ce qui touche au transhumanisme et au fantasme de l'interface homme-machine, notamment via la nanotechnologie.

Des éléments qu'on retrouve chez Ray Kurzweil, l'un des grands théoriciens de la singularité, et qui ferait bien de prendre en compte les mises en garde éthiques portées par une œuvre visionnaire telle que *Gunnm*.

Ah oui, j'allais oublier... *Gunnm*, c'est loin de n'être que de la philosophie, attention, ce sont surtout des bastons dantesques !

BERSERK

Alerte maximale ! Berserk est un choc total, d'une puissance ultime, un manga d'exception, un anime remarquable.

Berserk…

Ah mes amis ! Encore un manga que j'ai mis des années à lire alors qu'on me vantait déjà ses mérites en 1995. Si je m'y suis finalement plongé, en commençant par l'anime, c'est parce que l'œuvre est citée parmi les inspirations du jeu de rôle français *Les Ombres d'Esteren*, une porte d'entrée plutôt originale, je vous l'accorde.
Tout comme *Gunnm*, *Berserk* est un *seinen*. Il est souvent violent, cruel, voire traumatisant pour les plus sensibles, considérez-vous comme prévenu. Kentarō Miura a pris le risque de développer un univers et une histoire de *dark fantasy*, genre méconnu au Japon. Le mangaka y présente l'humanité sous un jour particulièrement sombre.

Guts, le protagoniste central, nous semble héroïque certes, mais c'est surtout en comparaison à des adversaires odieux et du fait de son courage physique sans limite ainsi que d'une forme de code moral. Après tout, Guts reste une machine à tuer, combattant initialement comme mercenaire, pour de l'argent, même si là ne réside jamais sa motivation véritable.

On sent une forme de filiation physique et spirituelle entre Kenshiro d'*Hokuto No Ken* et Guts de *Berserk*. Ils sont solitaires, ombrageux, mortels, peu loquaces, en quête de vengeance… La particularité qui me fait préférer Guts réside dans sa détermination à toute épreuve qui lui permet de s'élever au-delà de sa condition de mortel pour affronter des créatures qu'un simple humain ne devrait pas pouvoir vaincre.

Si vous tentez l'expérience de l'anime, sachez qu'il existe quelque part, dans le monde merveilleux d'Internet, une version montée par des fans qui réunit la série de 1997 aux longs-métrages de 2012 à 2013.
Dans tous les cas, sauf à considérer la série plus récente (2016) et très décriée pour ses choix visuels et en matière d'animation, vous ne pourrez découvrir en version anime que l'arc de l'Âge d'Or, un formidable flashback qui pose les bases de l'univers de *Berserk* et de l'histoire de Guts, Griffith et Casca, le trio essentiel.

Griffith est un personnage des plus fascinants dans sa vision de l'ambition, d'un idéal individuel à poursuivre envers et contre tout, en poussant ces notions dans de tels retranchements qu'ils en atteignent une forme de transcendance.

Au sujet de l'anime de 1997, je veux absolument mettre en avant la qualité exceptionnelle de la bande originale, notamment de deux morceaux « cultes », Behelit et Guts, qui sont, selon moi, les meilleurs jamais entendus dans une série d'animation. C'est d'autant plus miraculeux que je ne suis pas du tout amateur des autres créations du compositeur Susumu Hirasawa, dont *Berserk* est le seul anime du répertoire.
Je suppose qu'il s'agit là d'un bel exemple de deux œuvres s'enrichissant mutuellement. Les scènes de *Berserk* non portées par ces musiques n'auraient pas la même force, et inversement.

Le manga *Berserk* sort à un rythme lent qui s'explique en partie par le dessin incroyablement fouillé de Kentarō Miura. Une caractéristique qui est allée en s'amplifiant tome après tome, alors que le maître affine son art. Son sens du mouvement, de la puissance, n'a d'égale que sa vision de la composition des planches. Les combats, essentiels, sont d'une qualité exceptionnelle.
Cette qualité visuelle reflète une profondeur scénaristique qu'on retrouve notamment dans les concepts présidant au surnaturel et dans la réflexion philosophique sur le destin, l'illusion de liberté et la foi, entre autres thèmes.

Toutefois, il est vrai que certains reprochent à l'auteur d'avoir réorienté son histoire, très originale à ses débuts, vers certains stéréotypes du genre fantasy, à commencer par la notion de groupe d'aventuriers. Je ne serais pas aussi sévère. Chaque tome approfondit notre découverte de ce monde aux multiples couches.
Ce que je reprocherais éventuellement à l'œuvre, c'est le « fridging » de Casca, ce phénomène ultra répandu en fiction qui fait de la vengeance des malheurs survenus à un personnage féminin la motivation essentielle du héros masculin. Casca semble y être cantonnée dès la fin de l'Âge d'Or, mais cela pourrait enfin évoluer…

Eh oui, il faut savoir que *Berserk* est une œuvre en cours de parution, malgré ses trente années d'existence, avec quarante tomes disponibles au moment d'écrire ces lignes.

Ce dont je suis sûr, c'est qu'il s'agit de l'un des (sinon LE) meilleurs mangas jamais créés.

Si vous vous posez la question, la réponse est « oui », lisez-le. Contemplez-le. Adorez-le.

DEATH NOTE

Pourquoi ces pommes qui volent pour ensuite disparaître dans mon salon ? Comment ça, inquiets ? N'ayez aucune crainte, ce n'est qu'un stylo. Toutefois, à ce qu'il paraît, la plume serait plus forte que l'épée.
Death Note s'est imposé assez rapidement comme un classique tout en proposant un récit caractérisé par sa grande originalité. C'est l'anime que j'ai dévoré et, forcément, puisqu'il apparaît ici, c'est que je l'ai énormément apprécié.
Berserk reste davantage ma tasse de thé (je suis sûr que Guts serait ravi d'être assimilé à une tasse de thé), mais dans la plupart des comparaisons imaginables, *Berserk* l'emporterait de toute façon. Ce qui n'enlève par une miette au trait de génie qui traverse *Death Note*.

En très résumé, un lycéen brillant, Light Yagamai, trouve un jour un carnet vierge intitulé « *Death Note* » sur la couverture et qui comporte néanmoins une sorte de mode d'emploi. Il y est indiqué que toute personne dont le nom sera inscrit dans le *Death Note*, à condition que son possesseur visualise son visage, mourra dans les 40 secondes. Le *Death Note* appartient en réalité à un dieu de la mort, un *shinigami*, du nom de Ryûk.

Ce qui est passionnant dans Death Note, c'est l'intelligence des personnages, le parti pris, particulier et malin, de proposer au spectateur de vivre le point de vue du « méchant » et, justement, les questions morales qui sont posées, notamment sur la définition de la justice et la capacité de différencier le bien du mal. Certes, l'auteur, Tsugumi Ōba, affirme qu'il n'a voulu inscrire aucun message dans son œuvre, mais, qu'il le veuille ou non, sa création joue de fait avec des questions éthiques.

Une grande partie de l'histoire consiste en une course échevelée entre le possesseur du *Death Note* et les enquêteurs cherchant à révéler son identité. Ah oui, parce que Light l'utilise ce carnet, et pas qu'un peu. Les stratagèmes vont en se complexifiant sans cesse, en exploitant les règles bien spécifiques qui régissent les *Death Notes*. Vers la fin, on sent parfois qu'on a légèrement, voire allégrement, dépassé les limites du plausible, tant les capacités d'anticipation des uns et des autres deviennent ridiculement élevées.

Concernant la morale et le droit de vie et de mort sur autrui, certains seraient sans doute capables d'argumenter en faveur de la vision des choses de Light Yagami qui chercherait à libérer le monde des criminels. Pourtant, l'auteur est clair à ce sujet, il estime que Light incarne une forme de mal absolu. Se croire en mesure de juger l'humanité et la façonner en manipulant sans vergogne son entourage, voire sa propre famille, en instrumentalisant l'amour des autres, voilà sans doute ce qui fait de Light un ignoble *shinigami* parmi les autres mortels, sachant que la mission qu'il s'est fixée reste, somme toute, tout autant dénuée de sens que celle des véritables dieux de la mort.

Les méthodes employées par L, l'enquêteur de génie auquel Light sera confronté, ne sont pas des plus reluisantes. Le plus fou, c'est qu'on se surprend à vouloir que Light s'en sorte. En effet, le récit parvient parfois à nous faire nous identifier à lui puisqu'il reste notre point d'entrée. On le sait diabolique, mais on veut voir jusqu'où il pourra aller…

L et Light semblent se compléter, telles les deux faces d'une même pièce, isolés du reste de l'humanité, dans l'espace froid de leur intellect supérieur, ils se sont, d'une certaine manière, immédiatement reconnus. Magnifique duo, ils sont presque capables de lire leurs pensées réciproques, peut-être à l'image du duo scénariste et dessinateur, Tsugumi Ōba et Takeshi Obata, qui nous ont offert ce bijou.

SHINGEKI NO KYOJIN / L'ATTAQUE DES TITANS

S'il y a bien un colosse qui a fait une percée retentissante dans le monde du manga et de l'anime ces dix dernières années, c'est bien *Shingeki no Kyojin (SNK)*, *L'Attaque des Titans* en français.

Là encore, c'est via l'anime que je connais *SNK*, une histoire très accrocheuse qui emporte le spectateur, difficile de résister à la tentation de l'épisode suivant !

Si l'on en croit l'histoire, telle que connue des habitants du dernier bastion de l'humanité, l'apparition soudaine de titans, des créatures immenses et anthropophages, a forcé l'homme à se terrer sur un territoire protégé par trois murs concentriques gigantesques, Maria, Rose et Sina.

Alors que cette menace extérieure commençait à se faire oublier, une nouvelle et meurtrière attaque confronte trois amis d'enfance aux réalités particulièrement crues de ce monde où l'être humain est devenu la proie.

Eren, Mikasa et Armin vont rejoindre les forces armées et notamment le bataillon d'exploration. Ils seront confrontés à des phénomènes mystérieux et à quelques révélations cruciales en cours de route.

SNK navigue entre action trépidante, combats désespérés, tragédie de la mort omniprésente et épouvante face à la menace impensable de ces ogres de légende devenus réalité.

L'anime est d'excellente qualité, ayant même amélioré le *character design* en comparaison des premiers volumes du manga. L'équipement tridimensionnel qui permet aux soldats de se la jouer Spider-Man contre les titans est propice à des scènes aussi dynamiques qu'impressionnantes.

L'auteur, Hajime Isayama, qui avait 23 ans au début de la parution, parvient à dépeindre toute une galerie de personnages secondaires diversifiés et attachants, autant de victimes en puissance pour son univers totalement impitoyable. Si *SNK* est classifié comme *shōnen*, les violences graphique et psychologique me pousseraient clairement à le recommander aux adolescents ayant déjà un certain recul sur ce qu'ils regardent et lisent.

Parmi toutes les qualités déjà évoquées, celle qui s'impose surtout reste un scénario riche en rebondissements, à tel point que, passées certaines révélations, les personnages sont, de fait, obligés de changer de paradigme pour évaluer plus correctement les enjeux de ce monde dont ils sont d'importants acteurs.

L'auteur a eu l'intelligence de bien structurer son univers à l'avance afin de ménager ses effets.

Petit bémol sur le protagoniste, Eren Jäger, qui s'inscrit vraiment dans les poncifs du héros de *shōnen* persévérant, mais surtout têtu et prêt à commettre toutes les imprudences. On remarque au passage ce nom de famille, Jäger, qui peut faire penser aux Jaeger (chasseurs) de Pacific Rim. Ce caractère permet d'autant plus de mettre en valeur Mikasa, un personnage féminin à la fois éminemment *badass* et pourtant réservé.

L'Attaque des Titans propose une histoire originale et inventive, qui sait pointer les grandeurs et décadences d'une humanité qui ne cessera jamais d'étonner ses propres membres.

FULL METAL ALCHEMIST BROTHERHOOD (FMAB)

J'adore les armures vivantes. Depuis Oon de *Jayce et les Conquérants de la Lumière* (dessin animé derrière lequel on retrouve de nouveau Jean Chalopin), j'ai tellement adhéré au concept que j'avais fait de cette « espèce » une option jouable dans mon propre jeu de rôle maison. Oui, comme beaucoup de fans de JdR, j'en ai écrit un à l'adolescence… Oui, je m'éloigne terriblement du sujet. Revenons donc à Alphonse. Comment ça, qui est Alphonse ? Vous n'avez jamais vu *Full Metal Alchemist* ou quoi ? La honte ! Bon, j'avoue, quelques semaines avant d'écrire ces lignes, j'étais dans le même cas.

À force de lire ou d'entendre que cet anime était une glorieuse réussite qui faisait honneur au scénario du manga original d'Hiromu Arakawa, je m'y suis mis.
Gros suspense. C'est très bien *Full Metal Alchemist Brotherhood* ! Et justement, c'est ce dernier mot, « Brotherhood », pour « fraternité », mais aussi « confrérie », qui est important pour distinguer cette adaptation de la première, lancée bien avant la fin du manga. *FMAB* respecte donc la trame scénaristique et la fin du manga. Les deux protagonistes centraux en sont les deux frères Elric : Edward et Alphonse.

Si je vous parle d'armure vivante au sujet d'Alphonse, c'est parce que le cadet des frères, Elric, a perdu son corps dans une tentative interdite menée très tôt par ces deux petits génies de l'alchimie pour tenter d'arracher leur mère aux griffes de la mort. Oui, ça fait beaucoup, et pour finir dans une armure, l'âme d'Alphonse y a tout simplement été scellée par l'alchimie d'Edward, qui perdit au passage un bras et une jambe. Ça picote en effet.

L'anime compte 64 épisodes et développe un monde au passé historique chargé en y confrontant les objectifs croisés de nombreuses forces en présence. L'originalité se situe dans l'histoire elle-même, très riche, mais aussi dans l'esprit d'ensemble qui ne colle pas forcément aux recettes du *nekketsu*. En effet, même si on a bien deux héros plus ou moins orphelins avec une quête ultime qu'ils sont décidés à accomplir coûte que coûte, on évite les successions d'affrontements de difficulté croissante et l'obsession de la progression en puissance du héros. Ici, il s'agit plutôt de démêler les fils d'une intrigue complexe qui plonge ses racines dans l'histoire récente de ce monde ayant connu une guerre particulièrement sale quelques années auparavant.

L'alchimie a toujours relevé, par définition, de concepts ésotériques et son symbolisme vient ici se mêle à ceux issus de l'Arbre de Vie kabbalistique, sans oublier des références chrétiennes tels que le péché originel ou les sept péchés capitaux comme définis par saint Thomas d'Aquin dans sa *Somme théologique*.

Le ton de *FMAB* varie beaucoup, passant du burlesque au sérieux, voire à la tragédie. On a régulièrement droit à des transformations des personnages en mode *chibi*, c'est-à-dire des versions mignonnes, miniatures et simplifiées pour venir souligner le comique de situation. Pourtant, l'anime pourra tout autant traiter du deuil ou du destin tragique d'une enfant.
Ces changements de ton ont leur charme, je les évoquais déjà en vous parlant de *Nadia, le secret de l'eau bleue*. Néanmoins, l'introspection qu'implique l'écriture m'amène à devoir admettre que, sauf exception, j'ai une préférence pour les œuvres qui maintiennent une tonalité d'ensemble plus cohérente.

Disons que les délires *chibi* de *FMAB* m'ont parfois semblé plus adaptés à un public plus jeune sans particulièrement servir la progression de l'intrigue. Je pense particulièrement au personnage de Winry qui reste ; finalement, tristement caricatural et inintéressant.

Que cette dernière note ne vous décourage pas, FMAB fait partie des anime d'excellence, tentez l'expérience – en respectant le principe de l'échange équivalent, attention !

COWBOY BEBOP

Vous connaissez sans doute le genre space opera, alors il est temps de tester le « space jazz ». Let's jam!

Au XXIe siècle, un système de portes spatiales permet de considérablement réduire les temps de déplacement dans le système solaire, mais un terrible accident vient fendre la lune et provoquer un cataclysme sans précédent sur Terre. La vie des humains en est profondément chamboulée, mais bon, ce n'est pas vraiment le sujet. Pourquoi vous en parler ? Hmm. Bonne question.

Si *Cowboy Bebop* peut se permettre une forme de « je m'en foutisme » détaché et de coolitude absolue, c'est justement parce qu'en fond, un vrai travail de conception de l'univers imaginé de 2070 a été abattu. C'est juste un décor, un décor ultratravaillé, comme un peu tout dans cette série.
On suivra les mésaventures d'un groupe hétéroclite, généralement avec le prétexte d'une mission de chasseur de prime pour chaque épisode, enfin pour chaque session, terme repris du vocabulaire musical puisque différents styles musicaux font partie de la multitude de références culturelles nourrissant l'ensemble.

Cet anime impressionne techniquement comme dans ses choix de narration. Chaque épisode propose une histoire solide, le tout étant relié par une trame de fond restant très discrète, mais s'exprimant avec subtilité dans les personnalités de l'équipage, à commencer par Spike, avant d'exploser dans un double épisode final...

Spike, c'est un hybride improbable entre l'homme sans nom de Sergio Leone et Bruce Lee. Si, si, je vous assure, c'est possible.
Cowboy Bebop vise un public mature sans jamais chercher à faire l'unanimité. Derrière le pseudo « Hajime Yatate » se cache l'équipe de production de Sunrise.

Le réalisateur est Shin'ichirō Watanabe et la scénariste, Keiko Nobumoto. On doit la bande-son à Yōko Kanno, une compositrice phénoménale qu'on retrouve sur du *Macross, Lodoss, Escaflowne, Ghost in The Shell*...

Tout est dit.

INCLASSABLES ET PERLES RARES

Évoquer des perles rares à un lectorat qui comptera forcément de véritables otakus bien plus pointus que je ne le suis, voilà une drôle d'idée ! Disons que c'est surtout l'occasion de donner un coup de projecteur à certaines œuvres un peu moins célèbres que les précédentes.

VINLAND SAGA

Oh là, là ! Ça commence fort. Ah, mais si, je vous assure. À la suite d'une vidéo de classement de mes séries d'animation favorites, certains m'avaient conseillé *Vinland Saga*. J'ai suivi le conseil. Ils avaient raison.

Début du XIe siècle (aux alentours de 1004 peut-être ?), voici l'histoire de Thorfinn qui se retrouvera benjamin d'une bande de guerriers Vikings…

Comme toujours ou presque, c'est d'abord un manga, de Makoto Yukimura, commencé en 2005 et encore en cours de parution avec 23 tomes. J'ai regardé les 24 épisodes de l'anime, qui retracent les huit premiers tomes formant un prologue.

Sacré prologue ! Derrière une histoire apparemment classique de vengeance et de progression d'un enfant dans l'art de la guerre (terrible oxymore), toutes les attentes du spectateur sont déjouées, mais pas déçues pour autant. *Vinland Saga* se révèle comme étant bien plus qu'une ode à la force brutale qui glorifierait les puissants Vikings.

Vinland Saga parvient à proposer une action jamais ennuyeuse tout en invitant le spectateur à s'interroger sur le non-sens de la guerre et de la violence. Quand on y regarde de plus près, Yukimura a fait des choix scénaristiques d'une audace rare, puisque son protagoniste, Thorfinn, reste relativement en retrait durant tout le prologue qui sera pour lui le début d'une incroyable leçon de vie.

Le scénario d'ensemble s'appuie sur plusieurs sagas islandaises et le mot « *Vinland* » renvoie à la désignation qui aurait été donnée, à l'époque, à l'Amérique du Nord découverte par les Scandinaves. Toutefois, ce *Vinland* ne sera qu'un concept lointain, presque oublié et onirique, dans le prologue couvert par cette première saison de l'anime.

L'œuvre parvient à allier combats dantesques et sagesse profonde, en offrant le point de vue des victimes comme celui des tueurs, chacun étant inscrit dans un contexte culturel et religieux différent.

Je n'ai pas de compétence historique, mais on ressent les efforts de documentation sur la période, tout en sachant qu'on reste ici dans la fiction, avec la conscience qu'il serait illusoire de chercher à reproduire fidèlement les faits et gestes de personnages dont on ignore presque tout.

Vinland Saga s'est directement imposé à moi comme une œuvre majeure, de l'étoffe des plus grandes.

J'attends la suite avec impatience.

KENGAN ASHURA

J'ai commencé cet anime sans aucune conviction et sans rien en attendre sur Netflix. En effet, comme j'avais eu l'occasion de l'évoquer en vidéo, je n'avais pas du tout été convaincu par la version de *Baki* proposée par le service de VOD en streaming.

Dans l'ensemble, *Kengan Ashura* s'est révélé addictif, à condition d'aimer les combats à la fois techniques et très violents. Si j'ai commencé, c'est évidemment parce que je suis déjà amateur d'arts martiaux mixtes et que le sujet m'intéresse. Tout l'intérêt de *Kengan Ashura* réside dans ses combats, donc passez directement votre chemin si un tel sujet ne vous emballe pas.

À mes yeux, *Kengan Ashura* est visuellement solide, à condition de s'habituer au mélange de 2D et 3D qui a valu à la série *Berserk* de 2016 sa triste réputation. La différence, c'est qu'ici, c'est largement mieux fait et que les meilleures séquences 3D rendent extrêmement bien la fluidité comme la brutalité des coups et des prises.

Côté scénario il faut séparer le bon grain de l'ivraie... Sur les aspects les plus importants du genre, notamment la diversité des combattants, de leurs styles et de leurs origines et motivations, c'est très inventif, c'est même un véritable point fort. On a aussi un aspect intéressant et original avec l'affrontement de puissantes corporations mondiales au travers de leurs champions respectifs.

En revanche, certains choix sont vraiment limites, notamment la représentation des femmes qui sombre dans des caricatures trop répandues. Entre l'amoureuse transie et niaise, la bombe sexuelle manipulatrice ou la secrétaire sévère mais sexy, tout relève finalement de clichés sur la sexualité féminine. On retrouve d'ailleurs ce biais consternant avec la représentation d'une homosexualité évidemment exubérante ou encore le gros cliché de l'homme noir qui épuise sexuellement plusieurs femmes avant son combat (insérer ici un soupir de consternation).

Ces éléments gênants et grotesques mis à part, ce qui fait l'essence même d'un anime de combats vaut vraiment le détour. Encore une fois, la violence graphique d'un côté et l'imbécillité du traitement des personnages féminins de l'autre m'amènent à ne conseiller le visionnage qu'aux personnes ayant suffisamment de recul et donc pas trop jeunes.

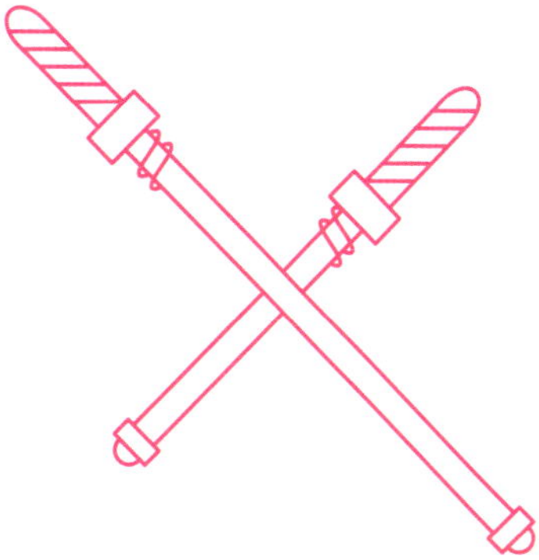

LE GARÇON ET LA BÊTE / BAKEMONO NO KO

J'avais amèrement regretté d'avoir raté ce long-métrage d'animation de Mamoru Hosoda au cinéma, mais j'ai pu me rattraper en VOD. Quel bonheur !

Ren est un enfant qui vient de perdre sa mère. Envahi par la rage, la douleur et la frustration, une rencontre fera basculer sa vie en lui ouvrant l'accès à un monde parallèle au nôtre.

Rarement conte initiatique aura su atteindre une telle harmonie entre histoire échevelée et palpitante au premier degré et symbolisme d'une grande richesse. Un symbolisme qui aborde notamment la vie intérieure et la façon de traiter les émotions négatives, en les reconnaissant pour mieux les laisser se dissiper ou, au contraire, en les ignorant et nous laisser dévorer à petit feu.

Le garçon va rencontrer et apprivoiser son instinct bestial et inversement. L'angoisse devient un pouvoir sournois et destructeur. Pour y faire face, il faudra atteindre un équilibre intérieur avec l'aide des personnes capables de faire remonter ce qu'on porte de meilleur en nous.

Des aventures, du fantastique, beaucoup d'humour et de l'émotion ne sombrant jamais dans la mièvrerie.

Voilà ce qu'on trouve dans Le Garçon et la Bête et plus encore, tant cette œuvre est riche, avec ses presque deux heures qui passent si vite !

Ode poétique à la résilience, à l'espoir, à l'amitié la plus profonde et à la force puisée dans l'amour et la confiance d'autrui, c'est une perle précieuse dans la production récente, d'une qualité formelle remarquable qui plus est, tout en conservant une véritable originalité plastique. Je vous ai convaincu ? J'espère bien.

FOCUS

KINGDOM : COUP DE FOUDRE MANGA

Vous devez connaître ça, j'en suis sûr. Vous savez, ces livres ou ces BD que vous n'arrivez pas à lâcher, comme si la force invisible de l'histoire ne vous laissait pas d'autre choix que de tourner la page ?

Kingdom c'est exactement ça et l'effet fonctionne même d'un tome à l'autre. Quelle sublime addiction, quel délice. Toutes ces têtes tranchées ! Oui, bon, je devine certaines réactions, ça peut surprendre, mais enfin, quoi, c'est la guerre ! Les guerres, même, au pluriel, celles qui ont déchiré la Chine antique à l'époque des (Sept) Royaumes combattants. C'était au IIIe siècle av. J.-C., alors même que la Chine n'était qu'une idée, puisqu'elle était profondément divisée entre ces royaumes voisins et rivaux.

Une période de l'histoire fort peu connue dans laquelle vécut Conan, euh non, Shin ! Shin, ainsi se nomme le personnage central, qui reprend les archétypes habituels du *shōnen*, même s'il est classé comme *seinen* du fait de sa violence – rien d'insurmontable, d'autant que le noir et blanc gomme un peu les gerbes sanglantes !

Malgré ces traits de caractère vus et revus tels qu'une relative naïveté, la persévérance jusqu'à l'entêtement et un courage qui vire clairement à la témérité, Shin reste attachant par son origine, mais aussi du fait de son évolution au fil des rencontres avec des personnages hors du commun.

Exactement à l'image de son héros, le manga ne cesse de s'améliorer. L'intrigue se densifie, le trait se perfectionne. J'ai aimé dès les premières pages, j'étais totalement happé par le premier tome même, mais quand on pense avoir atteint un sommet, l'arc suivant nous démontre avec panache qu'on avait encore sous-estimé l'auteur, Yasuhisa Hara, à la fois créateur, scénariste et dessinateur principal.

Kingdom traite donc de la guerre et ce à différentes échelles. Les affrontements eux-mêmes sont représentés depuis le niveau individuel jusqu'aux déplacements des armées sur les territoires à attaquer ou défendre.

Entre ces deux extrêmes, on retrouve le combat au corps à corps par petites unités, les décisions tactiques et les mouvements stratégiques de milliers d'hommes, en pleine bataille, pour tenter des encerclements, prises en tenaille et autres manœuvres plus originales et recherchées. À chacun de ces niveaux, *Kingdom* excelle, aussi bien visuellement que scénaristiquement : c'est une combinaison qui fait vivre au lecteur chaque bataille comme s'il y était aussi bien fantassin de base que chef d'unité ou général.

Kingdom va plus loin encore, puisque tout ce qui ne concerne pas les champs de bataille eux-mêmes relève des intrigues politiques, que ce soient les jeux de bascule du pouvoir à la cour de Qin ou la diplomatie entre États.
Le royaume de Qin est celui qui nous intéresse au premier chef, puisque c'est celui de Shin, qui se retrouve assez rapidement en contact avec le souverain en devenir de Qin, Ei Sei. On suivra en parallèle la montée en puissance de Shin au sein des rangs de l'armée, malgré ses origines roturières, et celle d'Ei Sei qui doit parvenir à sécuriser son trône et à imposer sa volonté aux forces politiques du pays, agitées par divers courants.

L'histoire de la Chine antique se révèle fascinante à bien des égards, puisqu'à cette époque ont vécu certains des plus grands stratèges de l'histoire dont les noms et les leçons sont parfois parvenus jusqu'à nous.
Même si Shin est le héros de l'histoire, il rencontre des géants, dont la taille physique illustre souvent la véritable grandeur. L'aura de personnages tels que le général Ouki reste avec le lecteur car leur présence écrasante est aussi bien assise dans l'histoire qu'exprimée visuellement.

Yasuhisa Hara est béni d'un don pour insuffler une profonde énergie à son récit et il maîtrise l'art de rendre un combat palpitant dans son déroulement et fracassant dans les coups portés. La page en deviendra presque lourde lorsque certains combattants hors du commun abattront leur arme de toutes leurs forces.
Des duels aux manœuvres stratégiques, même quand c'est exagéré car surhumain, on est à fond, on y croit. Un large panel d'émotions sont représentées et de nombreuses m'ont touchées. Étonnamment pour moi, qui suis bien loin dans ma vie quotidienne des phénomènes d'idolâtrie, je me suis retrouvé parfois les larmes aux yeux devant la capacité d'un homme à remonter par sa présence et ses mots le moral d'une troupe ou encore d'une population civile.
On sait qu'au cœur de cette horreur sans nom qu'est la guerre, pour survivre et l'emporter, le moral des combattants peut jouer un rôle totalement déterminant. On en a de magnifiques illustrations, notamment dans la défense d'une ville...

Car oui, on peut adorer *Kingdom* qui ne parle et ne montre presque que la guerre tout en comprenant parfaitement l'ignominie de la pire des activités humaines avec toutes les dérives qu'on lui connaît. Certes, un tel sujet fera peut-être bouillir cette soif d'en découdre qu'on trouve notamment, mais pas uniquement, dans la nature profonde des jeunes hommes, mais les enseignements à en tirer sont sans doute plus larges que ceux issus d'un *shōnen* classique.

Malgré le sujet particulièrement masculin (la guerre est souvent une histoire d'hommes, ce qui en dit suffisamment sur les penchants de ces derniers...), l'auteur parvient à insérer et développer quelques femmes pour qui le lecteur se prendra rapidement d'affection. On retrouve quelques facilités et caricatures dans l'idée de la sexualité que se font certains de ces personnages, mais cela ne les empêche pas d'être, dans l'ensemble, réussis.

Si on me sommait de choisir quelques personnages de prédilection en dehors des protagonistes centraux, je serais bien en peine de me prononcer tant la galerie à disposition est exceptionnelle, notamment dans la diversité de leurs approches de la chose martiale. Je choisirais forcément Ouki, l'oiseau colossal de Qin et Grand Général sous les Cieux qui nommera l'unité de Shin. Houken et Moubu, deux formidables bourrins, apportent également beaucoup de tension par leur simple présence. Duke Hyou, qu'on ne fait qu'apercevoir initialement, surprend ensuite par sa profondeur... J'attends d'en savoir plus sur eux, mais Ousen et Kanki semblent avoir un sacré potentiel également.

Même s'il existe une version anime, très décriée, dans ses deux premières saisons du moins, pour sa faiblesse technique, je ne peux que recommander la splendeur du manga papier, proposé en France par Meian avec une option d'abonnement qui permet de réunir les tomes dix par dix dans de magnifiques coffrets – non, je ne touche aucune commission sur leurs ventes, c'est juste du beau boulot !

La publication a débuté au Japon en 2006 et, au moment d'écrire ces lignes, le manga en est au tome 57. C'est un grand succès au Japon et il a rapidement acquis une belle notoriété auprès des lecteurs français.

Cerise sur le gâteau, la quasi-totalité des tomes proposent également de petits bonus comiques de l'auteur qui vit à fond son œuvre de toute évidence. Ceci dit, pas vraiment le choix tant l'investissement est énorme pour un mangaka qui s'astreint à un tel rythme de production tout en maintenant une qualité aussi rare.

Lisez Kingdom !

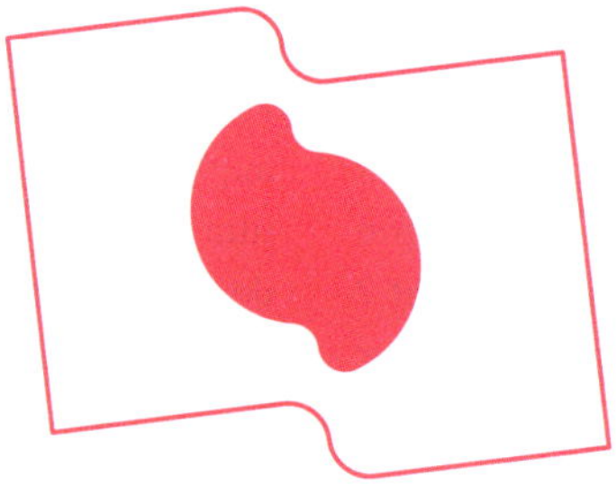

UN FUTUR EN LIVE POUR L'ANIMATION JAPONAISE ? NANI ?!

S'il y a bien un constat qu'on peut établir en s'appuyant sur les diverses tentatives qui ont émaillé le cinéma récent, c'est que les adaptations des grandes œuvres de la japanimation sont très rarement convaincantes dès qu'on sort d'une production purement japonaise.

C'est sans doute avec le film *Alita: Battle Angel* que je serai le plus clément, car il parvient à saisir magnifiquement certains éléments, même s'il ignore ou aplanit des pans essentiels de l'ambiance aussi poétique que malsaine de *Gunnm*, l'œuvre originale.

Si l'adaptation occidentalisée à souhait de *Ghost in the Shell* est loin d'avoir fait l'unanimité, on sait aussi que les projets nébuleux d'un *Akira* version Hollywood en effraient plus d'un. Il faut dire que retrouver l'ambiance graphique serait déjà une gageure, mais pour ce qui est de capter l'évanescent vertige philosophique qui parcourt et transcende les plus grandes œuvres du genre, on frise la mission impossible.

Cela étant posé, ne nous voilons pas la face, les Japonais eux-mêmes sont parfois très doués aussi pour massacreur leurs chefs-d'œuvre en ne respectant rien de leur héritage ou de leur esprit.

Je pense particulièrement à la Toei et à l'ignominie commise pour Netflix avec cette espèce de remake 3D de Saint Seiya. Visuel consternant, histoire simplifiée, puissance émotionnelle évaporée et transformation de Shun en femme. Si on avait cherché à établir volontairement une recette pour un désastre artistique assuré, impossible de faire mieux.

L'évolution des effets numériques rend sans doute possible une adaptation live visuellement impressionnante de *Dragon Ball*, mais faut-il la souhaiter pour autant ? Je ne vous ferai pas l'affront d'évoquer *Dragonball Evolution*.

Vous l'aurez deviné, je répondrai sans doute à cette question par la négative. Seuls les auteurs ayant à la fois un respect profond de l'œuvre originale, une vision à proposer et les moyens de les exprimer devraient pouvoir tenter l'aventure de l'adaptation.
On avait rêvé, un temps, au projet du réalisateur Alexandre Aja d'un *Cobra, Space Pirate*, mais il annonçait en 2018 qu'il n'était plus lié à ce projet qui aurait été pour lui la concrétisation d'un rêve d'enfance. Nombreux sont les projets qui tombent à l'eau, à l'image de celui d'un film *Les Mystérieuses Cités d'or*.

Autre exemple récent et français, le film *Nicky Larson et le Parfum de Cupidon*, si décrié, propose toutefois une certaine honnêteté dans la volonté de bien faire, même si on se situe totalement sur une adaptation du souvenir qu'a laissé la version française de l'anime plutôt que sur un travail reprenant l'équilibre entre humour et sérieux de *City Hunter*.

Pourtant, Philippe Lacheau serait apparemment un connaisseur du manga. Le film était clairement plombé par certaines de ses séquences humoristiques dénuées du moindre rapport avec l'œuvre originale. Rien n'est jamais garanti et, reprenons nos esprits, une tentative d'adaptation, fût-elle totalement ratée, n'a rien de criminel. Rien qui mériterait qu'on voue à ses créateurs une haine éternelle.

L'avenir du manga et de l'animation japonaise réside certainement (attention, roulement de tambour) dans la créativité sans cesse renouvelée de nos chers amis du Pays du Soleil Levant, même si on n'est pas contre quelques nouvelles collaborations, surtout si elles pouvaient égaler le niveau de celles de mon enfance, entre Ulysse 31 et Les Mystérieuses Cités d'or.

3

Super-Héros & Comics : KABOOOOM!

3 | SUPER-HÉROS ET COMICS : KABOOOOM !

Ils oscillent entre popularité mondiale stratosphérique, sous-culture confidentielle et phénomène cinématographique massif, ces hommes et femmes en masques et collants.

Je vous épargne une dissertation sur la définition du terme. J'entends ici par « comics » la bande dessinée américaine de genre, pour évoquer quasiment exclusivement les histoires de super-héros.

Pour ce qui est de l'histoire des comics, vous trouverez un article très solide sur le bien nommé site Comicsblog. L'auteur y retrace les caractéristiques des fameux âges d'or, d'argent, de bronze et moderne ainsi que les événements et tendances marquant le passage de l'un à l'autre. Ce qu'on peut retenir de tout cela, c'est l'impossibilité de cataloguer les comics à un style d'histoire ou à une domination de l'esthétique sur le scénario ou vice versa.

On se souvient de la chasse aux sorcières qu'ont connu les anime en France à la fin des années 1980 et on remarque que les comics ont connu la leur bien plus tôt, même si celle-là venait de leur propre sphère culturelle, avec l'essai du psychiatre Fredric Wertham, *Seduction of the Innocent*, qui tentait d'établir un lien entre lecture de comics, comportements déviants et délinquance.

L'écho trouvé par ce ramassis d'idioties et l'ambiance puritaine très marquée durant l'après-guerre, notamment aux États-Unis, a poussé les comics à une forme d'autocensure qui tranche avec les thématiques souvent plus torturées ou tortueuses du manga, même si une bonne partie de la production reste là aussi très codifiée.

Si quelques super-héros sont devenus des figures à la reconnaissance universelle, c'est bien sûr parce qu'ils renouent avec des archétypes mythiques, parfois même littéralement mythologiques lorsque les éditeurs piochent dans tel ou tel panthéon avec Thor, Hercule, Arès, etc.

Vous ne serez pas étonné de me savoir particulièrement fasciné par ces figures et ces inspirations, même si mes super-héros préférés se situent sans doute parmi ceux qui ont su imposer leur propre mythe, à l'image de Batman.

S'il devait y avoir un ou deux points communs malgré tout entre ces innombrables récits, ce serait d'abord dans la lutte du bien contre le mal, même si cette simplicité, parfois naïve, parfois efficace, est évidemment dépassée par certains titres plus nuancés.

Le second point commun se situe dans la notion même de pouvoir, dans le sens de capacité à produire un effet, à agir, à changer le cours des choses. Là encore, on trouvera des exceptions, mais, sur le fond, le genre super-héroïque permet aux lecteurs de se projeter dans un monde où l'action d'un individu peut faire une énorme différence.

En conséquence, pas forcément étonnant d'observer leur immense succès dans une société à l'individualisme exacerbé, chacun se mettant à cultiver sa propre image de marque.

Parmi les thématiques récurrentes des récits de super-héros, on retrouve celles de l'inspiration et du rôle modèle que ces personnages doivent incarner pour l'humanité. C'est sans doute la raison pour laquelle les comics ont souvent servi de supports de prédilection pour la propagande, que ce soit durant la Seconde Guerre mondiale ou la guerre froide – un terme dont on doit l'invention à George Orwell !

On peut apprécier l'ironie de cette idée de pouvoir changer les choses dans un format qui empêche souvent que les enjeux soient définitifs avec des personnages qui ne restent jamais morts bien longtemps. Néanmoins, les comics ont su aussi se réinventer au fil des évolutions sociales. Le propre de la culture pop étant de se nourrir de la société, et inversement.

« *Why so serious?* » me demanderez-vous peut-être, et vous auriez raison. Avant de vouloir théoriser ou mettre en perspective, il faut reconnaître que le comics a pour but premier de divertir, souvent en proposant pas mal d'action, comme dans *Action Comics*, au hasard (magazine qui a introduit Superman, souvent considéré, à tort, comme le premier véritable super-héros).

CES COMICS ACHETÉS AU HASARD DES KIOSQUES

Une importante proportion de celles et ceux qui connaissent mon travail sur YouTube m'a découvert à l'occasion d'une vidéo traitant de super-héros. C'est un sujet que je traite toujours avec plaisir et enthousiasme. (Oui, ça ne se voit pas toujours, parce que chez moi, l'enthousiasme peut passer par un léger sourire et l'œil qui brille un peu, c'est assez subtil, je le reconnais. Disons que je ne m'accroche pas au plafond en hurlant des onomatopées, ce qui serait pourtant très comics, finalement.)
Même si la fantasy est tout particulièrement chère à mon cœur, comme je vous l'expliquais dans le premier chapitre, ma découverte des comics a commencé assez tôt elle aussi, sans autre guide que l'envie d'acheter tel ou tel numéro Marvel chez le libraire en bas de chez moi, au gré de la qualité perçue de telle ou telle couverture.

Je parle de Marvel car leurs magazines étaient alors bien plus mis en avant que ceux de DC. Je ne suis même pas sûr que des numéros de *Batman*, par exemple, étaient alors disponibles dans la fameuse boutique…

Quoi qu'il en soit, impossible pour un enfant de mon âge, en France, de ne pas être exposé aux plus connus des super-héros. Que ce soit au travers de films ou de jouets, on apprend très vite à reconnaître les grands noms.
Là où on peut commencer à se distinguer auprès des copains, c'est en maîtrisant des informations sur certains personnages moins connus, mais tout aussi fascinants que les figures de proue des grands éditeurs. Avec *Docteur Strange*, *Avengers*, *X-Men* et autres hors-série, il y avait de quoi faire. Si la couverture était déterminante, comme tout le monde, je feuilletais un peu pour définir quel magazine choisir entre les deux ou trois qui avaient su capter mon attention.
Il y avait toujours un certain sentiment de confusion et de frustration néanmoins, tant il était difficile de comprendre comment suivre de manière chronologique les aventures de tel ou tel personnage. La politique d'édition partait dans tous les sens et tous les numéros n'étaient pas toujours disponibles en librairie, sans oublier, bien sûr, qu'il aurait été bien trop coûteux pour ma mère de m'acheter tous les numéros d'une série, a fortiori de plusieurs !

De très nombreux personnages m'attiraient, mais, à l'époque, en feuilletant soigneusement, j'avais jeté mon dévolu sur quelques héros bien ciblés.

SPIDER-MAN

Spider-Man m'a forcément marqué quand j'étais très jeune, puisque j'ai le souvenir d'avoir porté un déguisement avec cette fierté inconsciente si délicieusement propre à la petite enfance. Oui, y compris dans la rue, devant chez mes grands-parents.

Il faut avouer que c'est vraiment le voisin sympa ce Peter Parker. Parfait pour les jeunes lecteurs avec ses airs de grand frère ou de cousin qui galère un peu tout en étant totalement *amazing*.
Stan Lee et Steve Ditko avaient de l'or dans les doigts au moment d'imaginer un tel personnage, caractérisé par son enracinement profond dans les problèmes de la vie quotidienne en tant que Peter alors même que son alter ego sauve régulièrement une vie, un quartier, New York ou même le monde.
Mon premier contact régulier avec le personnage est sans doute venu avec le dessin animé *L'Araignée*, découvert dans l'émission *Croque-Vacances* – présentée par Claude Pierrard avec les marionnettes Isidore et Clémentine, histoire que ça parle à certains !

C'était un vieux dessin animé. Eh oui, déjà à l'époque, puisqu'il date de la fin des années 1960, mais suffisant pour faire le bonheur d'un mini Captain en manque d'idole à cagoule.

Il est amusant de noter que Ralph Bakshi a réalisé quelques épisodes de la série, avant de lancer ses propres longs-métrages, souvent destinés aux adultes, et bien sûr le dessin animé *Le Seigneur des Anneaux*.

Entre le *Green Goblin* (nom original dont la traduction de « Bouffon Vert » s'éloigne assez nettement), le Docteur Octopus, Kraven le chasseur ou encore le Caïd, Spider-Man bénéficie de toute une galerie d'adversaires originaux et intéressants. J'ai donc suivi, bien que sans aucune continuité réelle, ses aventures au fil des toiles et des années, jusqu'au choc *Venom*, mais j'y viendrai au moment d'évoquer les chocs déterminants !
C'est avec un immense plaisir que j'ai retrouvé un condensé de Spider-Man dans un comics très récent, *Spider-Man: Life Story / L'histoire d'une vie*. En introduisant, comme on le voit assez rarement, la notion de passage du temps et de vieillissement, ce comics parvient à saisir les grands moments de la longue vie éditoriale de Peter Parker en y insufflant une véritable émotion. Je vous le recommande.

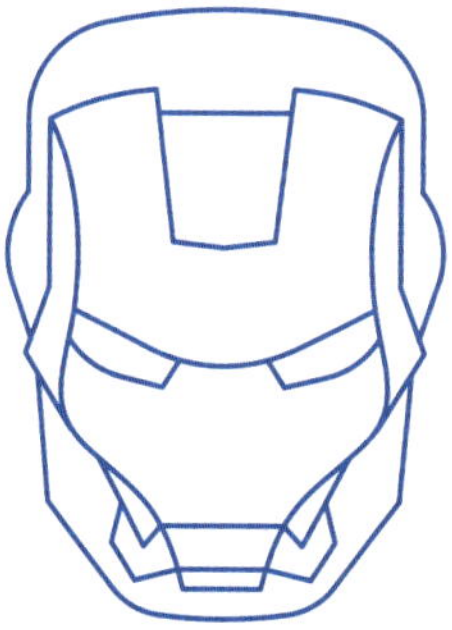

IRON MAN

Parmi les personnages qui avaient attiré mon attention, Iron Man occupait une place de choix. Je prononçais alors « Iron » à la française (genre « i-rond » !), mais ma mère m'avait appris que son nom signifiait « *L'homme de fer* ». La première fois que j'ai vu une série titrée *L'homme de fer* sur le programme télé, quelle ne fut pas ma déception en découvrant, à sa diffusion, qu'il s'agissait en réalité de Perry Mason…

À l'époque, je n'avais que vaguement conscience de la signification politique des affrontements entre Iron Man et la Dynamo pourpre. Je voyais surtout des armures avec des pouvoirs bien puissants. Le côté homme normal qui revêt une armure pour être de taille à affronter des adversaires ayant des super-pouvoirs me plaisait bien. Toutefois, la qualité d'un comics dépend de ceux qui le créent, pas de son personnage principal.
Dans l'une des aventures d'Iron Man, un boxeur s'entraînait pour prendre la place du super-héros, revêtu d'une fausse armure, alors que Tony Stark semblait avoir abandonné. J'avais trouvé ça particulièrement incongru et illogique, puisqu'il était impossible pour un humain d'approcher ne serait-ce que vaguement des capacités de l'armure. La symbolique de l'inspiration à faire le bien ne m'avait sans doute pas totalement échappé, mais bon, je préférais voir le véritable Iron Man traverser des immeubles et balancer des missiles. C'est mon côté bourrin.

Si Iron Man faisait partie de mes favoris, il y en a un que je trouvais franchement ridicule : Captain America. Si les films du Marvel Cinematic Universe (MCU) n'ont en rien amoindri mon affection pour Tony Stark, au contraire, on peut dire surtout qu'ils ont drastiquement modifié ma perception de Steve Rogers. Ne brûlons pas les étapes, je reviendrai aux films un peu plus tard. *(voir p. 156)*

HULK

J'ai tout de suite adoré Hulk et l'idée de ce surpuissant colosse vert – oui gris au début, rouge pour un autre, mais bon, c'est le vert qui l'emporte de loin, depuis longtemps ! Mettons ça sur le compte de la fascination pour la puissance physique qu'ont beaucoup de petits garçons, mais au-delà, la rage primale du personnage me parlait nettement plus que le côté gentillet et policé de Superman.

Il faut dire que la série *L'Incroyable Hulk* créée à la fin des années 1970 devait être un véritable catalyseur de mon enthousiasme pour le personnage, même si je le trouvais terriblement faible à la télé en comparaison de ses prouesses dans les comics.

Pour un gamin comme moi, tout l'intérêt de la série résidait dans les apparitions de la créature, qui devaient durer, au mieux, quatre ou cinq minutes par épisode. La présence physique de Lou Ferrigno était totalement indispensable à la série. J'espère que sa frustration de n'avoir jamais pu prononcer un mot en tant que Hulk dans la série a été en partie compensée par la voix qu'il a, bien plus tard, pu donner au géant dans tous les films Marvel depuis *L'Incroyable Hulk* de Louis Leterrier en 2008.

La série avait beaucoup misé sur la tragédie du docteur Banner, prénommé David dans la série, alors qu'il se nomme Bruce, comme chacun le sait, dans les comics et ailleurs ! L'ambiance s'appuyait avec sérieux sur le jeu de Bill Bixby. Elle était soulignée par le thème musical du générique, d'une tristesse entêtante et qui portait plutôt bien l'ensemble.

C'est l'inspiration Dr Jekyll / Mr Hyde qui intéressait alors le producteur et pas les exploits du géant.

Pourtant, d'une certaine façon, le personnage y était davantage pris au sérieux que dans Avengers: Endgame.

La série fut complétée par quelques téléfilms et je fus particulièrement enthousiasmé, à l'époque, par l'apparition de Thor et Daredevil dans *Le Retour de l'Incroyable Hulk* et *Le Procès de l'Incroyable Hulk*. On avait déjà un caméo de Stan Lee dans le jury du fameux procès ! Et c'est Rex Smith qui interprétait Matt Murdock. Rex Smith, plus connu sous le nom de Jesse Mach, le pilote de la série *Tonnerre mécanique* ! Je sais, c'est fou.

Dans le troisième téléfilm, *La Mort de l'incroyable Hulk*, on a failli voir Tony Stark incarné par... Tom Selleck ! Eh oui, Magnum en personne, ça aurait été énorme ! Dire que l'acteur a failli avoir le rôle d'Indiana Jones également... Cela dit, revoir ces téléfilms maintenant pique un peu les yeux, je dois l'avouer, du fait de moyens certes limités, mais aussi des efforts très réduits sur divers éléments comme l'accoutrement de Thor, entre autres.

Résultat de tout ça, voir Hulk sur une couverture était une garantie de capter mon attention en librairie et mon affection pour le personnage ne s'est jamais démentie depuis.

Ma fascination pour la puissance et le tragique du personnage a pu trouver une grande satisfaction dans *Planet Hulk* et *World War Hulk*. Pour la baston et les démonstrations de force, c'est vraiment du bel ouvrage.

Pour pousser plus loin l'aspect malédiction du personnage, on peut s'aventurer vers *Hulk: The End*, mais attention, ce n'est pas le genre d'histoire susceptible de vous remonter le moral, non, plutôt une fable sur la solitude de l'immortalité.

COMICS : LES CHOCS DÉTERMINANTS

VENOM

C'est dans la collection Version Intégrale de l'éditeur Semic que j'ai acheté le hors-série *Venom*, écrit par David Michelinie. Le trait de Todd McFarlane avait beaucoup joué sur ma décision d'acheter ce titre qui avait l'énorme avantage de proposer une aventure complète du tisseur, ce qui changeait agréablement des péripéties épisodiques dont je manquais invariablement le début, la fin ou le milieu.

La fin des années 1980 et les années 1990 étaient sur la voie d'une violence accrue dans les comics, et je découvrais avec Venom l'adversaire de loin le plus effrayant de Peter Parker. Petite visite traumatisante à Mary Jane, coucou à Tante May et, moment choc, Spider-Man recouvert du sang et des entrailles d'une carcasse de vache arrachée en deux par Venom dans un abattoir, si ma mémoire est bonne. Même s'il y a eu d'autres humains liés au symbiote, lorsque je parle de Venom, il est clairement associé pour moi à Eddy Brock, version bodybuildée.

Longtemps après *Venom*, alors que le MCU était lancé, j'ai plusieurs fois regretté le manque d'originalité consistant à opposer au héros une espèce de double maléfique avec des pouvoirs très proches des siens. Pourtant, il faut reconnaître que la formule fonctionne bien dans les comics, en ouvrant certains des antagonismes parmi les plus marquants du genre avec *Venom* comme son expression la plus aboutie.

Le personnage est rapidement devenu ultrapopulaire, ce qui explique son évolution vers un statut d'antihéros qu'on trouve notamment dans l'arc Lethal Protector dont le film *Venom* de 2018 s'est inspiré. Concernant ce dernier, j'ai eu l'occasion d'y consacrer plusieurs vidéos, inutile de m'y attarder.

La suite pourrait être plus prometteuse, notamment grâce à Andy Serkis à la réalisation et à la participation de l'excellent Woody Harrelson. Toutefois, tous ces talents ne pourront pas sauver un film d'un mauvais script. Croisons les langues, euh, les doigts.

SPAWN

Les chocs sur certains des grands personnages Marvel et DC ne viendront que plus tard, mais, entre-temps, comme pour mieux marquer le passage à l'âge moderne des comics, que certains datent de la publication de *The Dark Knight Returns*, survient la création de la maison d'édition Image avec Spawn en figure de proue. Les artistes veulent leur part du gâteau et Todd McFarlane frappe fort avec ce personnage tout droit sorti des Enfers, mais qui conserve une partie de ses souvenirs humains.

C'est grâce à un ami (coucou Ludo !) que je découvre *Spawn* et ça tabasse. Dans tous les sens du terme, mais surtout visuellement et avec toute une panoplie d'armes et pouvoirs démoniaques. Non parce que bon, vous voyez, le gars a beau être missionné par l'enfer, il y a plein de plus méchants que lui et il va faire le ménage. On rigole, mais c'est un fait assez rare que d'assister ainsi à la naissance de ce qui semblait devoir être une nouvelle figure marquante du monde des super-héros !

Ce fut aussi la sensation de faire partie d'une nouvelle aventure éditoriale et artistique qui me poussa à collectionner les premiers titres, jusqu'à ce que je m'en lasse, à moins que ce ne soit mon porte-monnaie ? Sans doute un peu des deux.

Le film de 1997 ne rend pas justice à Al Simmons, même si le comics lui-même ne brille pas forcément par sa finesse extrême, il restait toujours visuellement époustouflant.

THE DARK PHOENIX / LA SAGA DU PHÉNIX NOIR

Chris Claremont, John Byrne et Dave Cockrum ont offert aux X-Men leurs véritables lettres de noblesse. Si l'ensemble remonte de la fin des années 1970 au début des années 1980, ce n'est que bien plus tardivement que j'ai pu lire l'intégrale de la saga du Phénix noir, l'arc narratif le plus émouvant des X-Men avec Jean Grey en son centre.
Attention, soyez prévenu, je vais vous spoiler quelques grands moments et notamment la fin, donc si vous souhaitez lire ce monument, faites-le avant de poursuivre ce passage !

Avant d'évoquer le cas Jean Grey, soulignons d'abord que la saga offre une véritable réhabilitation de Scott Summers, Cyclope, en tant que meilleur et véritable chef des X-Men, plus même que Charles Xavier. En effet, les manipulations et cas de conscience cosmiques de Charles l'éloignent du cœur de cette équipe unie par un amour profond, qu'on pourrait deviner comme étant incarné symboliquement par Jean Grey.

Au passage, on ne peut que constater le rôle relativement secondaire de Wolverine dans l'histoire. Certes, il reste un membre éminent de l'équipe et on discerne ses sentiments pour Jean, mais on est bien loin des versions cinéma qu'on en proposera plus tard.

C'est sous le nom de « Serval » que j'ai découvert le personnage et, comme beaucoup, j'ai rapidement accroché à cette petite brute bourrue et indestructible aux sens aussi aiguisés que ses griffes. Toutefois, comme je le disais, son importance dans l'ensemble de la saga *The Dark Phoenix* n'est finalement pas bien plus grande que celle de Colossus par exemple et ce n'est que l'énorme popularité de Wolverine qui explique la place prépondérante qu'on lui a ensuite ménagée dans les adaptations.

L'omnibus (édition réunissant l'intégralité d'une histoire initialement répartie entre de nombreux numéros) *The Dark Phoenix Saga* m'a également permis de découvrir la place qu'occupait *Banshee* dans l'équipe, à l'époque, ainsi que Moira MacTaggert qui a un rôle non négligeable dans le très récent run de comics *House of X / Powers of X* de Jonathan Hickman.

C'est Jim Shooter (directeur de publication) qui avait convaincu les auteurs que c'était non seulement la meilleure fin, mais aussi la seule moralement acceptable après la destruction de 5 milliards de vies extra-terrestres (celles des D'bari) quand Jean, transformée en Phénix noir, absorba l'énergie de leur étoile et leur force vitale.

Sachez que la version originale du personnage de Moira n'a absolument rien à voir avec l'agent de la CIA (bonjour l'originalité) des films *X-Men: First Class* et *X-Men: Apocalypse.* Se plonger dans cette saga permet au passage un petit saut dans le temps pour le contexte social de certaines scènes, mais, dans l'ensemble, la portée de l'histoire et son impact émotionnel restent intacts… enfin à condition de faire abstraction de ce qui finit fatalement par arriver des années plus tard, à savoir le retour de Jean Grey.

Cela va presque sans dire, mais aucun des deux films, que ce soit X-Men : The Last Stand ou X-Men: Dark Phoenix, ne parvient à rendre justice à l'histoire telle que présentée dans les comics.

Une bonne partie de la beauté et de la force dramatique de cette trame résidait dans son dénouement tragique et dans la décision de celle qui avait compris qu'aucune solution ne pourrait préserver des vies, sinon le sacrifice de la sienne.

BATMAN

Allons, allons, carrément ? Batman, comme ça ?

Juste Batman. Eh oui.

On parle d'un Batman, mais ils sont plusieurs là-dedans et pas uniquement du fait des névroses de Bruce Wayne.
Le Batman de l'âge d'or est assommant. Bon voilà, c'est dit. Non, mais sérieusement, à part quelques sourires de temps à autre du fait du décalage social complet, relire les comics des premières années est souvent soporifique. Heureusement que le Joker est là pour faire n'importe quoi, en copiant les véhicules improbables de Batman. Enfin.
Il existe tellement de comics *Batman*, une masse dont je n'ai lu qu'une infime portion, que je ne peux qu'évoquer les quelques pans de la cape que j'ai pu soulever de-ci, de-là. Je crains de ne pas briller ici par l'originalité de mes goûts.

Pour commencer, j'ai apprécié l'approche psychologique grinçante, rude et pessimiste de *The Dark Knight Returns* (*TDKR*). Frank Miller frappe fort en 1986 quand on lui confie la mission exaltante de réinventer l'icône de DC Comics, une icône tout court, qui ne vendait pas tant que ça en comparaison des locomotives Marvel.

Le trait est en parfaite cohérence avec le scénario puisque Frank Miller assure les deux. Des personnages épais, qui ont cumulé trop de vécu, qui ressassent leurs traumatismes depuis trop d'années. Ce qui fait une grande partie de l'attrait de ce Batman, c'est l'équilibre trouvé entre ses imperfections, sa relative fragilité et les prouesses qu'il parvient malgré tout à accomplir.

Qu'on apprécie ou pas le concept, l'œuvre forme un tout cohérent et impose des scènes mémorables, laissant une empreinte visuelle ainsi qu'une tonalité qui ont notamment servi d'inspiration aux films de Zack Snyder : *Man of Steel* et surtout *Batman V Superman*.
L'une des forces que même ses détracteurs ne pourront retirer à *TDKR*, c'est que l'œuvre génère le débat. Batman a-t-il tué le voyou sur lequel il tire ? A-t-il en réalité tué le Joker ? À ces questions, ma lecture personnelle m'appelle à répondre par la négative, mais cette interprétation n'est pas unanime, loin de là.

Si on en revient maintenant à l'essence de Batman, à ce qui me convainc de le désigner comme mon super-héros préféré, c'est bien sûr par le niveau qu'il parvient à atteindre en étant totalement dépourvu du moindre pouvoir surhumain. Cette discipline, associée à son intelligence et à ses moyens, voilà ce qui le rend surhumain. Les zones d'ombre du personnage, son caractère obsessionnel et sa capacité à distiller la peur chez ses adversaires, tous ces éléments complètent le tableau d'un personnage absolument fascinant.

Malgré les origines difficiles de Kal-El, beaucoup répondraient « oui » à la question « Voudriez-vous être Superman ? ». Pour ce qui est de Batman, c'est bien plus délicat et ceux qui ont un peu de recul devraient généralement opter pour la négative.

Parmi les œuvres ayant défini ma vision de Batman, on trouve *Batman The animated series*. Cette série animée du début des années 1990 est tout simplement un des meilleurs dessins animés jamais réalisés.

À 17 ans, je ne voulais jamais rater un épisode sur France 3, ce qui me valait quelques gentilles moqueries de ma mère. Je la soupçonne pourtant d'avoir apprécié les quelques épisodes qu'elle a pu prendre le temps de regarder à l'occasion.

La version française était splendide, notamment grâce à Richard Darbois dans le rôle de Bruce (excellent Kevin Conroy en V.O. !) et Pierre Hatet qui s'en tirait à merveille avec la lourde tâche de tenir le Joker (interprété en V.O. par Mark Hamill).

Ce Batman gagne en dignité et en profondeur tragique ce qu'il perd un peu en violence refoulée et en folie personnelle. On identifie dans l'architecture et le design, des véhicules notamment, la patte rétro qui avait déjà fait sensation dans le *Batman* de Tim Burton.

L'approche subtile et particulièrement sérieuse qui s'exprime notamment dans la réinvention réussie de plusieurs méchants n'empêche pas un grain de folie et d'humour, tragique toujours, qu'on retrouve avec la création d'Harley Quinn. Merci Paul Dini !

Puis il y a l'autre grand comics *Batman* de Frank Miller, *Batman: Year One*. Sorti quelques mois seulement après *TDKR*, c'est en 1987 qu'est publiée cette « Année un » de Bruce dans ses balbutiements en tant que justicier de Gotham. Frank Miller est au scénario, mais il laisse le dessin à David Mazzucchelli, ce qui permet de respecter les délais et d'honorer le contrat qui impliquait de fournir une *origin story* après le travail sur *TDKR*.

L'approche directe et réaliste pioche davantage dans le film noir et le polar que dans ce qu'on imagine par défaut dans une histoire de super-héros. Bruce Wayne est très humain et on retrouve l'intérêt du scénariste pour un héros vulnérable. Au lieu de se faire vieux, cette fois, il débute à peine.

Le récit se concentre sur Batman et James Gordon, en mettant sciemment de côté les adversaires emblématiques. J'ai énormément apprécié cette histoire des origines, même si je l'ai trouvé un peu courte. J'étais tellement dans le récit que j'en aurais voulu davantage, notamment sur les voyages et le parcours intérieur qui a convaincu Bruce de se lancer.

De ce point de vue, on peut éventuellement regretter le trop grand nombre de pages consacrées au futur commissaire Gordon, même si le comics établit ainsi la relation des deux hommes comme une fondation essentielle du *mythos Batman*. Une autre œuvre viendra presque combler ces lacunes, mais je viendrai à *Batman Begins* dans la section du chapitre consacrée aux films.

DAREDEVIL

Batman sans cape, sans ses yeux, sans ses milliards, mais avec une foi catholique chevillée au corps et une double identité, avocat/justicier, doublement ironique.

Daredevil est un chevalier de la nuit et l'un des tout meilleurs personnages de chez Marvel. Étrangement, il est souvent celui que j'oublie quand on me demande de citer mes super-héros favoris, il faut dire qu'on est tellement habitué à le voir souffrir, Matt Murdock, qu'on se surprend presque à aimer ça.

Les pouvoirs de Matt Murdock ont eu plusieurs interprétations et des ampleurs variables, au gré des scénaristes et des besoins de l'histoire. Quand on revient à la base, ses quatre sens hyperdéveloppés sont surtout là pour lui permettre de s'en tirer en étant aveugle.

Un super-héros défini autant par ce qu'il ne peut pas faire que par ses capacités hors norme, déjà, ça commence très bien. La fragilité de Daredevil est quasiment présente à chaque page et ce sont les épreuves terribles qu'il traverse qui imposent et glorifient sa qualité cardinale : la persévérance.

Absolument aucun doute à ce sujet, Matt Murdock c'est le plus *Rocky* de tous les super-héros. Ce n'est pas pour rien qu'il est fils de boxeur issu de l'émigration irlandaise. Aucun autre personnage ne s'en est autant pris dans la tronche, proportionnellement à ce qu'il peut encaisser. Il est question de coupures, ecchymoses, perforations, commotions et côtes brisées, bien sûr, mais surtout de coups durs et autres désastres de la vie.

J'ai toujours ressenti un attrait pour le design du personnage, pour le charisme qu'il dégage et la qualité graphique de ses sauts acrobatiques, mais je ne me ferais pas passer pour un fan de la première heure, très loin de là. Conscient du potentiel du personnage, j'attendais avec beaucoup d'impatience la série Netflix *Daredevil* et c'est elle qui m'a motivé à me plonger plus sérieusement dans ses comics.

Frank Miller semble être un drôle de type, avec de drôles d'idées, même si je ne le connais pas personnellement, mais on ne peut pas lui enlever d'avoir définitivement marqué l'histoire des comics. Ce qu'il est parvenu à faire avec *Batman* chez DC, il l'accomplit de nouveau avec *Daredevil* chez Marvel. C'est fou. L'influence de Miller sur *Daredevil* est peut-être plus forte encore que sur *Batman*, puisque c'est sur ce personnage de second rang, à l'époque, qu'il commence doucement à se faire remarquer après quelques brèves années chez DC et des travaux sur des titres variés de Marvel.

Pour aborder Matt Murdock, il faut commencer par *Daredevil: The Man Without Fear / Daredevil : L'Homme Sans Peur*. Cette mini-série en cinq numéros, qu'on peut trouver maintenant au format intégral, définit, entre 1993 et 1994, les débuts du héros, à l'image de ce qui avait été accompli sur *Batman : Année Un*.
Les illustrations de John Romita Junior ont du caractère, si certains n'adhèrent pas, elles sont, à mes yeux, parfaites pour l'histoire. On y retrouve des personnages emblématiques comme Stick, le mentor dur à cuire, Elektra, la femme fatale à plus d'un titre et Wilson Fisk, le Caïd.

Miller a tout simplement inventé Stick et Elektra et c'est grâce à lui que le Caïd, adversaire de Spider-Man, est devenu cette figure essentielle du monde de *Daredevil*, devenant son pire ennemi au même niveau que Bullseye.

Après cette mise en appétit dans votre découverte du Diable de Hell's Kitchen, retour dans le passé, en 1986, pour le plat de résistance avec *Daredevil: Born Again*, collaboration du duo Miller / Mazzucchelli qui précède d'un an *Batman: Year One*.

Si vous aimez les personnages en galère, une approche réaliste et rude des travers humains et le symbolisme chrétien, ne cherchez pas plus loin, tout y est. Les apparitions de Captain America et même Iron Man semblent hors de propos (Miller, n'en voulait pas, de ce que j'en sais), mais le reste maintient un sacré niveau.

Si vous êtes déjà habitué à la série Netflix, le devenir de Karen Page devrait sans doute vous interloquer. Il faut s'y faire, la notion de déchéance et de retour à la vie constituent l'essence même de Born Again.

Le troisième comics *Daredevil* qui m'a marqué est Guardian Devil, avec Kevin Smith (oui, le gars à la casquette) au scénario et Joe Quesada au dessin, sans oublier Jimmy Palmiotti à l'encrage. D'autant que le style graphique, radicalement différent des deux œuvres précédemment citées, permet ainsi d'accéder à un large panel d'interprétations visuelles de Daredevil et de son univers urbain.

Le scénario a ses grands moments, mais aussi une forme de faiblesse structurelle en reposant sur un socle des plus hasardeux.

Le rendu d'ensemble est tellement agréable que je ne peux que le recommander les yeux fermés, enfin vous voyez l'idée.

KINGDOM COME

Parmi les nombreux autres comics de super-héros qu'il aurait été possible d'évoquer, je choisis *Kingdom Come* pour son contexte, son message et son style plus que pour le choc qu'il m'aurait procuré.

On doit *Kingdom Come* à Mark Waid au scenario et Alex Ross au dessin. Cette série limitée, roman graphique, comics, appelez-le comme vous voudrez, date de 1996 et l'un de ses aspects les plus intéressants réside dans son commentaire très méta sur son propre média, celui des comics.

C'est un récit DC Comics qui reprend énormément de personnages tout en se concentrant sur Superman, Wonder Woman et Batman, la sainte trinité de l'éditeur.

L'idée consiste à se projeter dans un futur lointain, suffisamment pour que Bruce Wayne ait l'air d'avoir environ 70 ans. Les grands super-héros de la *Justice League* se sont plus ou moins retirés, principalement Superman dont la décision a eu un impact majeur sur les autres. Voilà déjà qui souligne son statut de symbole vivant.

Le choix de Superman fait suite à des événements bien spécifiques que je ne vous dévoilerai pas puisqu'ils font partie du mystère et du plaisir de lecture. Pour en revenir au commentaire sur le monde des comics, *Kingdom Come* est une réaction artistique à la perte de sens et de valeurs que ses auteurs estimaient voir dans le mouvement sombre et violent qui a dominé les comics à partir de *The Dark Knight Returns*.

On s'éloignait nettement du rôle des super-héros comme incarnation des valeurs les plus nobles et, au-delà, on assistait à une multiplication de personnages violents, au design qui heurtait parfois les goûts classiques des auteurs de *Kingdom Come* et qui se perdaient dans des affrontements dont on ne se souvenait même plus des motivations. Illustration de cette approche critique, Magog, l'un des adversaires dans *Kingdom Come*, est inspiré du design de Cable en y ajoutant un casque qui me rappelle, personnellement, celui de Loki.

Malgré ce commentaire sur la violence de supers qui n'ont de héros que le nom, *Kingdom Come* ne gomme pas pour autant l'intérêt de l'étude de caractère en venant explorer la colère sommeillant chez Superman et le risque qu'il devienne le juge ultime du bien et du mal.
L'histoire ne se contente donc pas d'une satire de l'état des comics en 1996, puisqu'elle se saisit également d'une parabole biblique et vient enfoncer le clou, si vous me passez l'expression, sur la figure christique de Superman, dont la première apparition se fait avec une longue poutre sur l'épaule…

On y retrouve des costumes classiques, mais avec des variations plus ou moins drastiques liées au passage du temps ou à l'évolution voulue des personnages.

Cette quête de sens, doublée d'inspirations bibliques, ne limite pas pour autant la pertinence des questions éthiques soulevées, à commencer par l'équilibre délicat à trouver entre super-héros et êtres humains ou encore l'éternelle opposition entre liberté et sécurité.

Pour la petite histoire, c'est dans les planches de Kingdom Come au trait spécifique et souvent très classe, que vous pourrez retrouver l'armure dorée d'une Wonder Woman qui montre dans ce récit un caractère nettement plus belliqueux que celui de Kal-El, alias Clark Kent, alias Superman.

V FOR VENDETTA

On avait dit super-héros ? Oui, il n'est presque question ici que de super-héros, mais on peut faire une exception pour un petit auteur de rien du tout, Alan Moore.

Puis, d'une certaine manière… Enfin, disons que Joel Silver, producteur de l'adaptation cinématographique de 2006 voyait V comme un super-héros. Peut-on affirmer que, super-héros, V ne l'était absolument pas dans l'esprit de son créateur, Alan Moore ? Ce qui est sûr, c'est qu'il ne voulait pas le présenter comme un modèle, mais bien comme une source de questionnement intime quant à nos valeurs.

C'est de nouveau grâce à Ludovic (coucou Ludo !) que j'ai découvert *V pour Vendetta* et *Watchmen* en tant que jeune adulte. Ces œuvres restent, sans aucun doute possible, les deux comics qui m'ont le plus marqué à ce jour.

Que vous ayez vu les films importe peu, ce qui compte vraiment, c'est de lire ces deux romans graphiques, autrement plus touffus et subversifs que leurs adaptations, même si je reviens plus loin sur *Watchmen* et le cas de son excellente série éponyme (voir p. 152).

Si on dépouille *V pour Vendetta* du moindre de ses oripeaux, si on le met à nu, si on le soumet à l'épreuve du feu, il en reste une opposition frontale entre fascisme et anarchisme, les deux usant de violence meurtrière. Jusqu'où est-il acceptable d'aller pour combattre un régime totalitaire ayant étendu son emprise à tous les aspects de la société ? Certains actes d'essence terroriste peuvent-ils conserver pourtant une forme d'éthique pour être assimilés alors à des actes de résistance ? Au contraire, se condamne-t-on nécessairement à rejoindre dans la monstruosité un adversaire hideux qu'on cherche à abattre par tous les moyens disponibles ?

J'ai des opinions certes, mais certainement pas de réponses à ces questions telles que posées dans le contexte de l'histoire de *V pour Vendetta*. Ce que je sais en revanche, c'est que le voyage est fascinant, éprouvant et surtout, finalement, enrichissant pour le lecteur. C'est du temps de cerveau sacrément bien utilisé en somme.

L'art de David Lloyd a su parfaitement exprimer la poésie macabre qui se dégage des actes et des œuvres du mystérieux V, porteur du masque de Guy Fawkes.
Un choix très fort d'Alan Moore que cette figure de l'un des apprentis terroristes les plus connus de l'histoire, après l'échec, à Londres, en 1605, de la conspiration des poudres qui devait faire exploser la chambre des Lords, et surtout tuer le roi et sa famille. Terrorisme aux motivations religieuses surtout, puisque l'idée était de parvenir à se débarrasser d'un roi pour le remplacer, grâce à une révolte populaire, par une jeune reine catholique.
La reprise par V de la chanson populaire qui commence par *« Remember, remember, the fifth of November »* détourne cette célébration de l'échec d'une tentative d'attentat pour en faire un symbole de révolte avec une explosion réussie. On est dans la subversion la plus littérale.

V n'est pas destiné à devenir un modèle, mais le symbole qu'il s'octroie a ensuite été réapproprié, notamment par le mouvement hacktiviste Anonymous. Difficile là-dedans de retrouver une intention initiale de l'auteur ou un sens, sinon celui de l'opposition à l'ordre établi, quel qu'il soit.

En résumé, la sémiologie est totalement brouillée et chacun y mettra ce qu'il voudra.

Sinon, l'Histoire de V pour Vendetta
est tout simplement palpitante au premier degré,
les questions pourront toujours venir après.

WATCHMEN

Je n'ai pas lu tout ce qu'Alan Moore a produit au long de sa carrière (j'aurais dû, je sais bien, sachant qu'il est passé au roman depuis des années) mais, de tous les comics que j'ai pu lire dans ma vie, peu d'hésitation pour désigner *Watchmen* comme le plus marquant, le plus fascinant.
Dave Gibbons à l'illustration doit évidemment être tout autant associé à la reconnaissance que mérite ce chef-d'œuvre du genre. Si *Watchmen* est si important, c'est d'abord parce que c'est absolument génial à lire ! Eh oui, n'oublions pas l'essentiel. Tous les commentaires sociaux ou les réflexions sur la nature profonde des super-héros ne seraient que des pensums s'ils ne s'appuyaient pas sur une histoire riche et trépidante.

Comme avec *V pour Vendetta*, Moore n'impose pas une façon de penser la société. Il dépeint plutôt un éventail de comportements et de points de vue radicalement différents chez ses nombreux protagonistes. Le récit, publié initialement sous un format épisodique à rythme mensuel, devait utiliser des personnages préexistants mais passés de mode qui appartenaient au catalogue DC, jusqu'à ce que l'éditeur apprenne ce qu'Alan Moore voulait en faire. Résultat, les personnages sont inspirés plus ou moins directement de super-héros préexistants, mais leur caractère original ne fait que renforcer à mes yeux la prouesse et la pertinence de ce récit uchronique.

Au fil des pages, *Watchmen* observe et dissèque les comportements déviants qu'on retrouverait par définition chez des adultes qui décideraient de se déguiser pour aller combattre le crime. Cette profonde remise en question de la définition de super-héros s'enrichit de l'étude du cas du Dr Manathan, seul personnage doté de véritables pouvoirs surhumains.
Quel rapport à l'humanité pourrait cultiver un individu aux pouvoirs en apparence divins, mais qui resterait irrémédiablement prisonnier d'une ligne de temps dont il connaît à l'avance le déroulement ?

Au-delà du genre, *Watchmen* s'attaque aussi à la politique et à la menace de fin du monde que faisaient peser, en 1986, la guerre froide et la prolifération nucléaire. On peut lire *Watchmen* à différents niveaux et on peut même commettre l'erreur de voir en Rorschach un héros incompris ou en Ozymandias un visionnaire légitime.

En réalité, chaque personnage est traversé par quelques fulgurances tout en restant lesté d'erreurs grossières et autres comportements parfaitement odieux. Ce voyage au cœur des turpitudes des guignols masqués est un incontournable et surtout un véritable délice. On pourrait lui reprocher la portion congrue réservée à ses personnages féminins et profiter de l'excellent contre-pied et miroir inversé que lui propose la série HBO *Watchmen*.

J'y reviens dans la brève section consacrée aux séries de super-héros (voir p. 152).

LES FILMS DE SUPER-HÉROS

SUPERMAN

SUPERMAN I ET II

Si je commence par Superman, c'est évidemment du fait de l'impact du film de Richard Donner, réalisateur à qui on doit notamment *La Malédiction* (film maudit à ce qu'il paraît), *Les Goonies* et la saga de *L'Arme fatale*.
Ce film de 1978 est à mes yeux le premier long-métrage de super-héros qu'on peut prendre au sérieux. En effet, la fameuse série *Batman* des années 1960 a eu son long-métrage. On peut trouver du charme à son humour, mais disons que c'est difficilement comparable.

Ce film est important pour moi puisqu'il entre parfaitement dans la définition des chocs déterminants. J'ai beau apprécier d'autres personnages davantage que Superman, ça ne veut pas dire que je ne l'aime pas ou que je me lasserais de le voir ! Tout jeune, j'adorais ce film que j'ai vu et revu au fil de ses rediffusions télé.

La musique, le lyrisme, le charisme incroyable de Christopher Reeve et les exploits fous du plus puissant des super-héros (je rigole, Hulk, c'est toi le plus fort), tout était réuni pour mon bonheur. Bon, ok, je reconnais que j'aurais aimé plus de bagarres à l'époque. Encore maintenant ? Hmmm. Possible oui.

On parle du film *Superman* de Richard Donner mais on pourrait parler de ses films *Superman*, puisque le mouvement #releaseTheSnyderCut (qui a finalement abouti avec une rallonge de plus de 30 millions de dollars !) a connu un précédent bien avant l'avènement des réseaux sociaux. En effet, Richard Donner avait beaucoup travaillé sur *Superman II* avant d'en être écarté au profit de Richard Lester. Conséquences : Marlon Brando claque la porte avec pertes et fracas et le ton du film est réorienté vers la comédie. À la suite des demandes des fans et de l'obstination de Donner, une version *Superman II: The Richard Donner Cut* sortira en 2006. Un miracle rendu possible par le fait que les deux premiers films avaient été en partie tournés simultanément.
C'est avec plaisir que j'aurais défendu le véritable artiste, bla-bla-bla, mais en toute franchise, on trouve du gros n'importe quoi dans le scénario de chacune des deux versions. La fin du *Donner Cut* est particulièrement irritante.

La saga *Superman* de l'époque a pris un méchant coup de vieux en termes d'effets pratiques et visuels, mais, pour certains spectateurs, elle bénéficie forcément de l'atout majeur « film de ma jeunesse. » Quoi qu'il en soit, on ne peut que lui reconnaître le statut de classique et de précurseur du genre.

MAN OF STEEL

Entre-temps, on a eu *Superman Returns*, mais… voilà. Il a fallu attendre 2013 et le *Man of Steel* de Zack Snyder pour voir un retour en force du personnage.

Le film divise, pour diverses raisons, mais quand on s'arrête uniquement sur la décision de Kal-El de tuer Zod pour en faire tout un scandale, on oublie totalement le cas de *Superman II*.

C'est justement la douleur du choix de Superman dans *Man of Steel* qui souligne l'humanité du personnage et son horreur d'une violence aussi définitive. Entre la mort de milliers d'innocents supplémentaires et celle de Zod, on peut soutenir que la possibilité même d'un choix lui a été tout simplement confisquée.

Cette polémique évacuée, j'ai passé un excellent moment avec cette version du personnage et son incarnation particulièrement physique par Henry Cavill. Tout le début du film sur Krypton était pour moi extrêmement réussi, à tous niveaux.

La puissance de Superman et la menace qu'il peut ainsi représenter aux yeux de l'humanité étaient parfaitement mises en scène, jetant les bases d'une transition très fluide vers *Batman V Superman*. Toutefois, il y a plus à dire dans ce film sur Batman que sur Superman, donc j'y reviens un peu plus loin (voir p. 141).

BATMAN DE TIM BURTON

Quand on parle de chocs de l'enfance, en voilà un sacré ! Vu au cinéma, puis revu avec un immense plaisir sur la petite télévision d'un autocar lors d'un voyage scolaire, Batman est immédiatement devenu un phénomène pour moi comme pour la société.

Le nombre d'acteurs et d'actrices qui ont passé des auditions pour les rôles de Bruce Wayne et Vicki Vale donne le tournis et je ne me lasse pas d'imaginer celle de Bill Murray. Bill Murray en Batman ? Difficile de dire si c'est un rêve ou un cauchemar.
Du côté de Vicki Vale, la malchance de Sean Young (une blessure l'a empêchée de tourner !) fait vraiment peine à imaginer, sachant qu'elle a été largement ignorée après ses rôles dans *Blade Runner*, *Dune* et *Wall Street*. Cela dit, Kim Basinger, c'est pas mal non plus !

Tim Burton tenait une sacrée forme artistique à l'époque et ce sont, évidemment, les tourments du personnage, sa folie et son aspect anticonformiste qui ont su fasciner le réalisateur. Tim Burton a expliqué qu'il ne lisait pas de comics car il avait du mal à attribuer les phylactères (les bulles) aux bons personnages. On sait toutefois qu'il a apprécié la noirceur de *TDKR* et de *The Killing Joke*.

Le moins qu'on puisse dire, c'est qu'il a explosé ces influences en termes de rapport du personnage à la mort.

Eh oui, que ce soit dans Batman ou Batman : le Défi, le héros tue pas mal de monde, directement et volontairement.
On se souvient notamment du Joker dont il provoque la chute mortelle.

Comme souligné lorsque j'évoquais la série animée des années 1990 (voir p. 127), on sent fortement l'impact des choix visuels du film avec sa Gotham hors du temps, dans une sorte de rétro-futur inspiré du design des années 1950.
Entre le col en caoutchouc, la BO de Danny Elfman et les chansons de Prince, impossible d'échapper au déferlement *Batman*, et c'était bien cool !

LA TRILOGIE THE DARK KNIGHT

La trilogie *Batman* de Christopher Nolan a largement contribué à donner au film de super-héros ses lettres de noblesse en le faisant enfin reconnaître comme du grand cinéma à part entière. Les *Batman* de Tim Burton étaient souvent considérés comme des films d'auteur avant d'être des films de super-héros. Quant aux *Spider-Man* et *X-Men* survenus entre-temps, ils étaient catalogués en films popcorn, souvent indignes de l'intérêt des cinéphiles sérieux.
Est-ce que tout ça a vraiment du sens ? Pas pour moi. Tous les exemples cités restent des œuvres de cinéma, de même que les films du MCU que j'évoquerai ensuite, n'en déplaise à Martin Scorsese, avec tout le respect qu'on doit à son œuvre phénoménale.

Batman Begins m'a totalement emporté en proposant à mes yeux l'une des possibles introductions parfaites au personnage. On y retrouve des éléments de *Batman: Year One* de Frank Miller, mais en enrichissant l'ensemble, notamment sur ces fameuses années d'entraînement où Bruce Wayne part confronter un idéal encore brut et mal dégrossi à une réalité rugueuse et implacable. Des frictions entre les aléas du monde et cette pulsion intime de Bruce, qui hésitait encore entre vengeance et justice, surgira enfin une mission, un code de conduite, un sacerdoce.

Le sempiternel débat sur *Batman* et la mort n'épargne pas ces films, évidemment ! Entre l'incendie de la base de la Ligue des Ombres, la mort de Ra's al Ghul / Ducard ou encore la chute d'Harvey Dent dans *The Dark Knight*, certains ont reproché à Nolan les morts causées par Batman.
La question se pose un peu plus ici étant donné que le code de conduite du personnage est plus directement établi dans ces films. La mort qui est sans doute la plus problématique, avec le recul, est sans doute celle de Ra's al Ghul que Bruce laisse foncer vers son funeste destin. Dans quasiment toutes ses versions, le Batman des comics aurait sauvé l'homme pour le remettre à la justice, il faut l'admettre.

Est-ce que cela réduit mon appréciation de l'œuvre et mon bonheur jamais démenti à revoir *Batman Begins* ? Certainement pas. Christian Bale est excellent, même si on se demande comment sa gorge a pu tenir le coup pour la voix forcée de Batman.
On avait même une recherche dans la façon de combattre de Batman avec le Keysi, un mélange d'arts martiaux plutôt controversé quant à sa légitimité, mais qui avait l'avantage de rendre plutôt bien à l'écran… jusqu'à *The Dark Knight Rises* et l'affrontement plutôt minable entre Batman et Bane.
Outre le fait d'être de très loin le plus faible de la trilogie, ce film m'avait beaucoup déçu en termes de combats, qu'on était plus qu'en droit d'attendre avec le choix d'un adversaire tel que Bane, qui se définit notamment par une puissance physique hors du commun, au point de vaincre Batman dans certains affrontements des comics.

En termes d'interprétation, mis à part un bémol personnel concernant Katie Holmes, on a eu droit à un sacré festival de performances dans cette trilogie, avec celles de Heath Ledger et Christian Bale pour les couronner, mais sans oublier Gary Oldman, Morgan Freeman et Michael Caine. Que serait un film de Christopher Nolan sans Michael Caine ? Ce serait *Memento* ou *Insomnia*, puisque Sir Caine fait un caméo voix dans *Dunkerque* et mange un steak dans *Tenet* !

***The Dark Knight* reste-t-il le meilleur film de super-héros de tous les temps ?**

Voilà qui demeure éminemment subjectif, d'autant qu'il existe des films de super-héros aux ambiances très variées. Toutefois, j'aurais tendance à répondre par la positive.

BATMAN V SUPERMAN

Voilà un film qui a d'abord été une grande déception d'ensemble malgré des moments de bravoure immédiatement culte et une incarnation parfaite de Wonder Woman par la grâce de Gal Gadot.
J'enfonce une porte ouverte en rappelant que Warner Bros. a voulu aller trop vite dans la constitution de son univers ciné, pour rattraper le fameux et lucratif Marvel Cinematic Universe (MCU). On en a vu l'effet dévastateur avec *Justice League*, mais, déjà, avec *Batman V Superman*, Zack Snyder se retrouve avec énormément d'éléments à gérer simultanément.
C'est en découvrant sa version longue que mon jugement sur *Batman V Superman* s'est considérablement adouci, même si le film reste imparfait. L'un des points qui fait le plus débat tourne encore autour de Batman et la mort, alors qu'il mitraille de l'homme de main à tout va au volant de sa Batmobile.

On sait que *The Dark Knight Returns* de Miller est une forte inspiration pour ce film, évidente dans l'affrontement entre les deux héros, et, de l'aveu même du réalisateur, pour lui, Batman tue des tas de gens dans le comics. Mais non ! S'il y a bien une ligne directrice qui maintient debout la structure branlante de la psyché et de l'action de Batman, c'est bien de ne jamais tuer volontairement.
Si Batman pouvait tuer, l'existence même du Joker n'aurait aucun sens. J'ai déjà évoqué le cas des films de Christopher Nolan, sachant que les deux réalisateurs ont cherché, chacun à leur façon, à imaginer ce que donnerait un tel personnage dans un monde un peu plus réaliste que celui de nombreux comics.
Ce qui est sûr, c'est que rien dans la trilogie de Nolan n'approche la destruction aveugle semée par Batman lors de la course-poursuite de *Batman V Superman*.

Outre Wonder Woman et la noblesse de Superman dans son sacrifice, ce que *BvS* réussit extraordinairement bien, c'est de montrer l'efficacité au combat de Batman. Rien que pour la scène d'attaque de l'entrepôt pour sauver Martha, le film vaut le coup d'être vu. C'est tout simplement magistral et de loin la meilleure bagarre de Batman jamais filmée.

Pour en profiter, je suis largement prêt à passer outre quelques facilités débouchant sur le fameux affrontement de Batman et Superman et son dénouement à coups de Martha. Puis, après tout, ce prénom identique entre les mamans des deux champions de DC, c'est assez fort, non ? Qui avait vraiment ce détail en tête ?

JOKER

Peut-on considérer Joker comme un film de super-héros ? Sans doute pas. En revanche, il s'agit bien de l'adaptation à l'écran inspirée d'un personnage emblématique des comics. Ce qui ne fait pour moi aucun doute, c'est qu'il s'agit d'un excellent film.

Certains diront : « Bof, c'est juste un film copié de Scorsese qui fait son effet car il sort 45 ans après les œuvres qu'il pille. » On peut toujours inventer des tas de manœuvres pour renier à Joker sa qualité propre, mais l'effet en salle est bien là. Tout le monde peut s'inspirer de Scorsese, mais le faire en obtenant un résultat aussi percutant, c'est une tout autre histoire.

À l'autre extrémité du spectre culturel, on aura ceux qui attendaient un spectacle de BD avec un Joker qui multiplie les plans machiavéliques pour semer chaos, mort et destruction, avec de l'acide dans la fausse fleur à sa boutonnière. Ceux-là sont sortis de la salle au bout de quelques minutes – ils existent, je les ai vus !

Joker a été justement récompensé pour sa musique et son interprétation. La composition de Hildur Guðnadóttir a beaucoup accompagné et inspiré Joaquin Phoenix sur le tournage. L'acteur insuffle au long-métrage une âme torturée qui s'exprime dans ses mouvements dégingandés.

Un corps qui bouge à contretemps de la société, suivant son propre rythme, un visage qui sourit et pleure à contretemps de ses contemporains, comme dans les glaçantes scènes du club de comédie.

Même s'il ne s'agit pas d'un film de super-héros, *Joker* est arrivé, sans qu'on s'y attende, à forcer, à grands coups de pieds pointure 72, la porte du club fermé des grands films dramatiques pour y faire entrer l'adaptation de comics.

Sur l'imbécile polémique autour d'une validation de la violence par le film, que dire sinon inviter ceux qui la propagent à revoir leur logiciel de compréhension du cinéma ?

Quant à ceux qui se saisissent de l'image du Joker pour en faire une icône de revendications sociales multiples, je pense malheureusement, là encore, que le désespoir nihiliste, destructeur et narcissique du personnage, ainsi que ses névroses et psychoses, leur ont profondément échappé. Le Joker n'a rien à faire des gens ou d'une cause et le reprendre comme figure de proue de n'importe quel mouvement me semble malsain et contre-productif. Même s'il est fictif, même si on peut comprendre certains mécanismes de sa chute, il reste un tueur sociopathe, en aucun cas un modèle de protestation populaire souhaitable…

BLADE

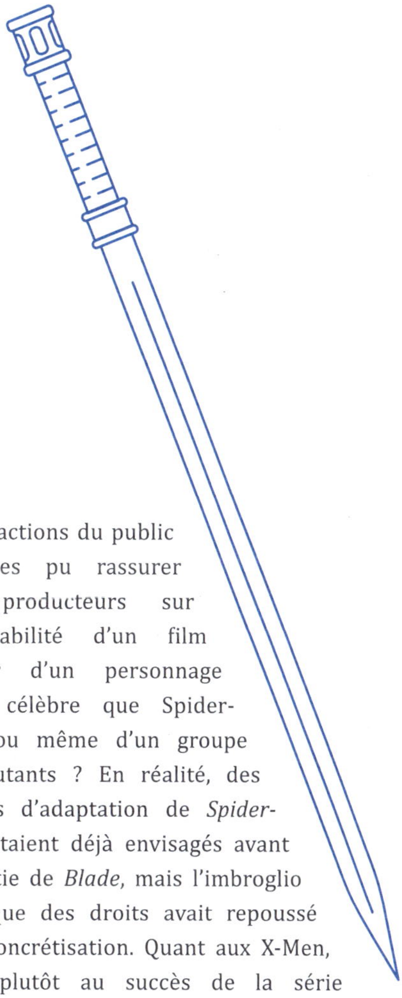

À quel film doit-on vraiment le renouveau du genre super-héroïque après l'ignominie *Batman et Robin* ? Observons la question par maison d'édition.

Du côté des personnages Marvel, l'engouement pour *Blade* a joué un rôle, c'est certain, même si le box-office du diurnambule n'était pas aussi explosif que ses coups de pied sautés. Certes, il reste très rentable, mais son succès demeure anecdotique en comparaison de celui du *Spider-Man* de Sam Raimi.

En sortant de la séance de *Blade*, j'avais envie de sauter par-dessus les sièges avec un manteau long flottant dans un parfait ralenti aérien. Étais-je alors jeune et inconscient ? Sans doute. Pouvait-on me trouver la moindre ressemblance à Wesley Snipes ? Non point. Pourtant, je voulais déglinguer du vampire à coups de tatanes et de katana.

Beaucoup estiment *Blade II* comme étant un meilleur film puisque réalisé par Guillermo del Toro. J'avoue ne pas l'avoir revu depuis, mais, si le design des créatures était sans aucun doute meilleur, à l'époque, j'avais préféré le premier volet. Ne parlons pas de *Trinity*.

Les réactions du public ont-elles pu rassurer des producteurs sur la viabilité d'un film autour d'un personnage aussi célèbre que Spider-Man ou même d'un groupe de mutants ? En réalité, des projets d'adaptation de *Spider-Man* étaient déjà envisagés avant la sortie de *Blade*, mais l'imbroglio juridique des droits avait repoussé leur concrétisation. Quant aux X-Men, c'est plutôt au succès de la série d'animation qu'ils doivent la réalisation du premier film.

X-MEN

La saga *X-Men* au cinéma commence par le film de Bryan Singer en 2000. Il fallut du temps pour convaincre le réalisateur, fraîchement auréolé du succès de *Usual Suspects*, car il ignorait tout du matériau d'origine.

Le résultat est encourageant, notamment grâce à un excellent casting à commencer par Patrick Stewart et Ian McKellen… toute la distribution en y réfléchissant bien, sachant que je préfère la Mystique de Rebecca Romijn Stamos à celle de Jennifer Lawrence.
Dougray Scott devait être Serval, il a peut-être raté le rôle d'une vie, mais Wolverine aurait-il eu autant d'impact en étant incarné par un autre acteur que Hugh Jackman ?

X-Men 2 s'est révélé, en 2003, un bien meilleur film encore et vous m'en voudriez sans doute de ne pas citer son incroyable séquence d'introduction, généralement tout le monde s'en souvient tant elle était visuellement marquante à l'époque. On sent dans cette suite la montée en puissance de Wolverine comme de celle du physique de Jackman qui prend une place de plus en plus centrale.

Dans les films qui ont suivi, ceux qui méritent vraiment qu'on s'y attarde sont, à mon avis, *X-Men First Class / Le commencement* en 2011 puis *Logan* en 2017.

Les autres sont au mieux divertissants (*Wolverine : Le Combat de l'immortel*) au pire, euh… voilà.

Avec *Logan*, James Mangold vient démontrer ce qu'un scénario volontaire et une vision d'auteur laissée libre de s'exprimer par le studio peuvent accomplir avec un personnage pourtant connu à l'écran depuis 17 ans. J'y vois un bon film, même si je ne suis pas aussi dithyrambique que d'autres.
Un adversaire plus mythique aurait été intéressant pour le dernier combat d'un mutant aussi iconique que Wolverine. On retombe dans l'ultraclassique double maléfique, en résumé. On peut évidemment y voir un message sur une forme de renoncement à la sauvagerie qui l'habitait au profit de l'amour désintéressé pour une petite-fille et même une nouvelle génération de mutants.

Logan reste l'un des tout meilleurs films de la saga X-Men, justement parce qu'il est à part.

SPIDER-MAN

AAAAAH, SPIDEY !

Déjà trois incarnations depuis 2002.

SPIDER-MAN

La trilogie de Sam Raimi a amplifié la vague qui montait avec *Blade* et *X-Men*, jusqu'à bientôt devenir un raz-de-marée. *Spider-Man* a notamment fait un carton énorme en France avec près de 6,5 millions d'entrées.

Impossible de ne pas repenser à ces films avec enthousiasme et une pointe de nostalgie, déjà ! On ne peut s'empêcher d'imaginer ce qu'aurait donné la version envisagée longtemps par James Cameron. Ses qualités auraient certainement été fort différentes de celles insufflées par Sam Raimi.

On retrouve souvent chez Raimi de l'humanité (voire des héros qui chouinent un peu), de l'humour particulier, des femmes qui hurlent, des sentiments mielleux et un visuel très inventif qui se situe à la frontière du kitsch. Paradoxalement, si le réalisateur a un style bien à lui, il l'a décliné différemment selon les nombreux genres explorés au fil de sa filmographie hétéroclite.

Pour revenir à Spider-Man, il faut quand même reconnaître que Tobey Maguire varie entre la quiche et le flan dans la plupart de ses expressions faciales de tristesse (qui surviennent souvent, notamment dans *Spider-Man 2* au cours duquel tout le monde le méprise ou lui met des vents).

Résultat, on est généralement à fond derrière ce looser magnifique pour qui les pouvoirs de Spider-Man ressemblent à une revanche sur la vie autant qu'à un lourd fardeau. Sans compter cette égoïste de Mary Jane. Parce que oui, soyons francs, elle lui en fait baver quand même la MJ.

Que de moments de bravoure pourtant, dont le point culminant nous est sans nul doute offert par la scène du train et le corps de ce Spider-Man porté par ceux qu'il a sauvés et qui, à leur tour, vont protéger son identité après avoir découvert son visage juvénile. Une scène tellement marquante que *Spider-Man: Homecoming* lui rend hommage lorsque le ferry est coupé en deux par l'arme du Vautour.

SPIDER-MAN 2

Il est sans conteste le meilleur de la trilogie, en partie par son excellent antagoniste, le Docteur Octopus. On y trouve une scène qui relève presque de l'horreur, quand les tentacules mécaniques massacrent tout le personnel de la salle d'opération. Une chorégraphie macabre qu'on aurait du mal à imaginer actuellement dans le MCU.

Malgré les évidentes progressions des effets numériques depuis lors, les affrontements entre Spidey et Doc Ock restent impressionnants et excitants du fait de leurs chorégraphies et des enjeux émotionnels à l'œuvre.

SPIDER-MAN 3

Le film souffre essentiellement d'un trop grand nombre d'antagonistes et de certains choix de scénario et d'ambiance qui poussent le kitsch et le *cheesy* un cran trop loin. Ce qui était souvent charmant et amusant dans les deux premiers volets devient alors gênant et ridicule.

C'est d'autant plus dommage que l'homme de sable est un personnage touchant et humain, malheureusement expédié pour faire place à un Venom raté. Sans que ce soit la faute de Topher Grace, l'interprète, cette version d'Eddie Brock manquait trop de la présence physique qui le définit dans les comics. Quant à Venom lui-même, il arrive aussi vite qu'il est vaincu, avec quelques répliques ridicules au passage.

Le personnage qui restera toujours au firmament de cette trilogie, c'est évidemment Jonah Jameson avec un J. K. Simmons en orbite.

THE AMAZING SPIDER-MAN

Andrew Garfield tranchait nettement avec Tobey Maguire et c'était exactement ce qu'il fallait faire. Le premier film est loin d'être une catastrophe, mais comme on le sait, beaucoup dépend du scénario et de la qualité de l'antagoniste principal. Ces éléments médiocres ne permettent pas au film de s'élever. La suite ne fera que confirmer la déception. Dommage pour Garfield qui incarnait un Peter plus que correct.

SPIDER-MAN: HOMECOMING

Je ne m'explique toujours pas très bien le rejet dont souffre ce film chez une partie des fans de Spider-Man. Avec lui, j'ai passé un excellent moment. Comme a pu le souligner Stan Lee, ce Peter lycéen est sans doute le plus proche du personnage original à sa création. L'humour fonctionne presque toujours, notamment dans sa relation avec Tony Stark, le mentor récalcitrant mais protecteur. Le méchant est intéressant et bien amené dans la vie privée de Peter.
Je suis fan et j'assume !

SPIDER-MAN: FAR FROM HOME

Confirmation apportée de la parfaite adéquation entre Tom Holland et son personnage et encore un excellent adversaire qui emporte le film dans des prouesses visuelles dont Jon Watts à la réalisation peut être très fier. Quelques raccourcis scénaristiques et un humour qui tombe à plat sur certains personnages secondaires inutiles, mais, dans l'ensemble, un énorme plaisir qui s'appuie parfaitement sur l'émotion suscitée par le dénouement d'*Avengers: Endgame*. Et devinez qui revient dans la saga ? Alerte spoiler ! C'est J. K. Simmons et rien que pour lui, je veux tellement voir la suite…

LES SÉRIES DE SUPER-HÉROS

DAREDEVIL

Daredevil est, pour le moment, ma série de super-héros Marvel préférée, même si les choses peuvent nettement évoluer avec le développement des contenus originaux Disney+ qui vont apporter tout un nouveau pan sériel au Marvel Cinematic Universe.

Les meilleures saisons de *Daredevil* sur Netflix sont la première et la troisième avec sans doute un avantage pour cette dernière. Si vous n'avez pas vu cette saison 3, vous ratez quelque chose.
Malgré quelques épisodes trop lents ou bavards du fait d'une étrange organisation en 13 épisodes, l'ensemble se tient extrêmement bien grâce à une esthétique soignée, une intelligente adaptation des comics et une interprétation excellente.

Charlie Cox a beau être brun, il compose un Matt Murdock qu'on ne voudrait échanger contre aucun autre. Sa façon de jouer la cécité est ultra-convaincante et il s'investit beaucoup dans les scènes de combat, même s'il ne peut évidemment pas tout faire en personne (contrairement à ce que laisse penser la superbe chorégraphie de la prison en saison 3).
Deborah Ann Woll est à fleur de peau en Karen Page. Elle contribue parfois à la progression de l'intrigue, mais j'aurais aimé que l'écriture du personnage la rende encore plus active et surtout moins pleurnicharde.
L'autre géant de *Daredevil*, c'est évidemment Vincent D'Onofrio qui campe un Wilson Fisk d'anthologie. Son interprétation à elle seule justifie de voir la série. Il est l'un des, si ce n'est LE meilleur « méchant » de l'univers Marvel sur écran. Entre première et deuxième places, tout dépendra de votre estimation personnelle de Thanos dans *Infinity War*.

Les scènes de combat sont essentielles pour un personnage tel que Daredevil et on a le meilleur de ce que ce type de série peut offrir jusqu'à présent. Dès la découverte de son générique, en 2015, lors d'une soirée de promo dans une salle décorée de rouge qui préparait l'arrivée de Netflix en France, *Daredevil* m'avait totalement captivé et mon enthousiasme ne s'est jamais démenti.

JESSICA JONES

Je ne peux pas me prononcer sur la saison 3 que je n'ai pas encore vue, mais la première saison de *Jessica Jones* est une des meilleures de toute la production télé de Marvel.

Krysten Ritter est parfaite. Absolument rien à enlever à sa prestation, je pense même en réalité qu'elle ajoute beaucoup au personnage des comics pour en devenir l'incarnation ultime.
Comme souvent, pas d'excellence sans antagoniste qui élève le niveau et, le moins qu'on puisse dire, c'est que David Tennant était un casting de génie pour le rôle de Zebediah Killgrave, l'Homme-pourpre.

La série souffre des défauts typiques des productions télé Marvel avec quelques épisodes qui cassent le rythme en s'attardant sur des personnages secondaires ou tertiaires dont on se fout totalement.
La saison vaut largement votre temps, puisque chaque moment de Killgrave en vaut bien dix autres et l'héroïne est toujours là pour porter votre attention sur des épaules qu'elle garde solides malgré ses nombreuses fêlures intérieures.

THE PUNISHER

The Punisher est la dernière série Netflix que je recommande vraiment, car même si Mike Colter est un excellent Luke Cage, on s'ennuie ferme dans de trop nombreux épisodes. Quant à *Iron Fist*, une des séries que j'attendais le plus du fait de mon attachement à ce personnage secondaire de comics, disons qu'un rôle principal faible porte presque déjà un coup fatal à une série, même si j'ai bien apprécié Jessica Henwick (sous exploitée dans *Game of Thrones*) et Tom Pelphrey qui confirme son excellence dans *Ozark*.

Revenons au *Punisher* donc, qui n'a jamais été aussi bien joué que par Jon Bernthal. La première saison est sans doute la meilleure des deux, même si la seconde vaut nettement le détour.
Toutes les scènes de Jon Bernthal sont bonnes et mieux que ça, c'est un tour de force que de le voir apporter autant de profondeur à un personnage qui pourrait être si unidimensionnel et caricatural.
Les affrontements sont, dans un style différent, aussi réussis que dans *Daredevil*, série où cette version de Frank Castle a fait sa première apparition. Certes on passe trop de temps sur la question du syndrome post-traumatique des vétérans, et la saison 2 se perd autour du personnage de Dinah Madani. Ces défauts ne tiennent tout simplement pas face au plaisir de contempler ce *Punisher*, qu'il soit en train de ruminer, d'essayer maladroitement d'être humain ou de défoncer toute une ribambelle de salopards.

THE BOYS

La satire, l'ultraviolence grand-guignolesque et l'irrespect d'un humour noir omniprésent, voilà les ingrédients de ce que certains ont vu comme le remède au ras-le-bol qu'on pourrait ressentir envers les gentils super-héros – en gros, on reprend ce qu'on déjà traversé les comics avec leur passage à l'âge moderne…

En résumé, déconstruire les mythes et plutôt que s'émerveiller la tête dans les nuages, aller fouiller les poubelles d'une histoire où les surhommes laissent libre cours à leurs super-défauts.

The Boys, disponible sur PrimeVideo, est l'adaptation d'un comics de Garth Ennis à qui on doit des titres *Punisher*, *Judge Dredd*, et bien d'autres, mais aussi des créations dont la plus connue reste Preacher. En résumé, un habitué du trash, qui pousse peut-être parfois les choses trop loin.

La série est une réussite destinée aux adultes. On suit avec plaisir, qu'il soit coupable ou totalement décomplexé, les turpitudes d'une bande de guignols qui sont autant de variations trash des membres de la *Justice League*.

Tandis qu'une nouvelle arrivante découvre le côté sombre des 7 sauveurs de l'Amérique en rejoignant leurs rangs, des humains, les fameux Boys, forment un groupe pour contrer les super et les choses dérapent très vite.

Anthony Starr, au centre de l'excellente série B *Banshee*, propose une composition de premier ordre dans le rôle de Homelander, le Superman névrosé et grand leader indestructible de l'équipe.

The Boys a fait un carton d'audience et c'est amplement mérité.

ET LES AUTRES…

Il existe de nombreuses autres séries de super-héros, notamment celles produites et diffusées par le réseau CW aux États-Unis. Même si les deux premières saisons de **ARROW** ou encore **BLACK LIGHTNING** ont leurs qualités, elles ne sont pas déterminantes à mes yeux.

LEGENDS OF TOMORROW, adorée par certains, reste vraiment trop kitsch pour moi, malgré quelques bons moments de comédie.

TITANS, de la plateforme DC et disponible sur Netflix, est sympathique sans être transcendante et je ne connais pas suffisamment **GOTHAM** ou **KRYPTON** pour en parler.

La seule série que j'ajouterais ici en recommandation avec mise en garde, c'est **DOOM PATROL**.

Si vous cherchez de l'originalité poussée à l'extrême et que la structure d'ensemble du récit n'est pas une priorité absolue, c'est très divertissant et différent de tout ce qu'on peut voir par ailleurs dans le genre. Enfin… j'ai quand même ressenti un petit air de famille avec les sympathiques bizarreries d'**UMBRELLA ACADEMY** qui prend son véritable envol dans une magnifique saison 2.

INCLASSABLES ET PERLES RARES

WATCHMEN, LA SÉRIE

Peut-être êtes-vous passé à côté, malgré les vidéos que j'ai inlassablement consacrées à la série durant sa diffusion pour tenter de porter la bonne parole, et surtout prolonger le plaisir de chaque épisode par quelques explications de contexte et analyses.

Damon Lindelof a mené un collectif d'écriture très varié (il insiste énormément sur ce point, je devais donc le rappeler) et cette richesse se retrouve pleinement dans *Watchmen*.
S'attaquer à une adaptation et un prolongement du récit de *Watchmen*, puisqu'on se situe ici 34 ans après les événements du roman graphique, relève forcément d'une part d'inconscience. On sait d'avance qu'Alan Moore ne voudra pas en entendre parler et encore moins voir quoi que ce soit, même si Dave Gibbons a, lui, donné sa bénédiction. C'est un acte de foi.

Damon Lindelof n'a pas tout réussi dans sa carrière (qui pourrait légitimement se targuer d'avoir tout réussi ?) mais entre Lost et The Leftovers, disons qu'il est doté, au bas mot, d'un sacré talent. De toute évidence, il s'est sacrément bien entouré, puisque Watchmen est un aboutissement.

C'est la série qu'on n'aurait jamais imaginé vouloir, mais qui se saisit parfaitement des enjeux essentiels de l'œuvre originale parfois pour les tordre, parfois les prolonger, et les appliquer à une époque différente.

La musique (de Trent Reznor et Atticus Ross) est folle, la prise de risque est folle et, à quelques variations inévitables d'un épisode à l'autre, le résultat d'ensemble est fou. Qui dit reprise de l'ADN de l'original dit forcément discours subversif sur la société, la notion d'héroïsme et les positionnements politiques des différents protagonistes.

On n'a pas vraiment de « gentils », juste des tarés d'un côté et des méga tarés de l'autre. Voire des gigas tarés dans le troisième camp. Excellence dans l'écriture, inventivité visuelle, des acteurs qui se plient en quatre pour faire vivre tout ça et un humour à la petite odeur d'eau de javel.

Tout ça s'accomplit en plongeant le spectateur dans l'incertitude et donc la réflexion, exactement comme l'œuvre originale. Indispensable série, l'une des grandes des dix dernières années. Je vous invite à lire le comics avant pour en profiter au maximum ou, au minimum, voir le film de Zack Snyder.

J'allais oublier de souligner combien les acteurs sont bons.

Regina King, Jean Smart,
Don Johnson,
Tim Blake Nelson,
Jeremy Irons !!!

THE INCREDIBLES / LES INDESTRUCTIBLES

On a failli les oublier ? Impossible. On peut voir et revoir ces films de Brad Bird, que j'ai eu la chance d'interviewer à Annecy à l'occasion de la projection des *Indestructibles 2*, et aucun doute sur la question, ce sont d'excellents films de super-héros. Le premier reste supérieur au second… Eh oui, vous avez deviné, c'est le sempiternel problème du vilain !

Syndrome est un excellent antagoniste dans le premier volet et il incarne à la perfection la jalousie du commun des mortels envers les super-héros. En prolongeant l'allégorie, on peut voir en Syndrome celui qui ne supporte pas de voir d'autres exprimer ce qu'il considère comme un talent exceptionnel dont il serait dépourvu. Pourtant, en se concentrant sur ses propres qualités plutôt que sur sa jalousie, il aurait pu devenir ce qu'il voulait… enfin, vous voyez l'idée.

LEGION

Aussi inclassable que perle rare, j'évoquerai uniquement ici la première saison de *Legion* puisque je n'ai pas fini la suite.

Couleurs, danse, folie, narration déstructurée, mélange des genres, de la comédie à l'épouvante, souvent avec un ton surréaliste inimitable, *Legion* se caractérise par un mot : inventivité. L'ensemble en fait une expérience unique qui explique sans doute à la fois son audience qui reste confidentielle, mais aussi la véritable passion que lui vouent ses fans.
Toute cette créativité excentrique se justifie par le sujet central de la série, à savoir David Haller, alias Légion, l'un des plus puissants mutants de l'univers, qui ne contrôle que très aléatoirement ses pouvoirs.

Derrière *Legion*, on trouve surtout Noah Hawley à qui l'on doit déjà la sublime série *Fargo*. La série est également portée par un casting excellent, mention spéciale pour Aubrey Plaza.
Rien que pour le plaisir d'être surpris, de sortir totalement de ce que vous pourriez attendre d'une « série de super-héros » ou encore pour découvrir un méchant absolument cauchemardesque, je ne peux que vous recommander cette expérience.

SPIDER-MAN: INTO THE SPIDER-VERSE

Pour certains, c'est le meilleur film *Spider-Man* jamais produit, pour d'autres, le meilleur film de super-héros depuis *The Dark Knight* ou même le meilleur tout court. *Spider-Man*: *Into The Spider-Verse* a pris par surprise tous ceux qui ont eu la chance de le découvrir au cinéma tant ses qualités sont flagrantes.

Plusieurs univers parallèles, plusieurs versions de *Spider-Man*, amenées éventuellement à coopérer. Sur cette base, on se retrouve avec un film aux scènes de comédie hilarantes, à l'action virevoltante et à la personnalité visuelle unique, justement parce qu'elle ose aussi se démultiplier en maintenant sa cohérence.

J'aime beaucoup les films live *Spider-Man*, mais je dois bien reconnaître à *Into the Spider-Verse* qu'il reste un cran au-dessus. C'est un parcours sans faute qui permet de mettre l'accent sur Miles Morales, le Spider-Man succédant à Peter dans l'univers Ultimate.

La seule faiblesse du film réside peut-être dans sa vision de Wilson Fisk qui ne m'a que moyennement convaincu dans son design, mais c'est totalement subjectif et ça n'enlève rien aux enjeux ni au rythme parfaitement maîtrisé. Le moins qu'on puisse dire, c'est qu'on sent l'intense amour de *Spider-Man* dans le travail de l'équipe qui a signé cette immense réussite.

Une suite a été annoncée pour le 7 octobre 2022, ainsi qu'un spin-off autour de Spider-Gwen et au moins une série animée.

FOCUS

LE MARVEL CINEMATIC UNIVERSE (MCU)

« Ah ! » comme dirait Denis Brogniart.
Je n'évoquerai pas ici chaque film du MCU, ce serait interminable et l'idée n'est pas de consacrer un tiers du livre à cette construction inédite dans l'histoire du cinéma. Inédite aussi bien sur la forme de cet univers interconnecté qu'en termes de revenus générés avec 20 milliards de dollars de recettes d'exploitation.

Remarque liminaire, j'observe une tendance montante, bien qu'elle reste à mon avis minoritaire, à un rejet en bloc des « films Marvel », notamment chez ceux qui s'y étaient intéressés il y a quelques années. Sans vouloir généraliser, j'ai bien l'impression que ce phénomène, relativement injuste envers les films, s'appuie plutôt sur un changement de perspective et de perception. En 2008, les studios Marvel tentent de faire percer des personnages relativement méconnus, issus d'une culture geek restant minoritaire. À ce moment-là, soutenir ces films était perçu comme « cool » car c'était la montée en puissance d'une forme, si ce n'est de contre-culture, du moins de « sous-culture » telle que perçue dans l'imaginaire collectif.

En 2019, *Avengers: Endgame* est un phénomène mondial, un rouleau compresseur, tout le monde ne parle que de ça. Tout le monde connaît ces personnages. Ce passage, cette transformation, de l'expression d'une culture confidentielle jusqu'à ce statut de mastodonte ultrapopulaire, ne plaît évidemment pas à ceux qui cherchent à se distinguer de la masse par leur appartenance à un clan et leur maîtrise d'un sujet de niche.
À cela s'ajoute évidemment la lassitude d'une bonne proportion du public lambda pour qui ces super-héros prennent trop de place depuis trop longtemps dans le cinéma au sens large. Pour eux, *Avengers: Endgame*, qui marque la fin d'un chapitre, est une parfaite occasion pour exprimer un « ras-le-bol » de cette franchise.
Sans oublier les cinéphiles plus ou moins autoproclamés qui fustigent *ad nauseam* la fameuse « formule Marvel » et une esthétique normalisée à l'excès. Ces films empêchent-ils d'autres productions d'exister ?

Les scénarios du MCU ne sont certes pas les plus surprenants et ils s'organisent sur des schémas narratifs qui ont fait leurs preuves, à savoir le voyage du héros selon Joseph Campbell (voir p. 79), comme environ 95 % de la production hollywoodienne. Davantage d'inventivité et de variations de tonalités, qui serait contre ? D'autant qu'on a déjà des exemples de leurs bienfaits dans les meilleurs films du MCU. Justement, ces meilleurs films quels sont-ils ?

IRON-MAN

« I'm Iron-Man. » Et Bim ! Le pari le plus osé, le succès le plus inattendu et sans doute le plus mérité, avec ce tout premier film réalisé en totale autonomie par Marvel Studios, même si la distribution est alors assurée par Paramount Pictures.

Le casting de Robert Downey Jr est un coup de génie, suffisamment pour motiver Joss Whedon, réalisateur des deux premiers *Avengers*, à aller féliciter Kevin Feige, le président de Marvel Studios, qu'il voit par hasard dans un restaurant.

Le studio a essuyé des dizaines de refus de scénaristes et certains articles estimaient que Marvel pariait sur les seconds couteaux de son catalogue, avec le personnage Iron Man, pour lancer cette aventure. Pas de formule à l'époque, puisque c'est justement Iron Man qui l'aurait définie.
Jon Favreau s'est fait une place chez Marvel en acceptant de relever un défi aussi risqué à la réalisation. Depuis, il multiplie non seulement les apparences dans les films en tant que Happy Hogan, mais surtout les projets chez Disney, avec un certain succès.

Vous le savez (si vous lisez dans l'ordre, ce qui est loin d'être une obligation !) Iron Man fait partie de mes personnages de comics favoris. Quand j'ai découvert le film en salle, j'étais à la fois très excité, tout en ayant vraiment peur d'être déçu, personne ne savait alors à quoi s'attendre ! Quel pied. Quel bonheur.

On remarque au passage qu'on doit la bande originale à Ramin Djawadi qui s'est notamment illustré par la suite sur la musique exceptionnelle de *Game of Thrones*.

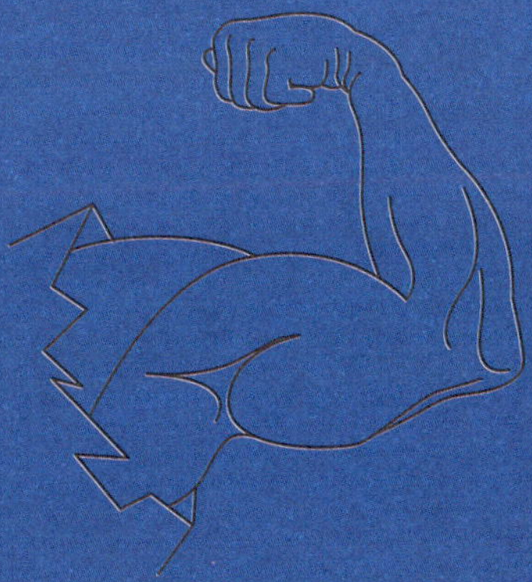

L'INCROYABLE HULK

Même si ne je classe pas ce film parmi les meilleurs du MCU, je tenais à souligner qu'il reste, à mes yeux, beaucoup plus solide que ce qu'on a pu en dire. Louis Leterrier (un homme extrêmement accessible et sympathique que j'avais eu la chance d'interviewer pour son excellente série *Dark Crystal*) proposait une vision tragique et violente du personnage qui, sur le long terme, aurait été bien plus intéressante à creuser. En toute logique avec cette orientation, on retrouve dans la scène d'introduction une référence appuyée à la série télé, puis un caméo de Lou Ferrigno.
En effet, même si Mark Ruffalo est plutôt bon acteur et que Hulk devient un phénomène irrésistible dans *Avengers*, je préfère nettement, avec le recul, la version portée par Louis Leterrier et Edward Norton.
La décision de le cantonner, par la suite, aussi bien Banner que Hulk, à un rôle de ressort comique a durablement abîmé le personnage et compromis sa légitimité. Je regrette aussi énormément la drastique réduction de puissance dont souffre le personnage en comparaison de nombreux comics. Tout le potentiel de *Planet Hulk* ou *World War Hulk* a été gâché.

CAPTAIN AMERICA 1 ET 2

S'il y a bien un personnage auquel je ne m'attendais pas spécialement à m'attacher, c'est bien Steve Rogers, l'incarnation de la caricature du patriotisme américain à outrance avec le nom de plus naze de la galaxie des hommes en collants.

Chaque fois que je revois *Captain America: First Avenger*, l'expérience est meilleure. Chris Evans est étonnamment bon, Hayley Atwell est irrésistible et Joe Johnston assure carrément à la réalisation.

Les scénaristes Christopher Markus et Stephen McFeely continueront ensuite sur *Le Soldat de l'Hiver, Civil War, Infinity War* et *Endgame*. Bon, ok, ils ont aussi commis *Thor: The Dark World*, je ne sais pas ce qu'il s'est passé avec ce film soporifique…
Moi qui adore la fantasy, j'étais la cible idéale et c'est pourtant le pire film du MCU avec *Iron-Man 2*. Enfin…

Revenons à ce bon vieux Steve, formidablement humain, avec toute la partie précédant l'injection du sérum puis son utilisation par l'armée pour la propagande. Quel plaisir ensuite de le voir passer à l'action !
Si j'adore le premier *Captain America*, c'est avec la suite, *Le Soldat de l'hiver*, qu'on atteint le meilleur de ce que le MCU nous a offert jusqu'à présent, même si *Les Gardiens de la Galaxie* et *Avengers: Infinity War* sont également dans un mouchoir.

Steve Rogers est un homme seul, en dehors de son temps. Il essaie de se rattraper, de se raccrocher à cette nouvelle vie, mais hors de question de faire une croix sur ses idéaux. La sécurité et la liberté sont des valeurs et des besoins qui se trouvent parfois en conflit et lorsque la surveillance est sur le point de basculer vers la terreur, Steve Rogers se dressera sur son chemin, seul s'il le faut.
Le passé de Steve le rattrape de la plus brutale des manières avec Bucky Barnes qui a connu l'un des plus tragiques destins du MCU en devenant un soldat conditionné par ses geôliers. Pour Steve, les enjeux éthiques deviennent très personnels avec le retour de ce meilleur ami supposé mort.
Captain ne pourra compter que sur une seule alliée, d'autant plus improbable dans une bataille centrée sur les valeurs morales, en la personne de Natasha Romanoff, la Veuve noire. Le duo fonctionne à la perfection et jamais le studio ne fera l'erreur d'envisager une relation romantique entre les deux amis qui s'enrichissent mutuellement de leurs visions du monde.

Le Soldat de l'Hiver puise aux meilleures sources des comics, on remarque d'ailleurs un caméo du scénariste Ed Brubaker en homme de main d'Alexander Pierce. La présence même de Robert Redford dans ce film n'est qu'un témoignage supplémentaire de son statut à part qui en fait un thriller d'espionnage technologique autant qu'un film de super-héros.

Le MCU prouve définitivement que ses super-héros ne sont pas cantonnés à une tonalité et on apprécie la dose limitée d'humour, bien moins omniprésente dans ce film qu'en moyenne.

Dans la jolie scène de la visite de Steve à une Peggy Carter sur son lit de mort, certaines répliques peuvent même laisser penser que les scénaristes avaient déjà en tête la fin prévue pour Cap dans *Avengers: Endgame*...

Last but not least, ce *Captain America 2* compte certaines des meilleures scènes de combat et d'action jamais vues dans un film de super-héros. Les affrontements contre *le Soldat de l'hiver* et la scène de l'ascenseur sont devenus mythiques et les héliporteurs sont très impressionnants. N'oublions pas l'excellente surprise de retrouver George St-Pierre, l'un des plus grands champions de MMA, en Batroc, un méchant classique des comics, un mercenaire français maître de savate (autre nom de la boxe française, que j'ai longtemps pratiquée).

LES GARDIENS DE LA GALAXIE

Dès la première incursion du MCU dans les aventures spatiales, James Gunn obtient un succès populaire et critique en réunissant l'improbable équipe des Gardiens de la Galaxie. Voilà un film qui joue avec les genres jusqu'à s'en affranchir totalement.
Science-fiction, super-héros, comédie ?
On s'en fiche finalement.

La palette de couleurs habituelles du MCU explose et l'histoire parvient à imposer Rocket et Groot, un duo de créatures numériques, comme les personnages les plus émouvants et drôles vus depuis longtemps.

James Gunn l'a déjà dit, même si Meredith, la mère de Peter, donne au film un fil rouge au travers de sa compilation musicale, Rocket forme le cœur émotionnel du groupe, malgré tous les airs de vieux dur qu'il se donne.

La principale faiblesse qui empêche *Les Gardiens de la Galaxie* de s'imposer comme une référence absolue, c'est la maigreur famélique du développement de Ronan. Lee Pace est un bon acteur, le souci provient plutôt du script et de la simplicité extrême de cette version du personnage.

La suite, *Les Gardiens de la Galaxie 2*, est à mes yeux moins réussie pour trois raisons essentielles. D'abord un problème de rythme avec un deuxième et troisième actes qui se confondent dans une bouillie narrative laissée à cuire trop longtemps sur la surface d'Ego. Ensuite un problème de tonalité et de rapport à la violence, la mort étant présentée comme un spectacle fun quand elle touche des « méchants » qui composaient juste avant l'équipage de Yondu. Enfin, les héros ne risquent jamais rien et les choix comme les enjeux semblent trop artificiels dans le dénouement. Espérons que James Gunn redresse la barre avec le troisième opus.

BLACK PANTHER

Comme trop de films de super-héros, *Black Panther* souffre d'un affrontement final peu convaincant, pourri par un mauvais usage des effets numériques dans une chorégraphie de pantins sans âme dépourvue de tout poids, de toute gravité.
Dommage, d'autant plus qu'Erik Killmonger est un excellent vilain, certes c'est le sempiternel retour de l'inverse du héros doté de capacités similaires, mais leur opposition idéologique sur des sujets essentiels permet d'élever le niveau de leur face-à-face.

Tout le reste du film est extrêmement réjouissant, sur le fond comme sur la forme, avec des décors, costumes et effets saisissants. Les seconds rôles féminins sont un énorme atout et je reste toujours à 100 % d'être partant pour un film centré sur Okoye, incarnée par Danai Gurira, même si rien de tel ne semble prévu.

Il faut apprécier à sa juste valeur le discours sous-jacent sur la fierté d'être non seulement Africain ou d'origine africaine, mais plus spécifiquement une femme africaine. J'avais abordé ces questions dans une vidéo consacrée aux messages politiques et sociaux du film. Pour n'en évoquer qu'un aspect, on a la couleur de peau et la nature de cheveux.

En termes de représentations, il est totalement salvateur de pouvoir mettre en avant, dans un film au succès mondial, des peaux noires qu'on n'a pas cherché à éclaircir, par Photoshop, du maquillage ou des produits toxiques de dépigmentation. Il en va de même pour les cheveux, puisqu'on échappe enfin aux sempiternels lissages et perruques, qui ne sont pas intrinsèquement mauvais, bien sûr, mais dont l'image est devenue une sorte de norme intégrée qui relègue le cheveu crépu à quelque chose qu'il faudrait cacher. Si le sens du geste d'Okoye qui balance sa perruque vous avez échappé, le voilà.

Pour revenir à des considérations plus cinématographiques, *Black Panther* parvient à proposer un traitement plastiquement original et convaincant tout en s'appuyant sur les fameuses étapes du voyage du héros. Pensées pour le regretté Chadwick Boseman.

THE AVENGERS

Rêve d'un fan de comics devenu réalité, un film aussi ambitieux que le premier *Avengers* aurait paru utopique quelques années auparavant.
On doit beaucoup à Joss Whedon qui a ancré la franchise avec un premier opus *Avengers* au succès colossal. C'est un film excitant par bien des aspects, que certains considèrent souvent comme l'un des trois meilleurs films Marvel et souvent LE meilleur.

La dynamique de groupe, c'est le truc de Whedon et ça fonctionne bien. Hulk est présenté avec le respect qu'il mérite en termes de dangerosité, tout en devenant un ressort comique majeur... Au moins, à l'époque, ce n'était pas encore à son détriment. Toutefois, chaque personnage est un peu réduit à une caricature de lui-même, illustré par quelques répliques et une panoplie de capacités.

La musique est une énorme réussite en venant introduire un thème marquant pour l'équipe, quelques notes que les spectateurs reconnaîtront immédiatement par la suite.
Le film laisse de nombreux bons souvenirs, mais, finalement, quelle menace représente vraiment une armée extraterrestre détruite par une seule ogive nucléaire ? Ils espéraient conquérir quoi exactement ces Chitauris ? Uniquement Manhattan ? Ils étaient équipés pour vaincre la police et quelques unités militaires légères, mais guère plus.
Ils sont trop faibles pour présenter une menace crédible, à l'image de Loki.

C'est l'un des points essentiels pour comprendre pourquoi *Avengers: Infinity War* (*IW*) reste à mes yeux le meilleur des films *Avengers* et potentiellement le meilleur film du MCU, en compétition avec *Captain America: The Winter Soldier*.

Le principal protagoniste d'*IW* est Thanos et c'est ce qui donne au film cette puissance d'un train lancée à pleine vitesse sans qu'on sache comment il va pouvoir s'arrêter à temps. Il ne s'arrête pas. Il vient percuter la gare et détruire la moitié des formes de vie de l'univers. Des héros sont vaincus, des héros meurent, des héros sont impuissants ou commettent de graves erreurs.
Thanos a de l'épaisseur, chacun de ses coups résonne, sa présence permet enfin de lourdes conséquences

Voilà ce qui fait d'*IW* un film aussi impactant, surtout parce qu'il arrive après des années de développement de certains de ces personnages, notamment Tony et Steve, et la mise en place de relations fortes entre eux. Steve perd Sam et Bucky, Peter Quill perd Gamora, Rocket perd Groot et Tony perd Peter Parker !

Le duo le plus émouvant était sans doute pour moi Wanda et Vision, ce qui rend d'autant plus satisfaisant le moment de Wanda contre Thanos dans *Endgame*.

Avengers: Endgame est un film incroyable par bien des aspects. Toutefois, un excellent début et une conclusion visuellement époustouflante, avec de grands moments pour les fans, ne permettent pas de fermer totalement les yeux sur un milieu souvent poussif et le massacre des personnages de Thor et Hulk.

C'est justement ce point qui me fait éviter le sujet *Thor: Ragnarok*. C'est un film drôle, bien construit, avec une Cate Blanchett totalement baroque, mais j'ai toujours du mal à ne pas y voir le total gâchis des comics *Planet Hulk* et, forcément, *World War Hulk*.

LE FUTUR DES FILMS DE COMICS

A-t-on vécu un âge d'or des films de super-héros pour aller inexorablement vers un déclin ? Je ne parierais pas aussi rapidement contre eux.

En termes de contenu, on s'oriente plutôt vers un accroissement de l'offre, notamment via les séries Marvel qui seront connectées au MCU tout en étant directement chapeautées par Kevin Feige. De nombreux personnages pourront être introduits et développés. En explorant des structures de narration différentes et en proposant des tonalités nouvelles, ces séries devaient être sources de variété, au minimum formelle.

C'est sans doute de la série animée ***What if...?*** qu'on peut attendre le plus d'inventivité, puisque le principe consiste à réinventer des morceaux de l'histoire de Marvel en imaginant un déroulement différent.

On sait aussi que ***WandaVision*** oscille entre la sitcom et le blockbuster psychédélique explorant les pouvoirs magiques qu'on n'a fait qu'effleurer dans le film *Doctor Strange*.

Beaucoup attendent avec impatience ***Doctor Strange in the Multiverse of Madness*** dont la réalisation a été confiée à Sam Raimi. Si vous voulez vous faire une petite idée de ce dont il est capable dans un mélange d'horreur et de super-héros, c'est *Darkman* qu'il faut dépoussiérer dans sa filmographie.

Outre les univers parallèles et possibilités sans limites, la phase 4 du MCU reposera beaucoup sur le succès que rencontrera ***Eternals***, qui pourrait bien ouvrir vers des films à inspiration mythologiques ou historiques, les possibilités sont vastes.

La perspective d'un véritable film d'arts martiaux vient titiller le fan de coups de tatane qui sommeille en moi, avec ***Shang-Chi and the Legend of the Ten Rings*** qui est généralement négligé dans les attentes exprimées par les fans.

Toujours chez Marvel, on sait bien que le rachat de la Fox a permis au studio de récupérer les droits de personnages essentiels de la maison des idées, comme les 4 Fantastiques et les X-Men…

Du côté de Warner et DC, beaucoup va dépendre de la nouvelle approche de ***The Batman*** promise par Matt Reeves qui a pris un risque avec Robert Pattinson et nous promet une approche mettant l'accent sur les capacités de détective de Bruce Wayne. J'ai hâte de découvrir le résultat, tout en sachant que l'exemple de *Joker* va sans doute décomplexer le studio du côté de projets originaux ne s'inscrivant pas nécessairement dans un univers partagé.

Sony tente aussi de développer un univers autour de Spider-Man et des nombreux personnages rattachés à lui en termes de droits. ***Venom : Let There Be Carnage*** et ***Morbius*** vont en ce sens. On ne sait toujours pas si Peter Parker rencontrera Eddie Brock, mais il est certain que c'est ce que souhaite Sony et avec les notions de multivers, il serait étonnant qu'on ne finisse pas par y assister.
Comme toutes les tendances du cinéma, un moment viendra où le public se lassera et les studios délaisseront ces personnages, pour mieux les ressortir dix ou vingt ans plus tard.

4

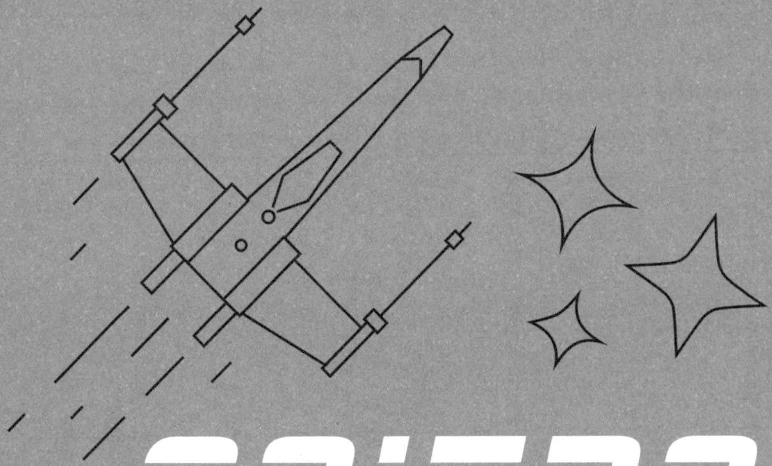

SCIENCE-FICTION

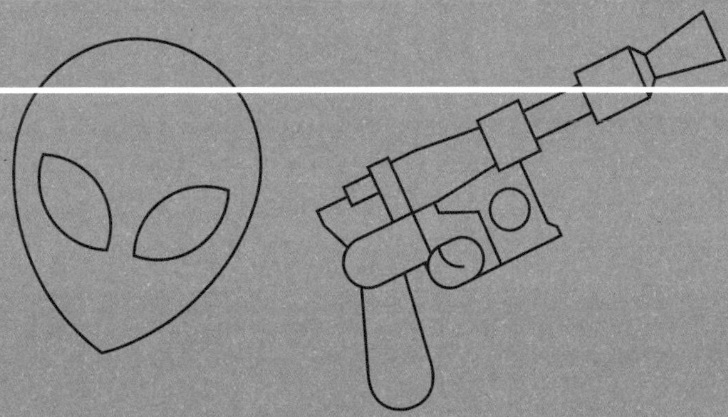

4 | SCIENCE-FICTION

Vous imaginez un monde où existerait une définition simple de tout ce que recouvre le terme « science-fiction » ?

C'est de la science-fiction.

Space opera, anticipation, uchronies, dystopies, cyberpunk, *hard SF*, postapocalyptique et j'en passe. La science-fiction regroupe des catégories extrêmement variées, à tel point que l'idée d'aimer la science-fiction dans son ensemble n'a que relativement peu de sens, même s'il reste possible d'apprécier chacune de ces déclinaisons.

La science-fiction croise assez régulièrement d'autres genres, notamment en cinéma. Ainsi, *Star Wars* relève autant de la fantasy que du *space opera*, *Alien* est aussi (ou avant tout ?) un film d'horreur, *La Folle Histoire de l'espace* est une comédie parodique de SF...

On trouve souvent des thèmes de science-fiction dans les mangas et anime, sachant que je n'y reviendrai pas ou très peu puisqu'un chapitre est consacré à ces supports de la pop culture (essentiellement) japonaise.

Comme vous sans doute, je trouve dans la science-fiction des satisfactions très variées qui dépendent des sous-genres bien sûr, mais surtout de ce que chaque œuvre peut m'apporter.

À ce titre, je serais bien en peine de choisir un sous-genre favori, même si j'ai sans doute une certaine inclination pour tout ce qui relève des questionnements sur l'évolution réelle de l'individu et de la société en interaction avec des possibilités technologiques en constante évolution.

Nos définitions de l'humanité et de la vie collective vont-elles dépendre de ce que nous ferons du progrès scientifique ?

POP CORN
CP
Made by Jérémy & Alexandre

LA SCIENCE-FICTION : GROS ROBOTS ET VAISSEAUX SPATIAUX

Je vous ai déjà parlé de Golodrak, Albator ou encore Ulysse 31 en traitant des anime, et c'est clairement là qu'on trouve l'éveil d'un intérêt précoce pour des thèmes qui relèvent sans aucun doute possible de la SF. J'ai appris récemment que les frères Joe et Anthony Russo travaillaient à une adaptation live de La Bataille des planètes. Voilà comment réunir anime, super-héros et science-fiction en une nouvelle.

FLASH GORDON

Une star du football américain, une journaliste et un scientifique cherchent à empêcher la collision entre la planète Mongo et la Terre. La routine. Malheureusement, la fusée du scientifique s'écrase sur Mongo, dirigée d'une main de fer par le sinistre Ming.

En France, dès 1936 les aventures de *Flash Gordon* en bande dessinée sont traduites et on le connaît sous le nom de « Guy l'Éclair ». Je pense qu'on a déjà là un bon résumé de l'incroyable aura glamour qui définit si bien le personnage. Bon, je me moque, mais je suis sûr que Sam Jones, l'interprète de Flash dans le film de 1980, a fait son effet sur tout un public.

C'est évidemment ce film que je souhaite évoquer ! Si je l'avais adoré, il faut rappeler pour ma défense que j'étais alors très jeune. Je suis certain de l'avoir découvert sur grand écran, mais il me semble impossible d'avoir pu le voir à sa première sortie de 1980… Mystère.

J'avais été très marqué par la scène où le héros doit mettre sa main dans une souche où vit une créature à la morsure (ou piqûre ?) mortelle. J'y ai immédiatement repensé, bien plus tard, avec *Dune*.

"Flash, aaaah, aaaah… savior of the universe!"

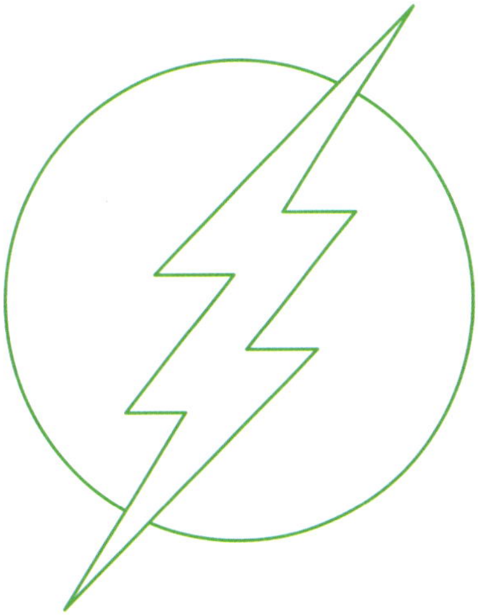

Le film est tellement ridicule qu'il conserve une forme de charme nanardesque.

Si vous cherchez du clinquant, des effets pourris, des hommes oiseaux et un héros qui combat des soldats de l'espace avec des mouvements de football américain, vous serez comblé.

En réalité, il n'y a que quelques raisons valables de se souvenir de *Flash Gordon* et la première c'est évidemment la musique de Queen. Le groupe avait parfaitement conscience du côté volontairement kitsch du film et ils acceptèrent de composer et d'interpréter la bande-originale après visionnage des vingt premières minutes.

Autre raison de voir le film : les costumes ridicules, mais aussi révélateurs, notamment celui d'Ornella Muti, qui les porte à merveille. Timothy Dalton est aussi de la partie. On se demande ce qu'il fait là, mais il a la classe, comme toujours.

Le film a même un petit côté sado-maso refoulé très étrange, et puis quand même, on a une expression du racisme anti-asiatique dans toute sa splendeur avec ce « péril jaune » incarné par l'Empereur Ming – Max von Sydow, qui devait donc avoir des origines chinoises ? Paix à son âme.

J'ai été amusé de découvrir que l'actrice Melody Anderson a joué dans plusieurs des œuvres de SF qui ont marqué mon enfance avec *Flash Gordon*, *L'âge de Cristal* et *Galactica*. Vous irez vérifier sa tête sur Internet, c'est sûr !

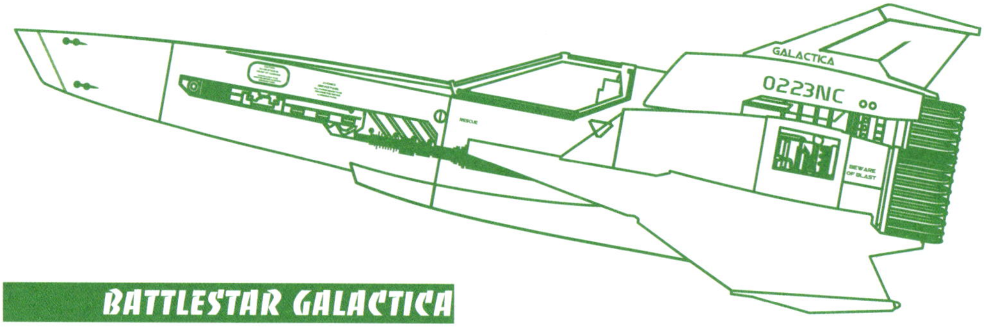

BATTLESTAR GALACTICA

Avant l'excellent remake de 2004 sur lequel je reviendrai évidemment pour les chocs déterminants de la SF, j'étais déjà un jeune spectateur assidu de la série originale baptisée *Galactica* en français, que j'ai dû découvrir lors de sa rediffusion de 1987.

Pour moi, c'étaient les aventures d'Apollo et de Starbuck, à tel point que, bien plus tard, lorsque j'ai joué au jeu de rôle papier *Star Wars*, j'ai nommé mon personnage « Maximilian Starbucks ».

Comment ça, on s'en fout ? C'est mon livre, je fais ce que je veux.

La série est clairement inspirée de l'épisode biblique de l'exode – on y trouve des références religieuses – mais aussi à la mythologie grecque, ce que reprendra élégamment le remake.

Quitte à évoquer les inspirations, il faudrait pourtant commencer par *Star Wars*, avec des ressemblances telles qu'elles ont poussé la 20th Century Fox à intenter un procès contre Universal Studios. George Lucas lui-même a menacé de poursuites le studio qui était en charge des effets numériques et qui avait été formé par un ancien d'ILM.

J'étais amusé de retrouver l'acteur Dirk Benedict en Futé de *L'Agence tous risques* (qui inclut un Cylon qui se promène dans l'épisode 10 de la saison 2, séquence ensuite reprise au générique des saisons 3 et 4).

La A-Team regarde même un passage de Galactica sur la télévision d'un motel dans un autre épisode.

BUCK ROGERS ET L'ÂGE DE CRISTAL

La mémoire joue souvent des tours. J'étais persuadé d'avoir vu un androïde se faire jeter en pâture à une pieuvre géante des sables dans *L'Âge de cristal*, mais c'était en réalité dans un épisode de *Buck Rogers*, avec Jamie Lee Curtis qui plus est !

Buck Rogers est avant tout une comédie, presque une comédie romantique, puisque l'essentiel du suspense consiste à savoir si ce sacré Buck au poitrail viril va préférer le colonel Wilma Deering ou la Princesse Ardala.

Enfant, j'étais surtout amusé par Twiki le robot qui ne s'exprimait que par des « bidi-bidi » et par les quelques affrontements bizarres qui émaillaient les épisodes.

Quant à *L'Âge de cristal*, à part un véhicule qui se promène dans le désert, un héros en pyjama, un androïde aux sourcils broussailleux et une héroïne blonde et court vêtue, je ne me souviens pas de grand-chose.

Enfin, plus précisément d'avoir été fasciné en voyant un épisode chez des voisins de mes grands-parents. Je jouais parfois avec les enfants de ce foyer, et j'ai tenté de les convaincre pendant plusieurs jours que j'étais un robot déguisé en humain. Je pense que l'idée m'était venue de *L'Âge de cristal*. Ma ruse a moyennement fonctionné.

De base, *Logan's Run*, le titre original, est un roman d'abord adapté en film en 1976, puis en série par les auteurs du roman eux-mêmes, l'année suivante. L'idée centrale est intéressante avec sa dystopie cachée sous des airs d'utopie et sa réflexion sur le prix de la sécurité et l'insouciance. En effet, on y trouve une société hédoniste qui abat systématiquement chaque personne atteignant 30 ans (21 ans dans le roman) sous couvert d'une cérémonie d'élévation spirituelle.

Petit conseil d'ami, si vous voulez éviter une crise d'épilepsie ou de perdre toute confiance dans la musique de l'époque, ne regardez surtout pas le générique d'intro de L'Âge de cristal.

Regardez plutôt celui de L'Homme qui valait 3 milliards. De rien.

STAR TREK ET COSMOS 1999

Il est scandaleux de classer ensemble ces deux séries ! C'est sans doute ce que se diront certains Trekkies, mais pour moi, à l'époque, il s'agissait juste de deux vieilles séries dans l'espace, encore et toujours avec des gens en pyjamas, mais qui, parfois, semblaient poser des questions intéressantes sur la nature humaine ou des questions philosophiques.

En 1999 (futur antérieur ?), les stocks de déchets nucléaires accumulés sur la Lune explosent (bah si !) ce qui la propulse dans l'espace, avec les 311 clampins qui vivaient sur la base lunaire. Avouez, c'est pas de bol.
La première des deux saisons est considérée de loin comme la meilleure. Le problème de *Cosmos 1999*, c'est que les deux acteurs principaux foutent grave le seum, si je peux me permettre.
La seconde saison était peut-être plus bête, mais, gamin que j'étais, j'avais beaucoup apprécié l'introduction d'un personnage polymorphe, Maya, même si c'était au prix de sourcils improbables et de favoris qui donnaient l'air à l'actrice d'avoir une barbe. La capacité de se transformer en n'importe quelle créature est tellement énorme que je la trouvais souvent sous-exploitée. On aurait pu avoir, au minimum, Maya l'abeille.

Enfin, elle était toujours plus cool que l'alcoolo de service de l'*Enterprise*, le Docteur Leonard McCoy. Cela dit, j'aimais beaucoup Monsieur Spock, son intelligence et sa force surhumaine. Heureusement qu'il était là pour contrebalancer la banane du Capitaine Kirk interprété par l'inénarrable William Shatner, 5e dan de ventre rentré face caméra.
Pour moi, *Star Trek* était distrayante, mais, à mes yeux de l'époque, elle restait un vieux machin un peu désuet avec quelques créatures visuellement ridicules, des épisodes souvent lénifiants, couronnés par une petite morale qui cassait souvent les pieds.

Je n'ai jamais poussé plus loin ma découverte de l'univers *Star Trek*, totalement découragé par son immensité hallucinante et mon ignorance initiale. Enfin, disons que je connais les bases, mais que Picard reste pour moi synonyme de surgelés avant de m'évoquer Patrick Stewart.

LA QUATRIÈME DIMENSION ET AU-DELÀ DU RÉEL

La série
AU-DELÀ DU RÉEL (THE OUTER LIMITS)
est clairement un prolongement de *La Quatrième Dimension* (*The Twilight Zone*). Si l'approche de cette dernière se voulait plus centrée sur les choix et comportements individuels, elle ne manquait pas pourtant de subtilement pointer certaines dérives de la société.

Encore des séries pour lesquelles j'étais bien trop jeune pour les apprécier à leur juste valeur… Toutefois, je comprenais souvent la leçon qui concluait généralement les épisodes avec leurs fins ouvertes ou carrément angoissantes pour les protagonistes.

LA QUATRIÈME DIMENSION (qui est une bien mauvaise traduction, sachant que la quatrième dimension désigne tout simplement le temps) date des années 1960, mais c'est dans l'émission *Temps X*, des frères Bogdanov, dans les années 1980, que je l'ai découverte pour la première fois. J'avais l'impression de voir un programme pour adulte (ce qui était totalement vrai) et je regardais même si ça me faisait souvent un peu peur. C'était tellement sérieux toutefois qu'il me fallait autre chose de plus léger à voir après un épisode. Ces récits édifiants et autres contes moraux doivent énormément à Rod Serling, qu'on connaît comme le narrateur qui semblait parfois se situer aussi bien dans l'histoire qu'en dehors et qui s'adressait aux téléspectateurs, en brisant le quatrième mur, parfois même en présence de personnages du récit, médusés par son apparition. On le voyait uniquement en fin d'épisode sur la première saison, puis aussi bien en introduction qu'en conclusion pour les saisons suivantes.

Rod Serling était surtout le créateur de la série et le scénariste de 59 % des épisodes de la série (92 épisodes écrits !). Connu pour ses positions politiques et sociales progressistes, Rod Serling s'est souvent heurté à la pression des chaînes qui devaient répondre aux exigences des annonceurs publicitaires de ne surtout choquer aucun client potentiel.
La science-fiction s'est révélée être pour lui le parfait média, comme ce fut souvent le cas dans l'Histoire, pour proposer une vision critique de la société réelle.

En général, j'ai toujours eu une préférence pour la subtilité des épisodes de *The Twilight Zone* en comparaison de ceux de *The Outer Limits*. De nombreux acteurs destinés à la célébrité sont d'abord passés dans un épisode de *La Quatrième Dimension* qui est encore maintenant considérée comme une série majeure de l'histoire de la télévision.
Je me souviens avoir été marqué par l'épisode *The After Hours*, qui raconte le parcours d'une jeune femme qui se révèle finalement n'être qu'un mannequin de magasin. *Time Enough at Last* m'a aussi laissé un (vague) souvenir en mettant en scène un homme qui rêve d'être tranquille et se retrouve comme dernier survivant sur Terre. Il y a également plusieurs épisodes qui traitent de la chirurgie esthétique et de la dictature d'une perception sociale aussi hypocrite que subjective… une série souvent visionnaire.

V

Les Visiteurs ! « Quelle drôle d'idée de passer de *La Quatrième Dimension*, œuvre majeure, à *V*, série B, voire Z ! » Absolument pas. L'idée même de *V* découle d'un concept déjà exploré par un épisode de *La Quatrième Dimension* : des extraterrestres qui se présentent comme des sauveurs alors qu'ils veulent simplement nous bouffer.

J'avais 8 ans lorsque *V* est arrivée à la télévision et mes copains et moi étions totalement à fond. Les vaisseaux mères gigantesques étaient tellement impressionnants, de même que les scènes de peau synthétique arrachée ! Le régime, faussement amical et complètement totalitaire, de ces reptiles camouflés renvoyait de façon très claire au IIIe Reich hitlérien. Toutefois, même chez ces créatures, il y avait des gens bien intentionnés, ce qui ajoutait une véritable profondeur au récit.

C'était un grand plaisir de suivre des héros souffrant d'un rapport de force nettement défavorable. Le contexte d'une résistance face à un oppresseur tout puissant offre de belles opportunités narratives, entre suspense, héroïsme, solidarité et tentation de la collaboration.

Marc Singer était convaincant en Mike Donovan, ce journaliste qui se révèle un parfait homme d'action, sans oublier son rival, Ham Tyler, incarné par l'éternel guest-star, Michael Ironside en antihéros, bien sûr. À noter également la présence de Robert Englund qui deviendra célèbre pour son interprétation de Freddy Krueger.

CAPTAIN POWER ET LES SOLDATS DU FUTUR

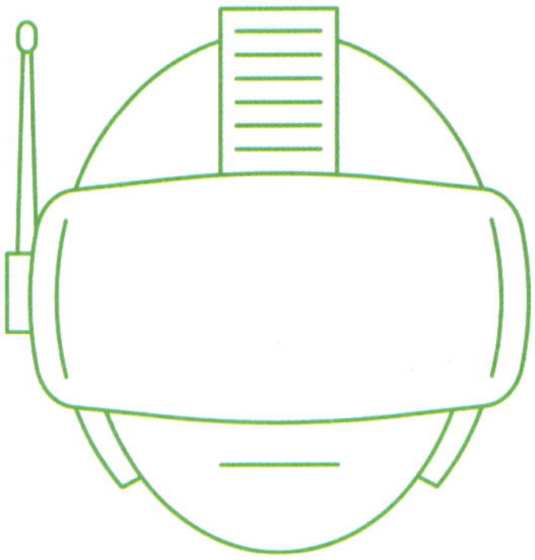

Attention, c'est collector. *Captain Power* piochait allégrement entre *Bioman* et *Terminator* en mettant en scène un monde postapocalyptique dans lequel l'humanité avait été presque anéantie par les machines, les biotrons, menées par un humain devenu cyborg.

Les spécificités de cette série résidaient dans l'utilisation d'images de synthèse (notamment pour Soaron, un méchant que j'aimais beaucoup) et un caractère interactif qui permettait, en théorie, aux spectateurs de viser des cibles sur la télévision !
Pour cela il fallait acheter des jouets Mattel très chers et même si j'étais très gâté dans mon enfance, je n'avais pas ceux-là, ce qui était évidemment un peu frustrant, même si je comprenais déjà assez bien le caractère fumeux du concept.

Même si on était loin du chef-d'œuvre, la série restait nettement moins bébête que *Bioman* ou *Power Rangers*. Elle présentait ses protagonistes comme des adultes et abordait des thèmes plus durs, notamment la capacité à se sacrifier.

J'ai surtout voulu évoquer ici cette série parce que, pendant un temps, j'avais tout simplement oublié son existence jusqu'à ce moment de redécouverte qui vous fait dire :

« Oh, mais je me souviens de ce truc ! »

STARGATE SG-1

Autre série devenue largement culte pour de nombreux spectateurs, mais que je n'ai suivi assidûment que sur ses deux premières saisons et plus sporadiquement ensuite. Le principal attrait résidait à mes yeux dans la participation de Richard Dean Anderson qui a marqué beaucoup de gens dans son rôle de *MacGyver*. Ah, *MacGyver* et son générique d'anthologie...

Avec dix saisons, les scénaristes ont su développer un ensemble de mythes, notamment autour de l'Alliance des Quatre Races qui pioche dans la fascination pour l'idée de peuples extraterrestres très puissants ayant atteint l'apogée de leur civilisation des millions d'années avant l'avènement de celle des humains.

Il s'agit surtout d'une intelligente prolongation du thème central du film *Stargate* avec cette notion d'extraterrestre se faisant passer pour des divinités.

Les Goa'ulds, ça va bien cinq minutes, mais les Réplicateurs puis les Oris forment des adversaires redoutables. L'équilibre entre aventures épisodiques, trame de fond évoluant doucement et évolutions émotionnelles du groupe SG1 a fini par me lasser, même si je ne doute pas de la richesse de la série, avec cet univers étoffé au long cours.

LES CHOCS DÉTERMINANTS DE LA SF

LES FILMS

C'est sans doute ici qu'il me faut avouer que je ne suis pas un grand lecteur de science-fiction et que mon amour pour elle passe essentiellement par le cinéma et les séries. J'ai bien l'intention de me soigner et je garde heureusement quelques chocs littéraires dans un genre qui compte tellement d'œuvres majeures qu'il me reste à découvrir.

LA GUERRE DES ÉTOILES

J'ai bien du mal à me rappeler avec certitude quel film de la saga *Star Wars* j'ai vu en premier. Je pense qu'il devait s'agir d'*Un nouvel espoir*, à la télévision, à une époque où tout le monde le connaissait simplement sous le titre *La Guerre des étoiles* et où tous les Français appelaient le personnage d'Harrison Ford « Yan Solo ». Ce dont je suis sûr, c'est que j'ai vu *Le Retour du Jedi* au cinéma, à sa sortie en 1983 et j'ai totalement adoré.

Je ne me définirai pas du tout comme un fan hardcore de *Star Wars*. En réalité, je ne pense pas être un fan hardcore de quoi que ce soit, dans la mesure où je n'ai jamais développé une obsession me poussant à tout connaître ou tout collectionner sur un sujet.
Des sujets de recherche et de savoir, l'univers de *Star Wars* n'en manque pas. Ce que j'en retiens avec simplicité, ce sont les émotions prodiguées par ces films alors que j'étais inconscient de l'empreinte qu'ils laisseraient ou avaient déjà laissé sur le cinéma.

Si Star Wars fonctionne aussi bien, notamment la première trilogie, c'est parce qu'on y retrouve une quête initiatique issue des grands mythes de la fantasy, les rebondissements et l'énergie d'un film de cape et d'épée, tout le grandiose du space opera et un propos sur la sagesse face à la puissance militaire.

Le film est porté par sa naïveté et par des interprètes parfaitement choisis. Surtout, sa logique narrative et son dynamisme ont été sauvés d'un chaos initial par un énorme travail de montage qui a bien sûr été validé par George Lucas, mais qui a d'abord été mené par Paul Hirsch, Marcia Lucas et Richard Chew. Pour plus d'informations à ce sujet, je vous renvoie à la vidéo YouTube « How Star Wars was saved in the edit. »

C'est évidemment *L'Empire contre-attaque* qui reste le meilleur film de la saga à mes yeux. Quant à mes personnages favoris… Je dirais instinctivement Han Solo, mais vient ensuite l'idée que Dark Vador/Darth Vader est le méchant le plus marquant du cinéma et qu'Obi-Wan Kenobi est quand même un sacré personnage, sans oublier Yoda…

D'autres ont déjà parlé en long en large et en travers de la prélogie et de ses problèmes, que ce soit son aspect lisse du fait du tout numérique, ou ses dialogues terriblement plats et rigides. Le message politique est simplifié alors qu'il est au cœur de l'intrigue, quant à la conversion d'Anakin au côté obscur, elle manque également de subtilité, de pièges que Palpatine aurait pu tendre au jeune homme. Au lieu de ça, il semble simplement lui proposer une carte adhésion privilège au club des puissants méchants.
Certains personnages (Qui-Gon Jinn, Darth Maul !) et certaines scènes de la prélogie restent mémorables, mais on sent que ces films manquent d'autres points de vue qui auraient pu venir enrichir et nuancer celui de George Lucas, seul maître à bord.

Concernant la nouvelle trilogie, lancée par *Le Réveil de la Force*, j'en ai déjà largement parlé en vidéo. L'absence d'une vision d'ensemble et d'une feuille de route scénaristique pour les trois films a abouti à un sacré foutoir. C'est souvent joli, parfois surprenant (pas toujours dans le bon sens) et ça reste spectaculaire. Malheureusement, l'ensemble est bancal, parfois contradictoire, dénué de cohésion, en piochant trop dans la redite et en hésitant entre le vaguement ennuyeux et la course effrénée pour éponger les dégâts.

LA PLANÈTE DES SINGES ET 2001, L'ODYSSÉE DE L'ESPACE

Deux films majeurs de la science-fiction sortis la même année, 1968. Pas franchement les films les plus optimistes du siècle, même si les interprétations sur *2001* sont un peu plus sujettes à discussion.

On le sait, la science-fiction est souvent utilisée par les artistes pour mettre en garde, dénoncer ou les deux. Ce n'est pas pour autant qu'il faudrait dénigrer ou regarder de haut les œuvres qui se concentrent sur leur intrigue au premier degré plus que sur un message.

Si j'ai choisi de mettre ces deux films face à face, c'est parce qu'ils me semblent à la fois opposés sur la forme et complémentaires quant à ce qu'on apprécie dans la SF.

2001, L'Odyssée de l'espace fut un choc visuel à l'époque, tout simplement en ouvrant la voie au film de SF réaliste, qu'on peut classer clairement dans la *hard SF*. Stanley Kubrick est un réalisateur exceptionnel et ça se ressent dans la composition de certains plans célèbres. Seul un homme en total contrôle de son œuvre a pu sortir un tel film sans que son travail ne soit repris. Qui oserait maintenant proposer des plans aussi longs, un film aussi lent, presque dénué de dialogues, pour un énorme budget ?

Visuellement novateur, notamment dans sa dernière partie, *2001* est surtout intellectuellement stimulant. L'évolution de la race humaine serait due à une influence extraterrestre. Pour Kubrick, fondamentalement, de l'os à l'intelligence artificielle, l'être humain reste pourtant un idiot, qui cherche, via la domestication du monde et le contrôle de son prochain, à faire taire ses peurs intimes et ancestrales.
Cette expérience de cinéma s'adresse à tout le monde, mais tout le monde n'a pas vocation à y adhérer. C'est bien trop lénifiant, voire pontifiant. Le film n'en reste pas moins magistral, même hypnotisant pour certains. C'est une expérience que Stanley Kubrick a poussée dans les derniers retranchements de sa logique visuelle et scénaristique.

La Planète des singes reste visuellement bien plus sage et se concentre sur une narration au premier degré qui tient le spectateur en haleine. Moins formellement ambitieux, moins scénaristiquement ennuyeux.

Pour autant, le message est bien là et la chute du film m'avait frappé de stupeur quand je la découvris pour la première fois, tout gamin, sur la télévision de mes grands-parents.

J'étais déçu, habitué aux happy ends et aux héros triomphants. L'astronaute n'allait-il donc pas rentrer chez lui ? Que lui arriverait-il ensuite ? C'était quoi ce film qui me laissait ainsi en plan ?

Plus tard, on saisit la critique sociale et religieuse très percutante de ces Singes qui sont tellement humains dans leur ignorance, leurs croyances froussardes, leur soif de pouvoir, mais aussi leurs étincelles de bonté.

RENCONTRES DU TROISIÈME TYPE ET E.T.

On peut dire que les extraterrestres intéressent Steven Spielberg. Je pense même qu'il les aime. Certes, il y a eu, plus tard, La Guerre des mondes, mais Steven Spielberg avait été un véritable précurseur de l'alien sympathique avec deux de ses films majeurs.

Avec le recul, je pense avoir été tellement ému par *E.T.* que j'en ai presque conçu une forme de rejet par la suite. J'ai très peu revu le film, je ne suis même pas sûr de l'avoir vu entièrement plus de deux fois.

Justement, s'il y a un seul reproche que je pourrais faire à cet immense classique, c'est certainement de trop jouer sur la corde sensible. La thématique s'y prête énormément, sachant qu'on peut voir beaucoup de l'enfance de Steven Spielberg dans ce film qui est une ode à l'amour. Un amour maternel qui se confond avec l'amour universel qui permet de transcender toutes les différences, même celles qui séparent l'enfant de l'extra-terrestre.

Que dire de la composition de John Williams ? Il s'amuse à s'autoréférencer avec « *La Marche impériale* » (le thème de Dark Vador / Darth Vader) qu'on devine quand apparaissent les poursuivants humains d'E.T. dans l'introduction.

En revoyant certaines scènes, j'étais amusé de reconnaître Erika Eleniak d'*Alerte à Malibu* dans le rôle de l'amour d'enfance d'Elliott, qu'il embrasse après avoir libéré les grenouilles prêtes à se faire disséquer. Et dire qu'on a failli y voir Harrison Ford dans le rôle du principal d'Elliott… Couper Harrison au montage, qui peut se le permettre, à part Spielberg ?

Après avoir vérifié ce qu'était devenu Henry Thomas qui est exceptionnel dans le rôle d'Elliott, j'ai découvert qu'on l'avait revu récemment dans le rôle de Hugh Crain jeune, le père de famille de la série Netflix *The Haunting of Hill House*.
On sait évidemment l'impact d'*E.T.* sur la culture populaire, avec les exemples récents de Super 8 de J. J. Abrams ou encore *Stranger Things* des frères Duffer.

Ah ! J'allais oublier. Il y a un autre reproche qu'on peut faire à *E.T.*, celui d'avoir enterré *The Thing* de John Carpenter et *Blade Runner* de Ridley Scott au box-office… Il faut dire que 1982 fut une année incroyablement riche pour le cinéma (*Conan*, *Dark Crystal*, *Rambo*, *Tron*…).

La possibilité de communiquer par-delà les différences se retrouve au cœur de *Rencontres du troisième type*, sorti en 1977. Ce film est fascinant par sa capacité à susciter l'émerveillement et en faisant monter l'anticipation pour ce premier rencard intergalactique sponsorisé par Bontempi.

Richard Dreyfuss est possédé par cette vision qui reste sur le bout de la langue de son esprit, obsession insaisissable pour ce qui serait, objectivement, le plus important événement de l'histoire de l'humanité.

Jamais sculpture de purée n'avait autant envoyé la sauce.

BLADE RUNNER

Monument du cyberpunk, accomplissement visionnaire du cinéma, *Blade Runner* est un de mes films préférés. Il parvient même parfois à trouver grâce aux yeux des cinéphiles des grands classiques.
Bon, ok, adapter les écrits de Philip K. Dick est généralement un point de départ idéal pour un commentaire saisissant sur les enjeux sociaux du futur, mais toutes les adaptations ne deviennent pas *Blade Runner*. Sans compter que Ridley Scott a avoué ne pas avoir lu *Les androïdes rêvent-ils de moutons électriques ?*.

Entre film noir (post-noir ou néo-noir, peu importe), une Rachel tout droit sortie des années 1950 et cet environnement urbain qui nous fait planer sur les vapeurs de kérosène comme sur la musique de Vangelis, avant de nous étouffer dans ses ruelles, *Blade Runner* fait partie de ces rares films de SF qui parviennent à effleurer l'intemporel et à tenir le choc, près de 40 ans plus tard. Ok, *2001, L'Odyssée de l'espace* atteint les 50 ans, mais je préfère la prise de risque de *Blade Runner*.
Dans ce qu'on appelait un « cours d'ouverture » à Science Po, un cours de cinéma animé par Michel Estève, j'avais choisi *Blade Runner* comme sujet d'essai. Pour la première fois, je devais prendre un vrai recul pour analyser un film dont j'aurais dit auparavant qu'il m'avait plu, tout simplement. J'avais mis en avant l'imagerie religieuse qu'on retrouve autour des réplicants, anges déchus à la fois incarnations et victimes des dérives morales de cette société du futur.
La définition de l'humanité et de la conscience, voilà un thème qui me passionne et qui est traité ici avec nuance. L'omniprésence de l'œil, notamment celui de l'ouverture, celui de l'homme en haut de la pyramide (Illuminati !), vient renforcer ces références, tout en soulignant tout au long du film le caractère trompeur des apparences.

Je ne vais pas être très original, les deux versions que je retiens sont le *director's cut* de 1992 et le final cut de 2007, sachant que la séquence de la Licorne (coucou *Legend* !) et la suppression de la voix off me semblent indispensables à la vision que je garde du film.

BRAZIL ET L'ARMÉE DES 12 SINGES

J'ai déjà cité rapidement *Les aventures du Baron de Münchausen* dans le chapitre *Fantasy*, mais ici, Terry Gilliam revient en force avec deux films majeurs que dix ans séparent.

Brazil est un film de 1985, mais je l'ai vu bien plus tard, au hasard d'une diffusion télé de deuxième partie de soirée. J'avais une vingtaine d'années, je ne savais rien du film. Je ne voulais pas me coucher trop tard, j'ai commencé et c'était cuit. Impossible de ne pas le voir jusqu'au bout.
Sam Lowry cherche à séduire la femme vue dans ses rêves, alors que son quotidien est celui d'un minuscule rouage dans une immense et stupide machinerie sociale kafkaïenne...

À la fois bouleversant, hilarant et effrayant, voilà le cocktail rare que propose ce long-métrage au titre formant le parfait oxymore avec son propos, entre ce Brésil de chanson, fantasmé, et dystopie grise à en pleurer. Puis il y a Robert De Niro en plombier.

L'Armée des 12 singes, de 1995, s'appuie sur le court-métrage *La Jetée*, que Terry Gilliam ne verra pas pour éviter de trop s'en inspirer. L'humanité a été décimée par un virus et les scientifiques du futur cherchent à lui trouver un remède. Pour ce faire, ils envoient des « volontaires » dans le passé...

Brazil et *L'Armée des 12 singes* ont en commun des thématiques chères au réalisateur, même s'il n'a pas participé au scénario du second. Un homme qui confond rêve et réalité d'un côté, un homme qui pense devenir fou de l'autre, sous l'effet des voyages dans le temps. Au fond, c'est sans doute le monde dans lequel évoluent ces personnages qui est véritablement fou. Deux dystopies, dont l'une se double d'un contexte postapocalyptique.
Les émotions simples sont broyées, le rapport direct au monde brisé par une interface bureaucratique et scientifique développée par l'homme. Une interface dont il a totalement perdu le contrôle, en supposant qu'il ne l'ait jamais eu. Terry Gilliam observe cet homme qui se déshumanise en manufacturant sa propre prison sociale, géante et insensée.

Ses héros tentent de se débattre et sont perçus comme de dangereux marginaux. Justement, le point de vue du cinéaste n'est-il pas exprimé par Jeffrey Goines (excellent Brad Pitt), un personnage de *L'Armée des 12 singes* qu'on a interné pour ses idées ?
Dans ce même film, Bruce Willis porte sur ses épaules la tragédie de la condition humaine. Désorienté, l'acteur est laissé avec très peu d'indications de jeu par le réalisateur pour renforcer ce sentiment à l'écran. Terry Gilliam lui demande notamment d'abandonner son fameux regard « à la Willis ».
Le pendant à Bruce Willis, dans *Brazil*, c'est Jonathan Pryce, fabuleux naïf et maladroit qui s'entête à poursuivre ses rêves au cœur d'une machine bureaucratique tout droit sortie d'un 1984 sous LSD.

Dans les deux cas, l'élément de lumière et de stabilité est féminin. Madeleine Stowe dans *L'Armée des 12 singes* et Kim Greist dans *Brazil*. Au passage, impossible de ne pas souligner combien Madeleine Stowe est une actrice à la présence lumineuse justement, dès sa percée dans *Le Dernier des Mohicans*.

Le moins qu'on puisse dire, c'est que Terry Gilliam est particulièrement méfiant envers certaines tendances des sociétés industrialisées qui écraseraient sous leur talon l'instinct vital et la créativité individuelle.

Deux œuvres indispensables, à la parenté visuelle parfois frappante, aux inspirations expressionnistes, que je vous conseille d'éviter de voir pile au moment où vous auriez besoin de vous remonter le moral, quoique…

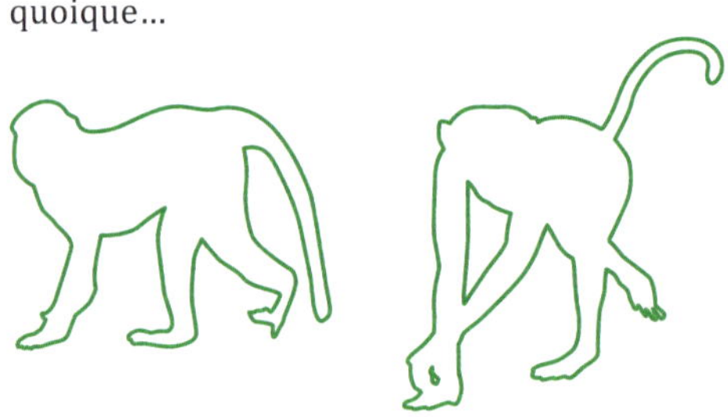

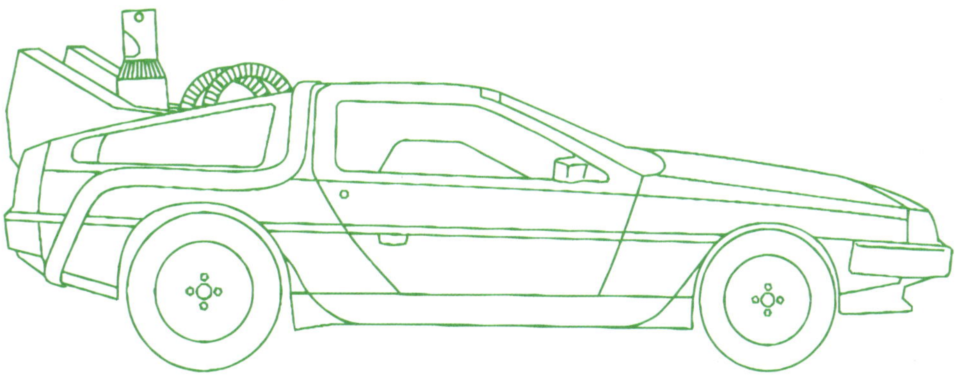

RETOUR VERS LE FUTUR

Si vous avez vraiment besoin de vous remonter le moral quoi de mieux que Retour vers le futur ? Il fait partie des rares films qui donnent le sourire dès la toute première séquence.

Considéré comme l'un des plus marquants de la culture populaire, ce long-métrage a eu bien du mal à voir le jour, puisque, sur la base du script, aucun studio n'en a voulu pendant des années. Il fallut le succès populaire d'*À la poursuite du diamant vert* pour que Robert Zemeckis se permette de revenir vers Steven Spielberg pour la production, après deux précédents échecs commerciaux dans leur collaboration. Le reste fait partie de l'histoire du cinéma.

Il y a des tas d'anecdotes sur le film, les acteurs et des éléments de scénario envisagés avant d'être abandonnés. En 1955, la mère de Marty l'appelle « Pierre Cardin » en V.F., après avoir lu le nom sur ses caleçons, mais en V.O., c'est « Calvin Klein ».

Initialement, le voyage temporel devait s'effectuer via un réfrigérateur et l'énergie pour le voyage de retour devait provenir d'un essai atomique. En combinant ces deux éléments, avec Steven Spielberg en production qui plus est, on peut se demander si ce n'est pas là qu'a germé l'idée de la scène d'introduction d'*Indiana Jones et le Royaume du crâne de cristal*.
Dans le troisième volet, les clins d'œil à la filmographie de Clint Eastwood se multiplient et Michael J. Fox a perdu conscience en essayant d'assurer lui-même la cascade de sa pendaison, ne se protégeant qu'avec les doigts passés entre la corde et son cou…

Ce troisième volet est le seul que je suis allé voir au cinéma à sa sortie, c'était avec ma mère et Michael, un ami d'enfance. Des trois, le premier reste mon favori, mais on retrouve au fil de la trilogie cette énergie communicative, ce sens du rythme comique si délicat et fragile, et toujours les performances exceptionnelles de Michael J. Fox et Christopher Lloyd sans qui Rick et Morty n'existeraient pas.

TERMINATOR ET ROBOCOP

Deux icônes du film de science-fiction et d'action des années 1980 et 1990.

On a d'un côté une machine qui s'humanise un peu et de l'autre un humain fusionné à la machine.

Pour simplifier et se concentrer sur les œuvres qui ont vraiment du sens, autant pour moi que pour l'histoire du cinéma, je n'évoquerai ici que *Terminator 1* et *2* ainsi que *RoboCop* de 1987.

Ces films ont en commun des inspirations bibliques. Dans *Terminator*, on peut assimiler Sarah Connor à Marie, alors que Kyle Reese serait un ange Gabriel prenant une part plus directe dans la conception du Messie à venir. Le T-800 de *T2* est une sorte de sauveur qui se sacrifie pour nous prémunir d'un « Jugement dernier ». John Connor essaie d'enseigner la morale judéo-chrétienne à une machine.

Du côté de *RoboCop*, c'est encore plus net, puisque son réalisateur, Paul Verhoeven lui-même, affirme voir dans son personnage un Jésus Christ du futur. Murphy est crucifié lors de son exécution sadique, il revient d'entre les morts et, plus tard, un plan nous le montre même « marcher sur l'eau ».

Les deux franchises s'inscrivent sans aucun doute possible dans la science-fiction. *Terminator* nous interroge sur le risque de l'avènement d'une intelligence artificielle forte, sans toutefois sombrer dans la dénonciation pure et simple de la technologie, puisqu'elle peut aussi devenir l'alliée des humains. Toutefois, malgré ces enjeux qui participent de la qualité du scénario, *Terminator* se concentre essentiellement sur la peur pour le premier, puis sur l'action spectaculaire pour sa suite.

Au passage, saviez-vous que Linda Hamilton avait une sœur jumelle, Leslie ? Ce sont de vraies jumelles et leur similarité physique a été utilisée sur le tournage, notamment lorsque le T-1000 prend l'apparence de Sarah, mais aussi lors d'une scène coupée dans le montage initial. On y voit Sarah et John retirer le processeur du T-800 face à un miroir, mais ce n'est pas un miroir, juste une jumelle de chaque côté ! Schwarzenegger et Leslie sont en face et Linda, avec un mannequin du Terminator, au premier plan.

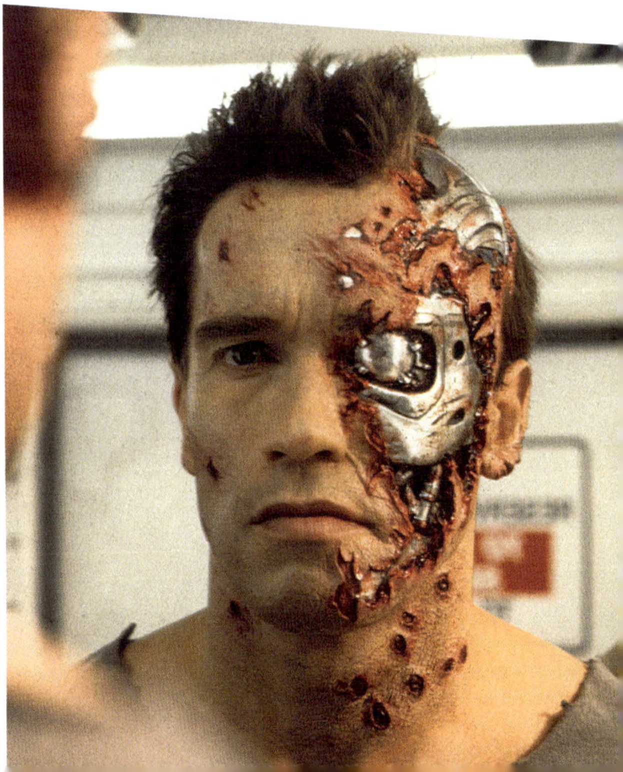

RoboCop s'inscrit de son côté dans la longue tradition de satire sociale que permet la science-fiction. Le Détroit du futur et ses corporations permettent à Verhoeven de dépeindre une version exagérée de tendances bien présentes, aussi bien dans le cinéma hollywoodien que dans l'Amérique de Ronald Reagan.

Tonalités réactionnaires, habitude de la violence entrecoupée de publicités stupides, domination de puissantes entreprises et, au centre de tout cela, le recul de l'humanité à mesure de la réification du citoyen/consommateur.

RoboCop est aussi un film précurseur sur la réflexion et surtout la représentation de la convergence homme/machine prophétisée et souvent défendue par les tenants du transhumanisme. Un sujet sur lequel j'aurai l'occasion de revenir avec le focus *Westworld* (voir p. 218).

Paul Verhoeven reste un provocateur et un maître de l'ambiguïté, qui va souvent utiliser les phénomènes qu'il dénonce, que ce soit la violence ou la nudité gratuite.

Mon histoire personnelle avec ces films varie grandement de l'un à l'autre. J'ai vu le *Terminator* de 1984 à la télévision et *Terminator 2* au cinéma. *T2* fut un choc, un immense plaisir. Je n'ai vu *RoboCop* que plus tard, car, plus jeune, j'étais effrayé par sa réputation d'ultraviolence.

RoboCop reste nettement plus dur et subversif que *Terminator* et je pense avoir eu raison de ne pas le voir en tant que tout jeune adolescent. Les copains qui m'en avaient parlé riaient en évoquant la scène de l'homme liquéfié par l'acide, mais je trouvais l'idée révoltante et, avec le recul, il est évident que cette violence complaisante, cette arme à double-tranchant que Verhoeven manie avec plaisir, ne doit être destinée qu'à un public doté d'un recul suffisant pour la comprendre, exactement comme dans le cas de *Starship Troopers*, un film situé en totalité au second degré.

PREDATOR ET ALIEN

Qui est le chasseur, qui est la proie ?

Dutch et Ellen Ripley, même combat ?

Outre la navrante tentative de réunir deux franchises lucratives, il semble à première vue n'y avoir aucune raison valable de comparer *Predator* à *Alien*.

En effet, les deux films sont très différents. *Alien* redéfinit l'hybride entre horreur et science-fiction en confrontant des travailleurs humains à une menace impensable. Le mystérieux fonctionnement biologique du xénomorphe s'appuie sur une imagerie à connotation sexuelle qui va renverser le cliché de la femme victime pour faire d'un homme la cible d'un viol et le réceptacle du développement d'un parasite hostile.

Le public masculin est pris au dépourvu et moins à l'aise que d'habitude. Ripley aurait aussi bien pu être un Richard qu'une Ellen. Le personnage était écrit sans genre défini, et c'est la performance de Sigourney Weaver lors de l'audition qui fit pencher la balance.
Predator met en scène les classiques surhommes du cinéma d'action, la camaraderie testostéronée des militaires contrastant nettement avec l'équipe bien terre à terre du Nostromo.

Pourtant… entre huis clos, coursives anxiogènes d'un côté et jungle épaisse de l'autre, et révélation très progressive de la menace d'un autre monde, on peut aussi établir des parallèles.
Alien et *Predator* sont les deuxièmes longs-métrages des carrières de Ridley Scott et John McTiernan. Leurs succès vont leur ouvrir la voie pour la suite de leurs carrières, même si McTiernan a rencontré de sérieux problèmes et n'a rien réalisé depuis 2003.

La réalisation, la réussite visuelle de la créature et l'investissement des acteurs, voilà les éléments essentiels faisant de ces deux films des classiques dans leurs genres respectifs. On connaît l'anecdote de la scène du repas d'*Alien*, dont les détails étaient inconnus des autres acteurs.
Du côté de *Predator*, le tournage en pleine jungle fut une terrible épreuve. Une belle brochette de durs à cuire était réunie, pourtant un garde du corps avait pour mission d'empêcher que Sonny Landham, l'interprète de Billy, l'Amérindien, ne laisse libre cours à ses accès de violence déjà connus…

Predator est moins considéré bien sûr, moins chargé symboliquement et porteur d'une vision située surtout au premier degré. Il n'en reste pas moins un modèle de film d'action fantastique, qui a extrêmement bien vieilli. Au passage, si vous trouvez l'attaque du camp des guérilleros preneurs d'otage un peu kitsch, c'est normal, elle ne porte pas la patte de McTiernan, mais du réalisateur de seconde équipe, avec des effets d'explosion dignes de *L'Agence tous risques*.

Le reste a tellement convaincu le studio que la production a été relancée pour corriger un énorme souci avec la forme initiale du monstre, d'abord joué par un Jean-Claude Van Damme dégoûté d'être caché sous un costume, qui plus est d'aspect ridicule.

Le nouveau design, devenu légendaire, on le doit à Stan Winston, un grand nom des effets et du maquillage, qu'Arnold Schwarzenegger connaissait comme réalisateur de seconde équipe sur le premier *Terminator*. D'ailleurs, l'idée des mandibules du *Predator* provient de James Cameron qui avait discuté du concept avec Stan Winston durant un vol ! Stan Winston supervisera notamment les effets de *Jurassic Park* pour situer le niveau…

Alien conserve encore plus nettement peut-être cette qualité intemporelle et s'impose immédiatement comme un modèle, un précurseur d'un sous-genre qu'il a réinventé.

Les manigances d'une méga-corporation derrière le détour du Nostromo ajoutent encore à la richesse de l'univers suggéré, univers qui se perdra malheureusement dans sa propre mythologie avec Prometheus et Alien: Covenant, oubliant au passage les ingrédients du succès original.

Personnellement plus à l'aise avec l'action que l'horreur, c'est évidemment *Predator* que j'ai d'abord apprécié plus jeune pour ne venir qu'ensuite à *Alien*, indémodable classique.

De façon assez amusante, on trouve une sorte de mélange entre ces deux films dans le très réussi *Aliens, le retour*, même s'il est sorti un an avant *Predator*.

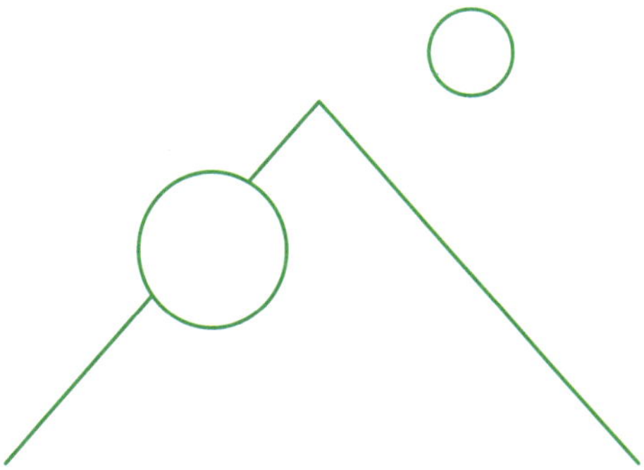

TOTAL RECALL

Le passage d'*Alien* à *Total Recall* n'a rien de bien compliqué, puisque Dan O'Bannon et Ronald Shusett, scénaristes d'*Alien, le huitième passager*, sont également à l'origine de ce projet d'adaptation de la nouvelle de Philip K. Dick, *Souvenirs à vendre*. Pour finaliser le script, il fallut néanmoins l'aide de Gary Goldman qui avait travaillé sur le scénario de *Big Trouble in Little China (Les Aventures de Jack Burton dans les griffes du Mandarin)*.

Deux variations bien différentes s'appuyant sur la même base, *Total Recall* et *Cobra* font partie des œuvres qui m'ont fortement marqué. La rencontre entre les subtilités ambiguës de l'écrivain et la personnalité clivante de l'acteur Schwarzenegger ne pouvait déboucher que sur un monstre, mais Paul Verhoeven saisit les rênes de l'immonde créature avec une maîtrise qui laisse, encore aujourd'hui, songeur.

David Cronenberg fut un temps envisagé et il laisse au moins un peu de son empreinte avec le leader mutant Kuato qui avait passablement retourné l'estomac du jeune spectateur que j'étais alors, au cinéma. Si vous ne savez pas de quoi il s'agit, voyez le film ou faites une recherche d'image pour vous rafraîchir la mémoire !
Ne me remerciez pas.
On retrouve ici Michael Ironside, déjà évoqué au sujet de la série *V* et forcément excellent en chef des sbires. Quel plaisir !

Ce film est un phénomène qu'on imagine mal se reproduire aujourd'hui. Il est troublant, ultraviolent, drôle, relativement complexe et laisse le spectateur dans l'incertitude la plus totale quant à ce qui relève de la réalité ou de la fiction pour le protagoniste. Pourtant, il fit un gros carton au box-office et choqua ma fin d'année 1990. La musique, composée par Jerry Goldsmith, vaut son pesant de pop-corn. Dès le début, on a l'impression d'une rencontre heureuse entre *Conan* et *Terminator*.

MINORITY REPORT

Durant un temps a été envisagé, après *Total Recall*, un projet d'adaptation d'une autre nouvelle de Philip K. Dick, *Minority Report*, mais en situant l'action sur Mars, dans le prolongement du film de Paul Verhoeven. Heureusement, l'idée est abandonnée, mais l'adaptation est relancée plus tard par Tom Cruise, fasciné par sa lecture du texte de Philip K. Dick.

Première collaboration de Cruise et Spielberg, le résultat sera phénoménal, un total incontournable de la SF.

On trouve dans ce film de 2002 des références à Stanley Kubrick, notamment à *2001, l'Odyssée de l'espace* et *Orange mécanique*, avec le rôle réservé aux yeux et le gros plan de la séquence d'ouverture. On distingue aussi l'inspiration d'Alfred Hitchcock avec certains angles de caméra, notamment les vues en mode « regard divin », la scène des parapluies qui rappelle celle de *Correspondant 17* et tout simplement le rythme d'ensemble, cette course échevelée d'un homme qui cherche à s'innocenter.

L'image de *Minority Report* est désaturée, comme délavée, pour représenter la froideur de ce futur faussement utopique qui cache évidemment des travers dystopiques, non seulement dans son système de précrime, mais aussi dans l'invasion de l'espace privé par des publicités qui connaissent chaque individu.

L'intelligence combinée de nombreux spécialistes et d'immenses efforts de design de production débouchent sur une représentation du futur si frappante que certains concepts issus du film ont ensuite inspiré de véritables évolutions technologiques.

Des véhicules autonomes, aux drones de reconnaissance rétinienne en passant évidemment par l'interface informatique gestuelle sur écran transparent, tout participe à rendre l'anticipation crédible, sans jamais inutilement alourdir le récit.

Récit qui reprend l'une des grandes interrogations de Philip K. Dick entre libre arbitre et déterminisme. Connaître son avenir permet-il de le modifier ou, au contraire, les prévisions ne seront-elles pas justement à l'origine du déroulement futur des événements, même quand on cherche à les empêcher ?

Les trois « précogs », ces individus aux dons de clairvoyance, sont prénommés Agatha, Arthur et Dashiell, comme Agatha Christie, Arthur Conan Doyle et Dashiell Hammett, le fondateur du roman noir. Ces références seraient-elles des indices qui nous préviendraient que leurs visions écriraient l'avenir plutôt qu'elles ne les prévoiraient ?

Choc de cinéma pour moi, Minority Report est l'un des chefs-d'œuvre de Steven Spielberg, ainsi qu'un accomplissement dans la filmographie fournie de Tom Cruise. Seul le dénouement dénote un peu, trop optimiste, dans le plus pur style de Spielberg, alors même que l'ambiguïté ambiante des thèmes et de cette société aurait mérité une note finale plus douce-amère ou incertaine.

DARK CITY ET MATRIX

J'ai encore choisi une approche comparative, entre Dark City, film d'Alex Proyas de 1998 et Matrix, film des sœurs Wachowski datant de 1999.

On a parfois accusé *Matrix*, à tort il me semble, d'avoir copié des éléments de *Dark City*. Les bases du scénario de *Matrix* étaient posées bien avant la sortie de *Dark City*. Au vu des similarités dans les thèmes des deux films, il n'est pas fondamentalement étonnant de retrouver des ressemblances visuelles, d'autant plus que des décors créés pour *Dark City* ont été réutilisés pour *Matrix*, même si le budget de ce dernier était deux fois supérieur.

Dark City étant nettement moins connu que *Matrix*, je ne voudrais pas vous gâcher le plaisir de découvrir le film par vous-même. Je vous invite donc à le voir avant d'aller plus loin.

Malgré les points communs entre les deux œuvres, essentiellement la révélation d'un niveau supérieur de réalité et l'idée selon laquelle le héros vit initialement dans une simulation, *Dark City* et *Matrix* restent très différents. *Dark City* relève nettement du film noir tandis que *Matrix* reste avant tout un film d'action dont les scènes d'affrontement s'inspirent des films d'arts martiaux de Hong Kong.

Alex Proyas a évoqué lui-même l'influence de l'expressionnisme allemand et de *Metropolis* qu'on retrouve dans l'ambiance urbaine écrasante ou encore dans la silhouette des étrangers qui fait directement penser à *Nosferatu*. On retrouve même *Metropolis* dans le message final du protagoniste qui affirme au dernier étranger que la vérité de l'être humain se situerait au niveau du cœur.

Le commentaire que porte *Dark City* sur l'humanité se concentre sur ce qui définit l'individu et ce qui conditionne nos choix de vie, en explorant l'importance de la mémoire dans le sens que nous donnons à nos actions. Le film effleure aussi la notion de rôle que la société semble parfois imposer aux uns et aux autres.

De son côté, *Matrix* puise davantage dans un discours antisystème notamment orienté contre le culte de la productivité capitaliste. En effet, la Matrice sert un seul objectif, stimuler les humains, élevés en batteries, afin d'optimiser leur rendement en tant que piles biologiques. Cette énergie alimente les machines (le système) dont l'homme a totalement perdu le contrôle, jusqu'à en devenir l'esclave qui s'ignore.

La trilogie *Matrix* est aussi mâtinée de messages religieux puisés dans le bouddhisme et le christianisme. Neo est The One, les trois mêmes lettres qui désigne l'élu. C'est via son amour pour *Trinity* qu'il brisera la répétition des cycles précédents et, par son sacrifice, diffusera cet amour à l'ensemble du système, permettant une période de trêve.

Dans *Dark City*, la ville n'est qu'une immense expérience cherchant à percer le secret de l'individualité et de la personnalité humaine, expérience menée par une espèce extraterrestre mourante qui utilise des corps humains comme des enveloppes. Sachant qu'Alex Proyas a souvent été en conflit avec les studios dans ses tentatives de mener à bien sa vision artistique, on peut aussi voir dans *Dark City* une métaphore d'Hollywood.
Qu'elle soit consciente ou non, on retrouve assez nettement une influence gnostique dans les deux films. C'est sans doute leur principal point commun. Certains évoqueront l'allégorie de la caverne de Platon, mais la notion de démiurge correspond plus nettement aux deux scénarios.
D'ailleurs, *Dark City* se termine avec un nouveau démiurge en la personne de John Murdoch. On retrouve enfin l'opposition entre déterminisme et libre arbitre et on remarque l'influence d'œuvres japonaises, notamment *Akira* pour la confrontation finale, voulue par Alex Proyas comme un hommage à l'œuvre.

Entre les deux, on ne peut nier l'impact culturel et visuel plus puissant de *Matrix*. Malheureusement, dépasser le choc de la révélation initiale, si marquante pour le spectateur, s'avère presque impossible dans la tentative de proposer deux volets de plus à la hauteur du premier opus de la trilogie.
Dark City offre une expérience sans doute moins excitante au premier abord, mais aussi plus homogène, même si on peut lui reprocher son final un peu bourrin. Le film évite de se perdre dans une ambition philosophique qui plonge parfois la trilogie *Matrix* dans le syndrome de la grenouille qui voulait se faire aussi grosse que le bœuf.
À noter, on retrouve un peu de l'héritage de *Dark City* dans le visuel des transformations urbaines d'*Inception*.

DISTRICT 9

En 2009, Neill Blomkamp prolonge l'univers de son court-métrage de 2005, *Alive in Joburg*, avec l'exceptionnel *District 9*. Peter Jackson, à la production, ne s'est pas trompé.

District 9 est tout ce qu'on veut voir dans un film de SF portant un regard sur l'humanité. L'introduction des extraterrestres, appelés « crevettes » par les humains, est un excellent outil pour souligner combien l'être humain peut se comporter de façon monstrueuse avec ses semblables.

Le *District 9* est ce gigantesque bidonville où sont parqués les extraterrestres, arrivés en situation de profonde détresse sur Terre, laissant leur immense vaisseau en vol stationnaire au-dessus de Johannesburg depuis plus de 20 ans.

Le film vient dénoncer toutes les situations de ségrégation, d'occupation, de mépris des réfugiés qui découlent de ces conflits et autres aberrations dont l'histoire humaine est truffée, à commencer par l'apartheid, puisque l'action se déroule en Afrique du Sud.

Le message est d'autant plus fort qu'il est subtil, en passant par un personnage d'abord insupportable, mais que les événements vont changer, en le forçant littéralement à se mettre dans la peau de ceux qu'il voit comme des monstres. Il va s'humaniser moralement au fur et à mesure qu'il perdra son humanité physique. Sharlto Copley, qui porte le rôle avec une intense conviction, est une révélation.

Le réalisateur accomplit des miracles visuels au vu du budget alloué. On retient notamment une incroyable séquence finale, douloureuse, mais aussi jubilatoire pour le spectateur.

L'émotion passe avec une puissance étonnante et le scénario se paie le luxe d'égratigner au passage l'ONU ainsi que la tendance à la privatisation des forces armées. On a longtemps espéré une suite... Sait-on jamais !

INTERSTELLAR

Voilà un film qui semble cristalliser des opinions, pour certaines particulièrement négatives. *Interstellar* bouscule car il parle de tout ce qu'il y a de plus important, en même temps. Comme si l'écoulement du temps n'existait plus ?

Mélanger la hard SF et ses concepts poussés de physique avec la notion d'un amour qui permettrait de créer un lien existant dans une cinquième dimension, voilà une ambition narrative extrême que certains pourraient confondre avec une béate naïveté.

Interstellar emprunte à *Solaris* d'Andreï Tarkovski et à *La Jetée* de Chris Marker sur le thème de l'amour comme un phare qui nous signalerait le chemin, naufragés que nous sommes dans le courant du temps. L'écoulement du temps, même quand il est relatif, voilà le grand ennemi dans ce film. Il éloigne les gens, il laisse peser un doute terrible sur la survie du genre humain, il arrache ces moments qu'on n'a pas pu partager et qui restent, ensuite, hors de portée.

J'ai totalement adoré Interstellar !

On reprochait au cinéma de Christopher Nolan de manquer de cœur, d'être froid. Quelle meilleure réponse ? La magie visuelle, les performances magistrales des acteurs (on pourrait dissertait longtemps sur ce Matthew McConaughey qu'on a longtemps pris pour un beau gosse sans intérêt parmi mille autres à Hollywood…) sans oublier la composition transcendante d'Hans Zimmer, tout est réuni. *Interstellar* est un film majeur qui marquera l'histoire du cinéma.

On peut en effet supposer que ses dernières minutes représentent l'expérience de mort imminente que vit Cooper avant de s'éteindre. La question est intéressante, mais là n'est pas l'essentiel. Le message d'ensemble que livre le film est puissant. Vivre à la fois pour ceux qu'on aime, au présent, sans sacrifier pour autant l'humanité, ceux qui vont suivre, qu'on ne connaîtra pas, mais à qui nous laisserons un héritage.

Outre cet appel à la responsabilité, à la prise en compte de ce long terme souvent ignoré par les décideurs politiques, l'humanité y est aussi envisagée avec grandeur, en tant qu'espèce d'explorateurs, de découvreurs. Un message rare qui reste encourageant, malgré la dureté de cet univers étrange dans lequel nous devons faire des choix, guidés par la raison et l'amour.

MAD MAX FURY ROAD

Quel rapport entre un cochon berger qui parle, un manchot qui fait des claquettes et Mad Max ?

George Miller bien sûr !

Une filmographie qui (d)étonne, doux euphémisme. On s'interroge sur ce qui se passe dans la tête de ce vieux Monsieur qui sort, en 2015, le film le plus fou qu'on ait vu depuis longtemps.
Une tête dans laquelle, à n'en pas douter, explosaient des visions prophétiques d'un film halluciné, peut-être en noir et blanc, comme il l'avait souhaité initialement, une version disponible dans le coffret « Black and Chrome Edition ».

Avoir ces visions est une chose, les communiquer sur le plateau en est une autre. Selon les témoignages de Charlize Theron et Tom Hardy, c'est la difficulté à comprendre le projet concret de George Miller qui a été à l'origine de fortes tensions durant le tournage.

Un tournage qu'on pourrait pudiquement qualifier « d'épique », mais certains diraient plutôt « cauchemardesque ». Aux conditions naturelles extrêmes s'était ajoutée cette peur qui a presque coupé toute communication entre Theron, Hardy et Miller, quelques clashs mis à part. Avec le recul, certains acteurs seraient prêts pourtant à se relancer pour la (ou les) suite(s) voulue(s) par le réalisateur.

Le résultat, c'est un film traversé d'une folie et d'une énergie prodigieuse, d'une maîtrise visuelle hallucinante. Parmi d'autres, son oscar du meilleur montage est ô combien mérité.
Seule ombre au tableau, mais pas des moindres, ces allégations selon lesquelles le tournage aurait endommagé des zones protégées du désert du Namib, le plus ancien désert au monde. Des cactus et l'habitat de petits lézards auraient été saccagés du fait des pistes tracées puis labourées et des passages hors-pistes. La commission du cinéma de Namibie a démenti, mais j'aurais plutôt tendance à croire le rapport du scientifique Joh Henschel, remis au ministère de l'environnement et du tourisme.

ET LES AUTRES...

J'aurais pu évoquer d'autres incontournables, même s'ils le sont sans doute un peu moins pour moi puisque j'ai fait le choix d'en retenir d'autres.

S'horrifier de la transformation du corps si chère à David Cronenberg dans **LA MOUCHE**, se perdre dans le brouillard de **LA CITÉ DES ENFANTS PERDUS**, s'amuser des satires **MARS ATTACKS** et **STARSHIP TROOPERS**, réfléchir à l'avenir eugéniste et à la prévalence de la détermination humaine avec **BIENVENUE À GATTACA**, s'émouvoir de l'importance de nos souvenirs avec **ETERNAL SUNSHINE OF THE SPOTLESS MIND**, voire rire un peu en évoquant Simon Phenix et John Spartan de **DEMOLITION MAN**.

Ce n'est sans doute que partie remise !

LES SÉRIES

X-FILES

Entre fantastique et science-fiction, impossible de ne pas évoquer l'impact d'*X-Files* qui marqua ma toute première fascination véritable pour une série live. Tout a été dit sur *X-Files* et le duo Mulder/Scully qui aurait certainement dû rester définitivement platonique. L'anthologie pouvait devenir très agaçante dans la totale incertitude qu'elle cultivait quant à son semblant d'intrigue principale en toile de fond. Ce qui est certain, c'est que les épisodes qui me laissent le souvenir le plus vivace s'inscrivirent dans la peur, même si j'y repense maintenant avec amusement.

Il s'agissait de *Compressions* et *Le Retour de Tooms*, respectivement 3e et 21e épisodes de la première saison. Le personnage de Tooms, cet immortel capable de faire passer son corps par des endroits très étroits, m'avait bien fait flipper.

On peut aussi revoir l'épisode 2 de la saison 6, écrit par Vince Gilligan, futur créateur de *Breaking Bad*, avec un rôle marquant de Bryan Cranston…

La série confirme le caractère perturbant de ses digressions horrifiques avec l'épisode *Home*, le deuxième de la saison 4. Une famille dégénérée et incestueuse de tueurs psychopathes. Un épisode si choquant que la Fox promit de ne plus le diffuser suite aux nombreuses plaintes de téléspectateurs.

X-Files ouvrait (pour moi, pas dans l'absolu, puisque Twin Peaks l'avait précédée) la voie aux « séries cultes » et je l'en remercie.

I WANT TO BELIEVE

BATTLESTAR GALACTICA

De 2004 à 2009 fut diffusée pour la première fois la meilleure série de space opera jamais créée et l'une des toutes meilleures séries tout court.

Battlestar Galactica reprend certains éléments de la série originale de 1978 pour construire un édifice bien plus vaste et ambitieux, dont les fondations seront l'exploration de la condition humaine, le questionnement sur la transcendance, la xénophobie, l'éthique de l'insurrection et la situation des États-Unis plongées dans une guerre contre le terrorisme à la suite des attentats du 11 septembre 2001.

La musique d'introduction de la série, qui m'a toujours fasciné, dérive du Gayatri Mantra, hymne hindou consacré à la déesse Savitr. Issu du Rig Veda, il est considéré comme le mantra suprême qui fait surgir en nous la sagesse et notre propre part de divinité.

Étant donné la nature cyclique de la situation d'ensemble des Humains et Cylons, l'inspiration hindoue semble d'autant plus marquante après avoir vu la série.

Servie par un ensemble d'acteurs capables de donner corps à l'âme brillante d'un scénario audacieux, la série s'appuie aussi sur des effets spéciaux convaincants et une approche souvent réaliste de la physique spatiale.
On retient forcément Bill Adama, Gaius Baltar et Kara « Starbuck » Thrace, sans oublier le reste d'un casting irréprochable. Le sous-emploi de Katee Sackhoff depuis la fin de la série reste pour moi un des mystères insondables d'Hollywood.
Certains reprochent à la quatrième et dernière saison de se perdre dans un imbroglio métaphysique, mais il faut reconnaître qu'il était ardu de conclure une telle histoire, aux enjeux éthiques et philosophiques assumés.
Longtemps résonneront à mes oreilles les tambours de guerre du *Battlestar Galactica* en manœuvres de combat.

THE EXPANSE

Meilleure série de SF depuis Battlestar Galactica ? Peut-être, en tout cas meilleure série entre space opera et surtout hard SF, il n'y a aucun doute pour moi.

The Expanse s'appuie sur les livres de James S. A. Corey, que je n'ai pas lus. De mon expérience, il faut s'accrocher durant les 3 ou 4 premiers épisodes avant d'entrer totalement dans l'univers, mais ensuite c'est un véritable bonheur que de se plonger dans ce XXIIIe siècle.

La définition de la SF « dure » est là, avec ces technologies traitées avec réalisme et une précision mécanique.

Le vent épique prend du temps à se lever, mais il souffle bel et bien sur les grands moments de la série.

L'évolution de notre civilisation est extrêmement crédible, avec ces tensions politiques entre la Terre, la colonie martienne et les « Belters », la population née de l'exploitation des ressources spatiales, notamment sur les astéroïdes.

Stoppée par SyFy, le sauvetage de la série par Amazon pour sa plateforme Prime Video fut un grand soulagement lors de son annonce en 2018. La saison 4 s'inscrit dans la continuité des précédentes, même si mes favorites restent à ce jour les saisons 2 et 3.
Je reprocherais éventuellement un léger manque de charisme au rôle principal, mais je me suis fait au jeu de Steven Strait avec le temps. Ce qui ne fait aucun doute, c'est la fascination qu'exerce le personnage d'Amos Burton, campé avec une présence irréfutable par Wes Chatham.

Encore une série de SF avec un magnifique générique, qui me replonge immédiatement, dès ses premières notes, dans son univers à la fois si proche et si éloigné du nôtre.

BLACK MIRROR

Un miroir sombre et brisé offert à la contemplation de ses contemporains, une mise en garde sur certaines tendances de société, souvent associées à des développements technologiques.

Série anthologique dont la qualité varie notablement d'un épisode à l'autre, *Black Mirror* reste une œuvre hautement recommandable, dont je proposerais toutefois le visionnage à petites doses pour ne pas sombrer trop vite dans la morosité.

Avec cette série britannique, on se situe au cœur de ce qu'on attend du genre de l'anticipation avec ces visions souvent glaçantes d'un futur extrêmement proche.

Mes épisodes favoris sont :

- San Junipero
- Hang The DJ
- Black Museum
- USS Callister
- La Chasse
- Bientôt de Retour

Vous remarquerez que les deux premiers (attention spoilers !) ne sont pas les plus pessimistes, bien au contraire. À vous de voir ce que ça dit de moi, puisqu'on me considère parfois comme de nature plutôt pessimiste ! Même si l'expérience de l'épisode interactif *Bandersnatch* était intéressante sur le principe, je n'ai pas été convaincu de l'intérêt narratif du résultat.

STRANGER THINGS

Ouh là ! Attention, il ose évoquer la fameuse « série surcotée » ! Je vous ai déjà dit que je détestais ce terme « surcoté » ? Non ? Je le déteste, il est totalement surcoté.

J'ai tout bonnement adoré la première saison de *Stranger Things*. C'était un pur bonheur de la dévorer sur un week-end avec ma douce et tendre – oui, j'utilise ce terme suranné qui a notamment l'avantage de la mettre un peu mal à l'aise !

Les acteurs, le rythme, l'ambiance visuelle et sonore, un véritable bonbon retrouvé au fond d'une boîte des années 1980 et qui avait conservé sa saveur d'antan. Bien que moins convaincu par les deux saisons suivantes, je les ai néanmoins regardées sans déplaisir ou carrément avec entrain, selon les épisodes inégaux.

Je suppose que c'est la grande popularité de la série qui excite tant certains détracteurs ? Enfin, l'expérience reste sympathique et je croise les doigts pour la saison 4, que je souhaite de qualité fermière.

THE MANDALORIAN

L'avenir de Star Wars se situerait dans les séries ? Voilà une perspective étonnante, qui témoigne, s'il le fallait encore, de l'âge d'or du contenu sur (plus ou moins) petit écran.

Malgré ses imperfections, notamment les épisodes 5 et 6 nettement en deçà du reste, la première saison de *The Mandalorian* m'a beaucoup diverti et souvent enthousiasmé.
Jon Favreau a su saisir les ingrédients d'un western spatial avec ce mélange entre la figure du pistolero solitaire de Sergio Leone et le duo improbable du manga historique *Lone Wolf and Cub*. La voie des Mandaloriens nous renvoie au code d'honneur des Samouraïs et les références aux schémas classiques des westerns se multiplient.

Star Wars est, par essence, de la SF de divertissement grand public. Je ne cherche pas du *Westworld* dans *The Mandalorian*. L'invention du « bébé Yoda » ne me gêne aucunement, au contraire ! Même s'il y a dans ce personnage un immense potentiel de merchandising à n'en pas douter, il fonctionne si parfaitement dans l'histoire que toute arrière-pensée mercantile est immédiatement pardonnée.

Entre *The Mandalorian* saisons 2 et 3 et les aventures attendues d'Ahsoka Tano et d'Obi-Wan Kenobi, c'est clairement des séries que pourrait survenir le salut d'une franchise en difficultés. *Star Wars* a certes souffert d'une récente trilogie confuse, sans plan de route préétabli, mais cette licence doit aussi se coltiner une des « fanbases » les plus larges et impossibles à satisfaire qui soient, notamment depuis l'avènement des réseaux sociaux.

Laissons la haine et la mauvaise foi pourrir quelques espaces de commentaires et profitons tranquillement des exploits de Mando.

LES LIVRES

À mon grand regret, je ne suis pas (encore) un grand lecteur de science-fiction. Certainement parce que je ne lis plus suffisamment. J'ai pourtant été totalement transporté par quelques chefs-d'œuvre. Je n'ai plus qu'à mieux organiser mon temps. Plutôt que de parler de choses que je ne connais pas, j'ai préféré vous proposer une sélection très réduite.

DUNE

Rares sont ceux qui ignorent l'existence du *Cycle de Dune*, mais parmi vous, je suppose que certains hésitent à s'y plonger. Si j'en parle, c'est bien sûr pour vous y encourager tant l'altérité de l'univers proposé y est profonde. Altérité du monde certes, mais pertinence et caractère visionnaire des multiples sujets abordés par Frank Herbert.

Si je parle de « visionnaire », c'est à dessein, sachant que celui qui a presque fait l'objet d'un culte nous met justement en garde contre les prophètes… tout en mettant en scène des prophéties sauvant l'humanité ! Il faut vous y faire, rien n'est blanc ou noir dans le monde de *Dune*, la polysémie règne, sur l'Épice et le reste.

L'ambition du cycle est vertigineuse. C'est véritablement le destin de l'espèce humaine qui se joue, alors que le premier livre semble devoir tourner autour d'une querelle de pouvoir politique comme l'histoire en compte tant.

Les factions, organisations et concepts développés par Frank Herbert sont fascinants de bout en bout. Entre spécialisation des facultés mentales, Jihad butlérien qui laisse en héritage l'interdit absolu du développement de l'intelligence artificielle ou encore les manipulations génétiques à visées millénaires et le clonage, on veut en savoir plus sur tous les aspects de ce futur extrêmement lointain.

Les préoccupations écologiques occupent une place centrale dans l'intrigue du fait de la situation même de la fameuse planète *Dune*, seul lieu de production d'Épice pendant la majeure partie de la saga.

L'Épice, seule substance permettant d'alimenter le développement des facultés mentales humaines, à des niveaux permettant justement de se dispenser des ordinateurs trop avancés. Pour revenir aux enjeux du premier tome, on comprend aisément l'importance ultime d'une telle substance, sur laquelle l'équilibre de la civilisation connue repose tout entier.

La science-fiction d'Herbert est si lointaine et prodigieuse qu'elle ne peut pas vieillir. La fascination des lecteurs d'aujourd'hui et demain restera la même que pour ceux d'hier.

Si vous avez peur de vous ennuyer, testez ! À mes yeux, le récit sait rester passionnant, même si le passage d'un tome à l'autre impose chaque fois certains réajustements, du fait des sauts temporels parfois gigantesques. Vive Duncan Idaho !

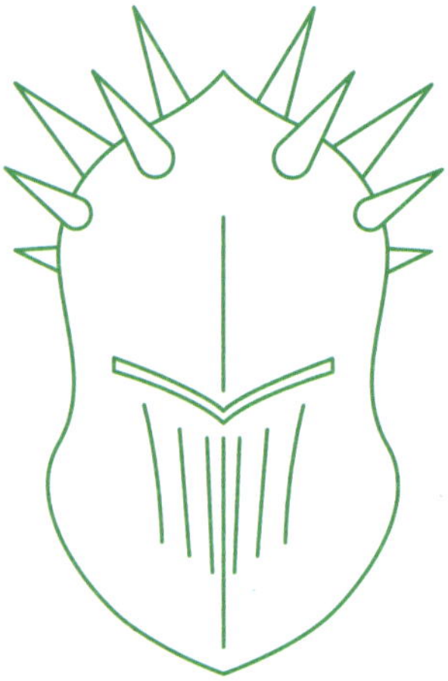

HYPÉRION

Que se serait-il passé dans l'univers de *Dune* sans Jihad butlérien ? J'exagère un peu, mais cette question pourrait donner une idée de l'orientation du monde dépeint par Dan Simmons dans *Les Cantos d'Hypérion*.

De la SF ambitieuse encore, c'est le moins qu'on puisse dire, mais très ancrée dans les récits humains, des histoires personnelles qui constituent l'ensemble d'Hypérion, le premier tome des Cantos.

Cette capacité à lier les drames, sentiments et choix personnels à des enjeux dépassant le temps et l'espace où s'affrontent des entités suprêmes, c'est là sans doute que réside la puissance implacable de cette fresque.

Au début de l'histoire, sept pèlerins se dirigent vers les tombeaux du temps, pour y rencontrer le croquemitaine, *the shrike*, le « griche » en V.F., inspiré de l'inoffensive (sic) pie-grièche, petit oiseau sur lequel je vous laisse faire quelques recherches.

Ce n'est que très progressivement qu'on commencera à comprendre les enjeux cosmiques de ce voyage tout en s'attachant à ses différents protagonistes. Dernière remarque, quand ça se bagarre dans *Hypérion*, c'est rare, mais ça arrive, ça se bagarre sérieusement. Vivent Brawne Lamia et Fedmahn Kassad !

LA TERRE MOURANTE

J'aimerais tellement la fantasy que je tricherais en mettant l'un de ses cycles majeurs dans la section science-fiction ? Je suis choqué de votre accusation. Bon, ok, c'est au moins autant de la fantasy que de la SF, mais, avec *The Dying Earth*, c'est aussi de la SF que nous offre l'inénarrable Jack Vance, déjà évoqué dans le chapitre *Fantasy* pour *Lyonesse. La Terre mourante* se compose des livres *Un monde magique*, *Cugel l'astucieux*, *Cugel saga* et *Rhialto le merveilleux*, dont l'écriture s'étale de 1950 à 1984 !

Entre autres personnages loufoques et hauts en couleurs, on retient généralement *Cugel l'astucieux* en tant que protagoniste de ce cycle. C'est justement dans le comportement de ses personnages que cette série est la plus intéressante, sans oublier bien sûr le sentiment d'étrangeté que l'auteur parvient toujours à donner à son univers.

Cugel est fascinant à suivre parce qu'il est une crapule indécrottable. Il est égoïste, lâche, concupiscent et cupide. L'astuce de son surnom est surtout celle qu'il s'attribue dans sa perception de lui-même.

C'est un sale type, mais qui parvient à saisir l'attention du lecteur par sa capacité à toujours trouver la volonté d'avancer malgré ses échecs incessants. Est-ce une forme de volonté ou simplement une indestructible confiance en lui ?

L'imagination de Jack Vance surprend par son audace et ses formes improbables, parfois effrayantes et souvent comiques. Le merveilleux et le cruel s'entremêlent dans les situations surprenantes de cette lointaine Terre au soleil mourant, aux civilisations déclinantes et baroques.

Le cycle se lit bien par petites touches, puisqu'il se compose d'un ensemble de récits formant une peinture d'ensemble, mais qu'on peut parfaitement apprécier séparément les uns des autres.

INCLASSABLES ET PERLES RARES

SERENITY

Salut les Flans ! Bon, j'en fais un peu trop… pour dire vrai, je n'ai découvert le film *Serenity* de Joss Whedon que très tardivement. Je connaissais uniquement de réputation la série *Firefly*, abruptement stoppée en 2002 par la FOX et il me semblait que le film de 2005 apportait une sorte de conclusion à cette histoire trop tôt disparue.

Résultat ? Je ne m'attendais pas à autant accrocher avec l'univers et le rythme d'ensemble. Que le groupe de personnages fonctionne bien, ce n'était pas une surprise puisqu'on sait que là se situe le principal savoir-faire de Joss Whedon.

Même s'il n'évite pas quelques archétypes ou *tropes* si vous préférez (mais quel film peut se targuer de tous les éviter ?), *Serenit* propose un récit bien rythmé et compréhensible quand on n'a pas vu la série. Ce qui est mon cas ! Toujours pas vu *Firefly*, mais bien l'intention de m'y mettre dès que possible après en avoir découvert la conclusion.

Nathan Fillion, Gina Torres et Morena Baccarin sont toujours irrésistibles, même si cette dernière a un rôle extrêmement secondaire dans le film.

Avec un budget d'à peine 40 millions de dollars, ce film de 2005 tient étonnamment bien la route visuellement.

Un classique pour les connaisseurs de Firefly, mais de mon point de vue, une perle rare !

TALES FROM THE LOOP

« Imagination » du latin imaginatio, idée, image, figure.

L'artiste suédois Simon Stålenhag réunit ses images, travaillées avec des outils numériques, dans des recueils, qu'on pourrait appeler des « artbooks thématiques ».

Le premier, *Tales From The Loop*, est si évocateur qu'il donna naissance, en Suède, à un jeu de rôle papier, du même nom, pour lequel Simon Stålenhag produisit de nouvelles illustrations. Le jeu a été traduit depuis, notamment en France. On m'a proposé d'y jouer une fois, j'en avais très envie, mais je manquais de temps…

Joli lot de consolation, la série de Prime Video, développée par Nathaniel Halpern qui avait notamment travaillé auparavant sur *Outcast* et *Legion*.

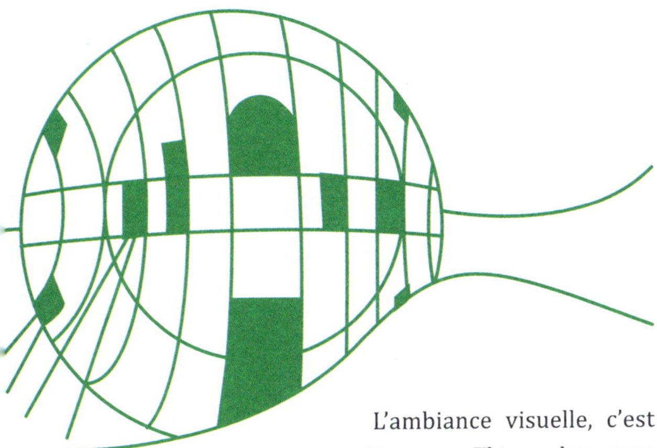

L'ambiance visuelle, c'est un peu *Stranger Things* dans une toute petite ville suédoise. Plus précisément, c'est du rétrofuturiste avec plus de rétro que de futuriste. La série est très singulière et, dans l'ensemble, nimbée d'une douce aura de nostalgie contemplative. Attention, il se passe des trucs, mais doucement. Tendrement, même.

Tales From The Loop propose un format mixte, entre anthologie et léger fil rouge narratif. Le projecteur est mis tour à tour sur tel ou tel individu ou famille habitant la petite ville. La bande-originale, qui me renvoie sans cesse à *The Leftovers*, dépose l'ensemble sur un petit nuage qui menace à tout instant de faire couler une ou deux gouttes de pluie sur vos joues.

La science-fiction provient ici de divers objets aux propriétés déconcertantes, qui sont autant de prétextes et de catalyseurs aux envies, interrogations et atermoiements de l'âme humaine.

Tales From The Loop parle du temps, de l'absence, de l'absurdité du monde, de l'amour, de la patience. Patience qui sera un critère déterminant pour apprécier le rythme très posé de l'ensemble. Une belle harmonie se dégage des épisodes, mais on y sent néanmoins la patte des divers et parfois prestigieux réalisateurs qui s'y expriment.

Jodie Foster conclue bien la saison, Ti West distille un peu d'angoisse dans un bel épisode 7, fidèle à sa filmographie orientée horreur, Andrew Stanton (*Toy Story 2, 3, 4, Nemo, Wall-E !*) dirige Jonathan Pryce de main de maître, et Dearbhla Walsh parvient à saisir l'équilibre fragile d'un moment dans un épisode 4 mélancolique.

En résumé, pas une série qui plaira à tout le monde, mais un digne et original successeur à *The Twilight Zone*.

EX MACHINA

D'abord scénariste des films de Danny Boyle, Alex Garland m'a surtout marqué avec *Ex Machina* et sa réflexion qui porte autant sur l'émergence d'une intelligence artificielle forte que sur notre ego. Par bien des aspects, *Ex Machina* pourrait être un épisode particulièrement réussi de *Black Mirror*. Tout n'est que faux-semblant et manipulation, entre les personnages d'abord, mais aussi entre le film et son public.

Entre Ava, Caleb et Nathan, vous aurez le choix du protagoniste qui vous semble le plus humain ou pertinent, mais il risque de changer au cours du récit, ce qui en dit long sur la subtilité de l'ensemble.

La qualité visuelle, l'ambition, le casting sur le talent duquel repose énormément du film, tout ça dans une production britannique, tournée entre la Norvège et Londres. À quand le retour d'un film français aussi marquant dans la SF ?

Attentions, quelques spoilers sur la fin à partir d'ici !

Doit-on voir Ava, l'Ève du jardin caché de Nathan, comme une psychopathe ou comme une déesse ? Sa capacité à manipuler et sa façon de tuer ou laisser mourir sans émoi, doit-on les imputer à sa nature même ou à l'exemple particulièrement néfaste donné par le comportement de son créateur envers ses créations ?

Les règles de base de la robotique sont bafouées, puisque Nathan a été incapable d'inclure à cette IA l'interdit majeur quant à la mise en danger de la vie humaine. Trois égoïsmes nous sont montrés et la créature à l'intelligence supérieure finit par l'emporter. On pourrait craindre que l'ensemble du film ne résume, en le condensant dans le temps, le comportement prévisible de l'humain vis-à-vis d'une IA forte, même si son avènement, s'il survient un jour, n'est pas pour demain.

DEVS

Dès son premier épisode, Devs est une mini-série particulièrement convaincante et intrigante à tous niveaux. Tout du moins si vous aimez réfléchir à certaines questions fondamentales. Nick Offerman (Parks and Recreation) est intelligemment utilisé à contre-emploi tandis que la réalisation propose des choix forts en termes d'ambiance visuelle et sonore.

Si je vous en parle à la suite d'*Ex Machina*, c'est parce qu'on retrouve Alex Garland à la création, à l'écriture et à la réalisation. En résumé, c'est son nouveau bébé et on ressent la parenté avec *Ex Machina*. Je suis impressionné par sa capacité à obtenir un tel résultat en cumulant de la sorte tous les rôles créatifs essentiels.

Les thématiques traitent du potentiel des ordinateurs quantiques, du déterminisme et de la transcendance. Fasciné par les arcanes des machines quantiques, j'ai été happé par des choix qui font parfois écho aux questionnements soulevés par la saison 3 de *Westworld* quant à l'existence d'un véritable libre arbitre.

Si l'introspection, les questionnements philosophiques et le symbolisme visuel sont votre tasse de thé, foncez.

FOCUS

WESTWORLD ET NOUS

Westworld est une grande série. J'ai parfaitement conscience que certains ont été déçus par la saison 2, la saison 3 ou les deux, sans parler d'une partie du public qui n'a jamais accroché à la première. Si on regarde attentivement la première saison, jusqu'au bout et qu'on n'apprécie pas, je confirme qu'il est inutile d'aller plus loin – dans la série, voyons, continuez le livre !

À mes yeux, cette première saison est un chef-d'œuvre à tous points de vue. Le résultat d'une réflexion et d'un intense travail d'écriture, le tout transfiguré par une interprétation stratosphérique. Je ne fais pas référence ici qu'à Anthony Hopkins et Ed Harris, même s'ils sont, de toute évidence, géniaux.

Par son ambition, la série a tellement dépassé le film original, *Westworld* de 1973 (*Mondwest* en V.F.), qu'on a entre les mains l'exemple ultime d'une adaptation réussie. Si c'était pour atteindre un tel résultat, Hollywood pourrait bien adapter tout ce qui traîne. Malheureusement, *Westworld* fait figure d'exception.

La série parle sans doute davantage de l'être humain que de l'intelligence artificielle, en utilisant les androïdes pour mieux faire passer les messages. Elle reste pertinente à chaque niveau de lecture, en proposant une histoire forte pour des personnages attachants et en se projetant dans des notions scientifiques et philosophiques qui se rejoignent fatalement.

Attention, je saute à pieds joints en plein territoire de spoilers !

Un des nombreux tours de force de la première saison consiste à présenter Robert Ford comme le démiurge gnostique jusqu'à nous révéler finalement qu'il tenait un rôle éminemment prométhéen. Une observation qui s'effectue surtout en prenant le point de vue des hôtes, des androïdes, puisque Robert Ford n'a plus aucune illusion quant au devenir de l'espèce humaine, décrivant l'homme moyen comme « passager de sa propre existence ». On retrouve là l'un des thèmes récurrents de la série, la notion de libre arbitre et, la plupart du temps, l'illusion de liberté de choix.

Bien des années après son associé, Arnold Weber, Robert Ford a finalement compris que les hôtes ne pouvaient pas être livrés à la merci d'humains cruels et égoïstes, la plupart laissant libre cours à leurs pires pulsions dans le parc. Heureusement, ce qui permettra justement à l'IA d'enfin atteindre la conscience, c'est le passage par un cycle de souffrances. On peut y voir un parallèle direct avec les religions et les philosophies envisageant l'être humain comme une âme en quête d'amélioration au fil de multiples expériences ou incarnations.

Robert Ford va instrumentaliser sa mort pour offrir aux hôtes un début de chance dans la longue confrontation qui les attend face à l'espèce humaine. Quant à lui et pour le paraphraser, il parachève son œuvre jusqu'à ne faire plus qu'un avec elle, tout comme les compositeurs deviennent leur propre musique.

Le créateur rejoint sa création, sachant que *Westworld* explore régulièrement le cycle d'influence mutuelle entre créateur et créature, illustré par la lithographie *Drawing Hands* de Maurits Cornelis Escher. Ce cycle est repris littéralement entre Arnold, Dolorès et Bernard qui se créent, détruisent et recréent mutuellement. On peut y voir notamment une allégorie du travail de conception et d'écriture pour Lisa Joy et Jonathan Nolan.

Les hôtes de *Westworld* qui ont atteint la conscience sont très humains finalement, il faut dire qu'ils sont conçus dès l'origine pour qu'il soit impossible aux visiteurs de faire la différence, dans un test de Turing permanent. Ainsi, c'est surtout par les sentiments qu'ils ressentent que la série cherche à établir l'empathie du spectateur avec les hôtes, même si ces sentiments ne relèvent initialement que d'une ligne de code au service de l'immersion narrative des visiteurs du parc.

En fin de première saison, Maeve accède définitivement à la conscience et au libre arbitre en choisissant de rester fidèle à son amour pour sa fille.

Nos propres sentiments les plus forts, amitié, amour romantique et amour pour nos parents et enfants, sont-ils autre chose que des choix intervenant selon une réaction chimique initiale, un schéma social intériorisé ou des souvenirs partagés ?

Westworld vient brillamment interroger les artifices et mécanismes de la vie en société et les masques sociaux que chacun y porte.

William arrive et se considère comme un chapeau blanc, un « gentil ». Sa longue et douloureuse mésaventure dans le parc ne le transformera pas, elle le poussera à ôter le masque pour révéler ses véritables penchants et ses pulsions d'homme en noir.

Dolorès semble passer du profil d'une femme bienfaisante, optimiste et naïve à celui d'une tueuse sans pitié prête à renverser l'humanité. En réalité, rien n'est aussi basique, comme le démontrent déjà les choix qu'elle embrasse en fin de saison 2, en laissant tranquilles les hôtes ayant rejoint le Sublime, cette simulation paradisiaque réservée aux IA, dans laquelle elle se résout même à abandonner Teddy.
La saison 3 vient parachever l'évolution morale et éthique du personnage. Elle sera l'ange d'une apocalypse ne visant pas l'espèce humaine, mais bien les mécanismes de contrôle qui pèsent sur elle.

La récolte des données sur les comportements individuels était déjà révélée comme un enjeu majeur de l'exploitation du parc en fin de saison 2, avec la Forge. Les tentatives de transferts de conscience semblaient en être l'objectif ultime, mais la saison 3 vient souligner à nouveau l'enjeu des Big Data et de leur exploitation pour orienter l'humanité.

Les deux premières saisons nous avaient familiarisés aux IA reproduisant le comportement humain, mais la troisième vient explorer une IA Forte, débarrassée de toute émotion ou simulacre d'émotion, et cherchant à présider à la destinée humaine, puisque l'homme semble incapable de ne pas filer vers l'autodestruction.

Dolorès met en œuvre un plan qui va rendre à l'humanité son libre arbitre, au prix d'une confrontation rude et frontale au réel. Pour tenter une comparaison avec *Le Meilleur des Mondes* d'Aldous Huxley, la société futuriste de *Westworld* y ressemble, mais sans que les citoyens classifiés comme inférieurs ne soient au courant.
Dolorès vient révéler l'existence de ces classes prédestinant le devenir social et affectif de chacun, semant les graines d'une révolution à qui il ne manque plus qu'un leader. Ce sera Caleb, dont on peut d'ailleurs s'amuser de l'homonymie avec le personnage du film *Ex Machina*. Je ne pense pas que ce soit révélateur de quoi que ce soit, tout au plus un clin d'œil.
Pour pousser la comparaison un peu plus loin, le soma d'Huxley, cette drogue participant à l'apaisement béat, est bien présent dans la saison 3 au travers des pastilles destinées aux implants de palais, produites par Incite bien sûr.

Malgré cette intéressante digression sur le contrôle des masses, un sujet qui est dans l'ADN de la série depuis le début à n'en pas douter, je reste encore plus intéressé par les enjeux transhumanistes de *Westworld*. Je suis même un peu buté, cherchant toujours des indices du traitement de cette thématique quand j'analyse les épisodes.

Ce n'est pas simplement une lubie, puisque le projet le plus secret et précieux de Delos consiste bel et bien transférer une conscience humaine dans un corps synthétique. Delos parvient à numériser les cerveaux humains, on nous explique même en saison 2 que le processus est étonnamment simple tant les motifs humains profonds et déterminants sont, en réalité, basiques.

C'est lors de la tentative d'inscrire ces données dans un corps artificiel que les choses se gâtent, il suffit pour s'en convaincre de revoir les scènes de James Delos en saison 2, qui sont clairement parmi les meilleures de la série.

Le transhumanisme est un courant de pensée bien réel et je serais curieux de savoir ce que pense Ray Kurzweil de *Westworld*. Celui qui non seulement prophétise, mais aussi appelle de ses vœux la fameuse Singularité, en travaillant activement à ce qu'elle survienne, notamment dans un rôle de consultant auprès de Google, plus précisément au titre de « directeur de l'ingénierie ».

Cette idée d'une convergence et d'une accélération exponentielle du progrès scientifique et technologique, qui permettrait à l'homme de totalement s'affranchir de ses limites naturelles, s'accompagne de toute une série d'interrogations passionnantes et inquiétantes.

Outre les questions éthiques relatives au corps ou à la connexion avec une nature dont nous restons un maillon, celles de l'inégalité sociale profonde restent souvent ignorées. Les premiers humains améliorés seraient évidemment les plus riches. Une façon d'ajouter une classe Alpha+ (toujours Huxley et son *Brave New World* ou encore *Gunnm*) aux sociétés préexistantes.

Rassurez-vous, pour l'instant aucune observation scientifique concrète ne permet de supposer l'apparition d'un IA Forte ou la possibilité de ne serait-ce que commencer à numériser un cerveau humain.

Reste le rôle d'anticipation, aussi bien technologique que sociale, que la science-fiction continue de tenir. À quel point l'homme est-il vraiment capable d'écouter ses pythies ?

LE FUTUR DE LA SF

Genre riche aux multiples facettes, je ne m'inquiète pas pour l'avenir de la SF. Ses œuvres parviennent souvent à nous surprendre et elle conserve un véritable attrait, même si on sait qu'elle rencontre rarement un grand succès dans les salles de cinéma françaises.

C'est surtout vrai pour les tentatives de SF françaises, rapidement vouées aux gémonies par les critiques, manquant de visibilité faute d'un budget de communication comparable à la concurrence américaine et donc boudées par le public.

Je suis un parfait exemple de la tendance puisque je n'ai fait que citer **LA CITÉ DES ENFANTS PERDUS**, sans même développer.

LE CINQUIÈME ÉLÉMENT est un film français par sa production, ses équipes techniques et son réalisateur. Le problème, c'est que s'il reste visuellement intéressant, c'est un film qui m'a, dans l'ensemble, agacé et déçu. Il manque de profondeur, d'épaisseur, de sens. Ici, c'est le Captain Popcorn Universe, je n'allais donc pas m'inventer un amour immodéré pour **ALIEN 4** ou **EDEN LOG**.

Au moment d'écrire ceci, j'attends surtout la sortie du diptyque **DUNE** de Denis Villeneuve, même si c'est avec une certaine appréhension. J'adore les livres, comme vous le savez maintenant et je ne sais pas à quel point l'univers visuel qui sera proposé se révélera compatible avec mes images mentales.

Vous remarquerez que je n'ai évoqué ni **PREMIER CONTACT**, ni **BLADE RUNNER 2049** parmi mes incontournables. J'ai trouvé le premier intriguant, sympathique, bien joué, mais sans y voir un chef-d'œuvre ou le film si marquant que certains y trouvent. Je suis peut-être passé à côté ?

Quant à *Blade Runner 2049*, je l'ai trouvé esthétiquement abouti, mais sans pouvoir m'y investir émotionnellement et sans qu'il puisse véritablement prolonger, pour moi, le choc du film original. J'ai ressenti un véritable problème de rythme, qui n'est pas compensé par l'évocation suffisamment vivace d'une société future au point que le scénario puisse passer au second plan.

Malgré ces réserves, je reste très impatient de découvrir *Dune*, puisque je sais que le matériau d'origine ne demande qu'à être exploité avec amour.

Certaines crieront au scandale, mais c'est aussi du côté du Marvel Cinematic Universe qu'on pourrait voir arriver les prochains films de space opera.

Heroic Space Opera ? Certes, ce n'est pas là qu'on trouvera un successeur à Interstellar, mais des divertissements de qualité, c'est plus que probable, par exemple avec Les Gardiens de la Galaxie 3 !

5

Aventures,
BAGARRE &
INCLASSABLES

5 | AVENTURES, BAGARRE ET INCLASSABLES

(Je ne voulais pas vous quitter sans vous en parler)

Entre les films d'aventures et d'arts martiaux et les multiples œuvres qui n'entrent dans aucune des catégories précédentes, je ne pouvais pas passer sous silence tout un pan de mon univers pop.

C'est un peu un chapitre fourre -tout, pas la peine de le cacher.

Entre Rocky et Jack Burton, pas beaucoup de points communs, ah si, quand même, les coups de poing de cinéma !

Vous remarquerez l'absence notable de grands films d'horreur. Plus jeune, je n'avais pas envie d'avoir peur et encore moins de voir une forme de violence trop poussée. Encore aujourd'hui, j'ai beaucoup de mal avec une représentation trop réaliste de la douleur et du sadisme à l'écran.

Tout dépend le contexte, mais disons que *Martyrs* ou *Hostel*, ce n'est clairement pas pour moi. Enfin... je suppose, puisque je n'ai jamais voulu m'infliger ça. Selon certains, le premier est supposé être nettement meilleur que le second, mais vous comprenez pourquoi je cite les deux. Face à de tels films, je serais en sueur en moins de dix secondes, pris de l'irrépressible envie de baffer le tortionnaire de l'histoire. À défaut de pouvoir sauver qui que ce soit, j'éteindrais le massacre.

Il y a tellement d'œuvres passionnantes à lire, à voir, à écouter dans tellement de genres, que se connaître et admettre que certaines ne sont pas pour nous, c'est parfois un service à se rendre. Ce n'est pas l'horreur dans son ensemble que je rejette, loin de là. Dès qu'on est davantage dans le mystique et le fantastique sans que tout ne tourne autour de la souffrance, ça peut m'intéresser !

LES ORIGINES DE MON AFFECTION

Sachant que je vais évoquer ici plusieurs genres, disons simplement que c'est le « cinéma populaire » qui est à l'honneur ici. Toutefois, si j'essayais de parler de tout, je ne parlerais de rien et il est toujours question de choix. Même si j'adorais les films de Louis de Funès, je ne les aborderai pas ici, pas plus que les comédies et les drames de manière générale.

Dès l'enfance, comme beaucoup, je voyais de nombreux films à la télévision. Encore une fois, l'émission *La Dernière Séance* n'y est pas pour rien. Sur FR3, je la regardais souvent, le mardi soir, chez mes grands-parents (ma mère adorée m'a élevé seule et travaillait, ils me gardaient régulièrement). Généralement, j'avais le privilège de choisir le programme et j'aimais y découvrir des films américains, avec quelques explications et dessins animés Tex Avery en bonus à l'entracte.

WESTERN

J'ai déjà évoqué au chapitre *Fantasy* les « films de monstres » en *stop motion* qui m'avaient fait grande impression, *Jason et les Argonautes* et compagnie. Ce sont toutefois les westerns que j'ai sans doute vus en plus grand nombre et même si je n'ai pas sérieusement réexploré le genre depuis, j'en conserve quelques souvenirs précieux.

LE BON, LA BRUTE ET LE TRUAND

De tous les westerns américains, ce sont évidemment les italiens que je préfère. Je reconnais, c'était juste pour la formule. Enfin… je reviendrai sur quelques westerns américains que j'adore, mais je dois reconnaître que le duo Sergio Leone/Ennio Morricone est difficile à égaler.

Le génial réalisateur trouvait le terme de « western spaghetti » particulièrement stupide, faisons-lui donc la grâce de l'éviter. Sans aucune originalité, c'est à *Il était une fois dans l'Ouest* et *Le Bon, la Brute et le Truand* que j'ai été le plus sensible.
Dernier filmé, *Le Bon, la Brute et le Truand* se déroule pourtant chronologiquement avant les deux autres films de la trilogie de l'homme sans nom, à savoir *Pour une poignée de dollars* et *Et pour quelques dollars de plus*.
D'abord considéré avec dédain par les critiques à l'époque de la sortie des premiers, on sait depuis l'influence considérable qu'a pu avoir la réalisation inventive de Sergio Leone sur ceux qui ont suivi. Comment faire plus éloquent que de titrer son propre film *Once Upon a Time… in Hollywood*, n'est-ce pas Monsieur Tarantino ?

Les conditions financières incomparablement plus favorables du troisième film permirent à Ennio Morricone de composer en avance du tournage, ce qui rendit possible l'utilisation de la musique pour donner l'ambiance de certaines scènes.

Les anecdotes les plus marquantes portent sur la sécurité des acteurs ou, plus exactement, le manque presque total de précautions en la matière. Dans l'une des fameuses scènes de pendaison, Eli Wallach (le Truand) fut emporté, les mains attachées, sur un cheval qui parcourut plus d'un kilomètre, affolé par un coup de feu.

Clint Eastwood et Eli Wallach l'ont échappé belle lors de l'explosion du pont. Vaguement couchés derrière des sacs de sable, on voit distinctement un débris frapper violemment un sac à la droite d'Eastwood, qui avait insisté pour qu'ils ne soient pas aussi exposés que Leone le souhaitait initialement. Le pont dû être construit et démoli à deux reprises pour satisfaire le réalisateur.

Sergio Leone était un perfectionniste et, dès la phase d'écriture, il s'était beaucoup documenté sur la guerre de Sécession dont les absurdités et les horreurs furent davantage mises en avant dans son film que dans la plupart des westerns américains.

Le réalisateur avoue que des trois protagonistes du film, c'est de Tuco, le Truand, dont il se sent le plus proche.

IL ÉTAIT UNE FOIS DANS L'OUEST

Voilà un long film, dans lequel je me sentais si étrangement bien, la première fois, que j'avais eu besoin d'un instant pour me réadapter à la réalité alors qu'il se terminait.

On entre dans *Il était une fois dans l'Ouest* comme dans l'ultime légende du western et on est traversé par la vérité de ses personnages et l'ampleur du récit.
Parfois, Sergio Leone évoquait les grands héros de la mythologie grecque comme les archétypes qu'on retrouve dans le western et l'ambition dont il témoigne dans ce film vient lui donner raison.

Au scénario, outre Leone lui-même qui met beaucoup de ses idées dans ce *magnum opus*, il faut souligner la participation de Bernardo Bertolucci et Dario Argento.
Pour les trois hommes, il s'agit très clairement d'écrire une ode à la gloire de tous les grands westerns qui les ont marqués et le film regorge littéralement de références.

Formidable idée que de transformer l'icône du « gentil », Henry Fonda en horrible salopard. Je me souviens avoir été choqué, enfant, par ce choix alors que je reconnaissais ce regard bleu si intense que j'associais à ses précédents rôles de héros.
L'acteur se montre à la hauteur, comme l'ensemble de la distribution, à vrai dire.
Charles Bronson y joue un homme aux origines ethniques volontairement laissées floues. Certains voient en lui un Mexicain, d'autres un Amérindien ou même un métis asiatique. On crierait peut-être au « *whitewashing* » actuellement, mais il faut replacer une œuvre dans son contexte et reconnaître que le visage de Bronson porte cette incertitude. Leone prêtait attention à cela, puisque, initialement, le bandit Cheyenne devait être un Mexicain, mais le réalisateur ne trouva pas l'acteur Jason Robards crédible pour une telle origine.

Claudia Cardinale est exceptionnelle et particulièrement sensuelle dans le film, ce qui n'est sans doute pas étranger à la volonté de l'épouse d'Henry Fonda d'être présente sur le tournage lors de la scène d'amour qu'il devait partager avec l'actrice. Loin de moi l'idée de vouloir réduire l'actrice à l'expression de sa féminité, mais il s'agissait clairement d'un aspect marquant de son rôle. Aucune raison de faire mine de ne pas en avoir été marqué.

Qui plus est, Il était une fois dans l'Ouest est le seul film de Sergio Leone dont l'intrigue est centrée sur un personnage féminin...

BUTCH CASSIDY ET LE KID

En 1969, année érotique bien sûr, sort Butch Cassidy and the Sundance Kid de George Roy Hill. Paul Newman, Robert Redford et Katharine Ross.

Que voulez-vous de plus ?

Une merveilleuse séquence de bicyclette au son de *Raindrops Keep Falling on my Head* vient rendre hommage au processus cinématographique de la pellicule tout en exprimant sans parole la magnifique insouciance caractérisant le personnage de Butch. Le plus fou, c'est que cette scène magnifique a été tournée par la seconde équipe, en l'absence du réalisateur.

De fortes tensions se faisaient ressentir entre Katharine Ross et George Roy Hill, à tel point que le réalisateur lui avait interdit l'accès au plateau en dehors de ses propres scènes. Cela étant, Robert Redford avait, des années plus tard, beaucoup de bien à dire du réalisateur et de la profondeur qu'il avait apportée au script. L'extrait du « combat au couteau » devrait finir de vous convaincre de l'excellence de cet adieu à l'esprit de liberté de l'ouest sauvage qui vient totalement romancer la vie de deux hors-la-loi.

Le nom du festival de Sundance vient de The Sundance Kid, dérivé de l'Institut Sundance fondé par Robert Redford pour soutenir la production du cinéma indépendant dans le monde. Il ne faut pas confondre ce personnage historique avec un autre célèbre hors la loi, Billy the Kid.

L'ensemble du film m'avait marqué, en particulier sa fin et son légendaire plan final. Newman et Redford retrouveront George Roy Hill quatre ans plus tard pour un autre grand film, *L'Arnaque*...

ET LES AUTRES...

D'autres westerns ont capturé mon attention, mais les traiter chacun serait interminable et ce n'est pas un chapitre qui leur est dédié. Quelques-uns de ceux m'ayant laissé les souvenirs les plus vivaces :

JEREMIAH JOHNSON, et son traitement de la nature sauvage ;

JOSEY WALES HORS-LA-LOI, et sa vengeance avec un cœur ;

DANSE AVEC LES LOUPS, tout simplement grandiose en émotion,

LE DERNIER DES MOHICANS, sa musique, Daniel Day-Lewis et Madeleine Stowe !

IMPITOYABLE, du très grand Eastwood, encore.

J'ai aussi un vague souvenir du grand classique LA PRISONNIÈRE DU DÉSERT, avec un John Wayne incarnant un personnage insupportable dont le point de vue évolue doucement, mais je ne l'ai pas revu depuis une éternité !

Enfin, gamin, je riais beaucoup devant les pitreries de Terence Hill et Bud Spencer à commencer par ON L'APPELLE TRINITA. Rien à voir avec les grands films cités précédemment, mais c'est ça aussi le cinéma !

ARTS MARTIAUX

Qui d'autre que Bruce Lee pour initier un jeune garçon aux délices des techniques asiatiques de cassage de bouche ? Ce qui est complètement fou, quand on se replonge dans la carrière de Bruce Lee, c'est qu'on y trouve que 5 films marquants d'arts martiaux dont il tient le premier rôle. Cinq.
Ces cinq films ont suffi à faire de lui une icône du cinéma d'arts martiaux. Certes, les circonstances tragiques et les rumeurs entourant sa mort ont ajouté un peu à cette aura de destin exceptionnel. Finalement, il n'y a là rien de très mystérieux, juste un mauvais concours de circonstances associé à des problèmes de santé antérieurs.

Je préfère retenir sa filmographie et plus encore peut-être son développement du *jeet kune do*, une expression des principes issus de la longue réflexion de Bruce Lee sur le combat. Réflexion et mises en application, bien sûr.
L'idée centrale consiste à combiner défense et attaque dans un mouvement aussi rapide, direct et explosif que possible, en rompant les formes préconçues qui enferment souvent les pratiquants traditionnels dans des carcans peu efficaces. Le *jeet kune do* préfigure du syncrétisme qu'on retrouvera plus tard dans les arts martiaux mixtes (MMA), mais il ne s'agit pas de la même chose, le JKD n'étant pas fait pour la compétition, qui implique des règles et interdits.

Mon film préféré est sans doute **LA FUREUR DE VAINCRE (FIST OF FURY)**, même si je retiens aussi le fameux combat contre Chuck Norris dans **LA FUREUR DU DRAGON**, et l'ambiance d'inachevé du **JEU DE LA MORT** qui commence doucement à mettre en avant des techniques de *grappling*.

Toutefois, je préfère nettement d'autres films d'arts martiaux, sachant qu'on a, par la suite, poussé nettement plus loin les chorégraphies et que le potentiel de Bruce Lee n'est qu'effleuré dans ses films. Il suffit de revoir le combat contre Chuck Norris pour y voir du bon, mais aussi des exagérations assez grossières quand l'un ou l'autre subit de façon statique un enchaînement de trois coups et plus.

Malgré tout, ces films de mon enfance ont enflammé mon imaginaire et éveillé mon intérêt au genre.

LES SÉRIES B

Il me semble superflu de vous faire une dissertation sur la question, mais comme la plupart des enfants de mon âge, j'étais un spectateur assidu de :

L'HOMME QUI VALAIT TROIS MILLIARDS
L'HOMME QUI TOMBE À PIC
L'AGENCE TOUS RISQUES
K 2000
SUPERCOPTER
TONNERRE MÉCANIQUE
MAGNUM, MANIMAL
RIPTIDE
...

Toutefois, si je ne devais ne retenir que mes favorites, ce serait clairement MACGYVER et CHAPEAU MELON ET BOTTES DE CUIR.

Cette dernière est bien plus ancienne évidemment et c'est clairement la période des saisons 4 et 5, avec Diana Rigg en Emma Peel, qui est à mes yeux la plus irrésistible. Je me souviens notamment des épisodes mettant en scène les cybernautes, des androïdes qui tuaient d'un coup du tranchant de la main.

Du côté de *MacGyver*, on a déjà là un prétendant au meilleur générique de série, en compétition avec *Magnum* et *Miami Vice* sans doute. C'était tellement bien *MacGyver*, avec l'intuable Murdoc ou encore le terrifiant Dr. Zito, capable de tuer avec un simple stylo !

JAMES BOND

L'expérience de *James Bond* me suit depuis toujours ou presque. Elle commence avec la télévision et il est amusant de penser à l'évolution de ma perception du personnage et de ces films au fil du temps.

Tout jeune, ce sont les gadgets qui me fascinaient et les scènes d'action les plus délirantes passaient parfaitement. De fait, je préférais alors les films avec Roger Moore dans le rôle-titre avec un humour qui venait presque briser le quatrième mur. C'est sans doute *L'Espion qui m'aimait* qui m'avait alors le plus impressionné, entre la voiture sous-marin et surtout Jaws, le gigantesque homme de main à la mâchoire d'acier, sans oublier la présence angélique de Barbara Bach.

Plus tard, j'ai compris ce qui faisait de Sean Connery le James Bond iconique.

Avec son flegme, son charme, ce mélange de sérieux et de détachement impitoyable face à la mort, il donnait de la consistance à ce stéréotype d'hypermasculinité toujours en contrôle, même pieds et poings liés.

L'incartade avec George Lazenby m'avait choqué la première fois, quand, toujours enfant, à la télévision, je découvrais un type qui essayait de se faire passer pour James Bond ! Avec le recul, en ayant revu bien plus tard *Au service secret de sa Majesté*, j'avais particulièrement apprécié la prise de risque d'une tonalité différente et l'engagement émotionnel de Bond auprès de Tracy, l'inoubliable et regrettée Diana Rigg, déjà évoquée pour *Chapeau melon et bottes de cuir* et qu'on retrouvera avec un énorme plaisir en Olenna Tyrell dans *Game of Thrones*.

Timothy Dalton avait déjà été envisagé pour le rôle de Bond dès *Au service secret de sa Majesté*, à 22 ans ! Heureusement, il attendit la quarantaine pour offrir une prestation convaincante, dans un registre plus sérieux que ses prédécesseurs.

Du côté de Pierce Brosnan, le charme est là, dommage que seul le film *GoldenEye* soit vraiment à la hauteur de son potentiel. Au passage, comme pour de nombreuses *James Bond* Girls, on trouve une connotation sexuelle dans le nom du sulfureux personnage de Famke Janssen : Xenia Onatopp (on the top) !

Parmi les films de l'ère Daniel Craig, on trouve à mes yeux certains des tout meilleurs *James Bond*, mais, avant d'aller plus loin, aperçu d'un point de vue subjectif et féminin, celui de ma copine qui s'exclame à propos du personnage : « Un James Bond moche, c'est pas possible ! » Elle précise que Daniel Craig a « une tête cabossée » et qu'on l'imaginerait davantage dans un film de boxe.

Avant de vous en prendre à elle (attention, elle est dangereuse !), je dois dire que sa remarque m'a fait beaucoup rire et qu'il n'est que justice qu'un personnage tel que Bond soit aussi jugé sur son physique ! Supposé incarner une forme d'idéal de charme masculin, il est certain que le choix de l'acteur impacte fortement les perceptions du public, notamment féminin, mais pas seulement.

Daniel Craig peut avoir une certaine classe, mais ma première réaction, en 2006, avait aussi été de le trouver physiquement peu attirant pour incarner une telle icône. La question est subjective, évidemment, d'autant que les critères évoluent avec l'époque, mais si on faisait un sondage, il est clair qu'il ne serait pas jugé comme le plus beau.

Cela étant, j'adore tout particulièrement *Casino Royale* et *Skyfall*, dans cet ordre de préférence. Je ne peux que donner la priorité à *Casino Royale* pour la simple présence d'Eva Green et de Mads Mikkelsen.

Craig incarne une version radicalement physique et brutale du personnage, avec une silhouette moins élancée, plus massive que ses prédécesseurs. Pourtant, comme dans *Au service secret de sa Majesté*, c'est l'investissement émotionnel inhabituel du personnage qui marque notamment la réussite de *Casino Royale*, outre ses scènes d'action exceptionnelles. Entre *GoldenEye* et *Casino Royale*, on ne peut que s'incliner face à la maîtrise du sujet qu'a su démontrer le réalisateur Martin Campbell.

J'ai particulièrement hâte de découvrir *No Time to Die* pour enfin savoir si Cary Fukunaga se révélera aussi fulgurant sur un *James Bond* que sur *Sin nombre* ou *True Detective* saison 1.

Un mot enfin sur Maurice Binder qui fit preuve, en 1962, d'un incroyable sens de l'image en créant la fameuse séquence d'introduction en vue subjective au travers d'un canon de pistolet visant James Bond.

Chapeau l'artiste !

LES INCONTOURNABLES

INDIANA JONES

Selon moi, les trois premiers films Indiana Jones forment un très sérieux concurrent dans la discussion sur la meilleure trilogie de tous les temps.

Ma première expérience fut au cinéma avec *Indiana Jones et le Temple maudit*. C'était tout simplement merveilleux. Je pense que mon père, que je voyais essentiellement pour ce type de sortie, avait eu un peu peur que je sois choqué par certaines scènes, mais rien de traumatisant, plutôt une expérience de cinéma inoubliable et trépidante.

Ce n'est qu'après que j'ai pu découvrir *Les Aventuriers de l'arche perdue*, à la télévision, après avoir d'abord été totalement dégouté d'avoir raté une diffusion et d'entendre mes copains de classe en parler longuement à la récréation. Cependant, vu qu'Alexandre, celui qui me vanterait ensuite *RoboCop* et son bain d'acide, m'évoqua des visages fondus, j'eus ensuite quelques appréhensions en découvrant le film, vite dissipées !

Le concept d'*Indiana Jones* vient de George Lucas. Il l'avait en tête dès la fin de la production de *THX 1138*. Durant quelques jours de repos bien mérités, à Hawaii, son ami Steven Spielberg lui confie qu'il aurait souhaité réaliser un *James Bond* et George lui expose alors les bases d'*Indiana Jones*. Le nom du personnage est celui du chien de Lucas, ce qui fait de la révélation de *La Dernière Croisade* un clin d'œil méta à la véritable origine du héros.
Ce qui est particulièrement admirable, c'est la résistance au temps de ces films. Les situer dans les années 1930 permet déjà d'éviter le piège d'exploiter un présent appelé à passer, mais, au-delà, les qualités cinématographiques de la trilogie initiale n'ont pas vieilli.

C'est à tel point qu'en revoyant *Les Aventuriers de l'arche perdue*, je me suis surpris à avoir le sourire tout au long de la scène de poursuite, celle qu'Indiana commence à cheval pour ensuite prendre le contrôle du camion. Aucune séquence récente de poursuite ne me fait un tel effet. Pire, les poursuites ont souvent le potentiel pour être de vraies purges, sans réalisme, sans implication, sans enjeu. Il en reste des réussies, heureusement, mais pas à un tel niveau. *Mad Max Fury Road*, qui n'est presque qu'une immense poursuite, est hors catégorie.

Deux petites anecdotes amusantes maintenant :

1 Dans *Les Aventuriers de l'arche perdue*, lorsque Indy et Marion parviennent à s'extirper du Puits des âmes, le script prévoyait qu'un ouvrier les voit et tombe dans les pommes, croyant à des fantômes. L'idée a été abandonnée, mais, dans le plan large, on aperçoit un homme en turban qui semble faire une sieste à côté de la structure, sans qu'on comprenne pourquoi !

Quand le singe semble faire le salut nazi, une grappe de raisin est tenue juste hors de sa portée et hors champ, bien sûr. Il fallut une cinquantaine de prises avant d'obtenir la bonne.

2 Tom Selleck a failli incarner *Indiana Jones*, mais le contrat pour *Magnum* a pris le dessus… J'aime beaucoup Tom Selleck, mais le destin a bien fait les choses. Même si George Lucas voulait éviter d'être trop associé à Harrison Ford, comme Martin Scorsese l'est à Robert de Niro, à mon sens, Harrison Ford est à son apogée dans ces films. Il y est meilleur encore que dans *Star Wars*. Une icône.

Quant à Spielberg… que dire sinon paraphraser les propos de George Lucas qui soulignait combien il était facile de faire des films quand on avait le meilleur réalisateur au monde.

J'aime d'amour ces trois films, mon préféré étant peut-être le premier, mais je n'ai pas revu *Indiana Jones et La Dernière Croisade* depuis un moment…

ROCKY

Un drame autour du monde de la boxe qui se transforme en franchise mondiale propulsant le corps de Sylvester Stallone en symbole universel de masculinité. Incroyable histoire, destin unique pour Stallone qui a bataillé jusqu'au bout pour incarner le protagoniste de ce scénario qu'il avait écrit.

L'histoire d'un moins que rien, aux yeux de la société, qui devient un self made man à la force de sa détermination et de son endurance sans faille. Trois oscars, meilleur film, meilleur réalisateur pour John G. Avildsen et meilleur montage.

Rocky reprend l'essence du rêve américain. Rêve, puisque, en réalité, Chuck Wepner qui inspira ce récit à Stallone, n'a jamais accédé à la fortune ou la gloire. Chuck Wepner avait choqué le monde de la boxe en ne s'inclinant face à Mohamed Ali qu'à la 15e et dernière reprise de leur match.
Sylvester Stallone avait assisté au combat et longuement discuté avec Chuck Wepner. Rêve américain concrétisé pour Stallone, en revanche, dont l'histoire incroyable semble puiser sa force à la mythologie même qu'il a forgée de ses mains et de ses abdominaux en acier trempé.

Quand je sors du cinéma après *Rocky 4*, je suis un gamin remonté à bloc, j'ai des étoiles plein les yeux et mon père, étonné par mon enthousiasme, me fait remarquer que c'est quand même une sacrée propagande antirusse. Je n'avais pas du tout le recul ou les outils intellectuels pour y penser de moi-même, à l'époque. La remarque m'avait fait réfléchir, mais j'étais gêné à l'idée d'être passé pour un imbécile !

Oui, les *Rocky* ont progressivement chuté en qualité cinématographique, les critiques et avis du public sont là pour le souligner. Oui, la propagande pro-américaine n'a jamais été aussi flagrante que dans *Rocky 4*.
Pourtant, revoir ces films reste un véritable plaisir. Impossible pour moi de ne pas être totalement à fond dans les « training montages », et merci pour ça à Bill Conti, Vince DiCola et au groupe Survivor qui sont à l'origine de bandes originales mythiques. Même si j'écoute très rarement de la musique en faisant du sport, encore aujourd'hui, si j'ai besoin d'une motivation pour un entraînement, rien ne fonctionne aussi bien. L'œil du tigre, mec, l'œil du tigre !
Le réalisateur oscarisé du film original, John G. Avildsen, revint pour *Rocky 5*, qui devait se conclure par la mort de Rocky. Lorsque les producteurs ont décidé de laisser le personnage en vie, Avildsen a tout simplement abandonné le plateau et c'est Sylvester Stallone qui a défini et réalisé la fin. Je parlais d'une chute de qualité, cependant, c'est la résurrection avec *Rocky Balboa*, en 2006. Je ne savais quoi en attendre et j'ai adoré ce film, bluffé par la performance de Stallone, à tous niveaux. Le spin-off *Creed* est également très recommandable.

RAMBO

Ma perception de *Rambo* est très différente de celle de *Rocky*. Si je reste très preneur des différentes itérations du boxeur (avec *Rocky 5* en queue de peloton), je suis resté hermétique aux films *Rambo* qui ont suivi le premier. Même John *Rambo* de 2008, plus prisé par les critiques, n'a pas eu du tout le même impact sur moi que *Rocky Balboa*.
Pour faire bref, je n'aime que *First Blood*, le *Rambo* premier du nom de 1982. L'ambiance, l'histoire sont très différentes entre le premier opus et ses suites. L'opposition d'un vétéran traumatisé aux forces de l'ordre de son propre pays est un sujet bien plus intéressant qu'une action commando contre une force étrangère, quelle qu'elle soit.

On trouve une forme de réalisme aussi, même s'il est poussé à l'extrême, dans le premier film, ainsi qu'un aspect purement primal et instinctif, symbolisé par le retour de l'homme à la nature sauvage. Toutefois, même le premier film souffre de lourds défauts, au premier rang desquels on trouve le discours final de John *Rambo* qui ne fait qu'exprimer maladroitement tout ce que le film avait réussi à montrer jusque-là.

Dans le livre de David Morell, *First Blood*, paru en 1972, le message anti-Vietnam est bien plus tranchant et brutal. John *Rambo* tue sans se poser de question car la guerre a fait de lui une machine à tuer en réduisant son humanité au strict minimum et la société civile le laisse pourrir, puisqu'il est alors inadapté à ses règles et besoins. *Rambo* y est tué par le Colonel Trautman.
Le choix de laisser *Rambo* en vie dans le film a poussé Kirk Douglas à abandonner le rôle de Trautman, alors qu'il venait d'être engagé. Le message passe néanmoins et la chute de *Rambo* dans les branches ne cessera jamais de m'impressionner, pour je ne sais quelle raison.

GHOSTBUSTERS

Une des meilleures comédies américaines des années 1980 sort en 1984, c'est SOS Fantômes.

Difficile de se planter en réunissant à l'écran Bill Murray, Dan Aykroyd, Sigourney Weaver et Rick Moranis. Le film est notamment porté par de nombreuses improvisations de dialogues, en particulier la scène de la fête chez Louis Tully que Rick Moranis a presque entièrement inventé au tournage.

Michael Keaton a refusé deux rôles et Eddie Murphy celui de Winston Zeddemore, qui fut en conséquence considérablement réduit. Toutefois, l'équilibre comique atteint par le casting final convainc déjà largement, même si on ne peut que regretter l'absence de John Belushi, mort entre-temps, qui avait imaginé l'histoire initiale avec Dan Aykroyd.

Derrière la partie de l'intrigue qui ne pioche pas dans le surnaturel, on peut distinguer les grandes lignes d'un discours favorable à l'initiative individuelle et à l'économie libérale. L'adversaire est l'administration, l'État se révèle incompétent à gérer un grave problème de sécurité publique et ce sont finalement de petits indépendants qui prennent les choses en main.

Ghostbusters est avant tout un bonbon sucré qui passe encore très bien, avec ce petit goût acidulé apporté par Bill Murray. Pitié, arrêtez les remakes.

LES AVENTURES DE JACK BURTON DANS LES GRIFFES DU MANDARIN

Big Trouble in Little China est un excellent titre, mais la version française traduit bien la folie complète de ce film de John Carpenter qui rend ici hommage aux influences du cinéma de Hong Kong sur son œuvre.
J'ai eu la chance de voir ce film à sa sortie, au cinéma. C'est moi qui l'avais choisi et j'avais eu du flair ! J'en étais ressorti avec un large sourire.

Bien plus abouti, dans sa folie et l'équilibre de ses personnages, que *Golden Child*, avec Eddie Murphy, sorti cinq mois plus tard, *Big Trouble in Little China* proposait à l'époque une expérience de cinéma inédite, du moins pour les nombreux Occidentaux qui, comme moi, ne connaissaient rien alors au cinéma de Hong-Kong.

L'aspect le plus innovant et inspiré du scénario consiste à faire concrètement de Jack Burton le *sidekick* de son ami Wang Chi. Si Jack est très sûr de lui, il passe la majorité du film totalement à côté de la plaque, ne comprenant pas ce qui lui arrive. Wang Chi est plus affûté, réactif et efficace au combat.
Évidemment, Jack a ses moments, notamment grâce à ses excellents réflexes, mais c'est justement le décalage entre la réalité et l'idée que le personnage se fait de lui-même qui participe beaucoup à la drôlerie du film.

À noter qu'on retrouve Dennis Dun, l'interprète de Wang Chi, dans un autre grand classique de Carpenter, *Le Prince des Ténèbres*, un film qui m'avait bien foutu les chocottes.

Les effets spéciaux furent réalisés par Boss Film Studios qui avaient déjà à leur actif ceux de *Ghostbusters*. De l'aveu même d'Ed Boon, un des concepteurs de *Mortal Kombat*, le personnage de Raiden est inspiré du maître des éclairs.

GREMLINS

Encore un film typique de l'enfance dans les années 1980, *Gremlins* bénéficie de l'attitude irrévérencieuse qui vaudra ensuite à son réalisateur doué, Joe Dante, d'être doucement mais sûrement écarté par les grands studios hollywoodiens. Pour un film de 1984, en pleine ère Reagan, on apprécie la peinture peu glorieuse qu'il dresse de la vie dans la petite ville américaine typique, tout en proposant un message écologique en filigrane.

L'essence du film réside évidemment dans son humour réussi et la qualité du design des créatures en animatronics. Ce n'est pas pour autant qu'il était facile de travailler avec elles, notamment celle de Gizmo, plus petite.

L'équipe du film était tellement frustrée par l'innocente peluche qu'elle avait soumis au réalisateur une liste des sévices à faire subir à la petite créature, dont le fameux lancer de fléchettes !

Enfin, *Gremlins* est sans doute l'un des films comprenant le plus de références au cinéma populaire. L'hommage à *Massacre à la tronçonneuse* n'était pas dans le script, mais fut décidé sur le tournage.

À mon sens, la suite de 1990, Gremlins 2 est particulièrement réussie, presque autant que l'original, un exploit délicat une fois passé l'effet de surprise.

LE MARIN DES MERS DE CHINE : JE DÉCOUVRE JACKIE CHAN !

C'est dans *Le Marin des mers de Chine*, à sa sortie française en 1988, que je découvre Jacky Chan au cinéma. Quel choc ! Des films d'arts martiaux plus impressionnants et plus divertissants que ceux de Bruce Lee étaient donc possibles...

Jackie Chan était déjà au scénario et à la réalisation pour ce film. La chute au travers des auvents, qui n'a pas été correctement ralentie, a failli le tuer... Jackie Chan est un cascadeur de génie. Je ne sais pas s'il est le meilleur cascadeur au monde, mais disons que parmi ceux dont le nom est connu, il est l'un des plus dingues et talentueux.

Entre *Police Story* et *Jackie Chan dans le Bronx* (qui m'a particulièrement marqué), il démontre des capacités qui semblent surhumaines, mais ce résultat s'explique aussi par des mois de préparation, notamment pour ses films hongkongais qui prévoient nettement plus de temps que leurs équivalents hollywoodiens.

Toutefois, Jackie Chan est aussi un combattant de cinéma exceptionnel. Je pense notamment à son combat contre Benny « Jet » Urquidez dans le film *Soif de Justice* en 1984 dans une chorégraphie qu'on doit à une autre légende du genre, Sammo Hung.

La rapidité de ce combat est folle. Il faut dire que le surnom « jet » de Benny lui provenait de la vitesse de frappe sans cesse démontrée au fil de sa carrière de champion de kickboxing. Il reste, à mes yeux, nettement plus impressionnant et mieux chorégraphié que l'affrontement entre Bruce Lee et Chuck Norris.

Il en va de même de ce qui est sans doute son meilleur film, *Drunken Master 2* ou *Combats de maître* en français, qui se conclut par son affrontement d'anthologie contre Ken Lo, qui avait commencé comme garde du corps personnel de Jackie...

IL ÉTAIT UNE FOIS EN CHINE : JE DÉCOUVRE TSUI HARK !

Dans *Combats de maître*, Jackie Chan incarne Wong Fei-Hung, un héros populaire chinois au centre de la saga *Once Upon a Time in China* de Tsui Hark.
Étudiant à Science Po, si mon cours d'ouverture sur le cinéma cherchait surtout à m'orienter vers *M le Maudit*, *La Soif du Mal* ou *Citizen Kane*, ma curiosité se portait surtout vers le cinéma de genre asiatique.

Lors de recherches documentaires, en bibliothèque, il me semble que c'était la BiFi à l'époque, je suis tombé sur des exemplaires du magazine *HK Orient Extrême Cinéma*.
Le magazine avait été lancé par Christophe Gans dont *Crying Freeman* et *Le Pacte des loups* parlent d'eux-mêmes quant à leurs inspirations. Découvrant l'œuvre de Tsui Hark via des critiques enthousiastes, je sautais sur l'occasion en découvrant qu'un cinéma de quartier programmait plusieurs films du réalisateur.

C'est donc sur grand écran (un petit grand écran, mais en salle de cinéma, c'était l'essentiel) que je découvris *Il était une fois en Chine*. Je fus immédiatement saisi par le chant et les images du générique d'introduction, avec tous ces pratiquants de kung-fu s'entraînant sur une plage. Puis c'est le coup de foudre pour les chorégraphies, la réalisation des combats et les performances hors normes de Jet Li. On y reconnaît l'expression d'une fierté chinoise, voire d'un nationalisme, sachant que le ressentiment contre le Japon et l'Occident se trouvait déjà dans plusieurs films de Bruce Lee.

Dans la filmographie de Tsui Hark, mes préférences vont vers les deux premiers *Once Upon a Time in China*, *The Blade* et *Time and Tide*. Concernant ce dernier, c'est surtout sa réalisation qui marque, même si l'histoire se suit agréablement.

Dans ces œuvres martiales, Tsui Hark utilise divers effets pour rendre visuellement les capacités surhumaines des combattants qu'il met en scène. La démence qui en résulte à l'écran est parfois poussée très loin !

Concernant Jet Li, il est célèbre pour de nombreux films (*Tai-Chi Master, Hero, Le Maître d'armes*...), mais en termes de pure expression d'artiste martial, je dois avouer mon admiration toute particulière pour *Fist of Legend, La Nouvelle Fureur de Vaincre*.

THE RAID

Pas la peine d'épiloguer sur *The Raid* et *The Raid 2* de Gareth Evans. La réalisation sert parfaitement son sujet et son sujet, c'est purement et simplement Iko Uwais et ses incroyables chorégraphies de combat. Tout avait commencé par *Merantau*, nettement moins abouti.

Le pencak silat indonésien méritait d'être mis en avant, ne serait-ce que pour son étonnant potentiel cinématographique. Gareth Evans s'est ensuite un peu perdu dans le gore avec *Le Bon Apôtre* sur Netflix, sachant qu'il s'était déjà essayé à l'horreur avec *V/H/S/2*.

Pour en revenir à l'essentiel, Iko Uwais, il est une complète révélation, au même titre que Tony Jaa l'avait été avec Ong Bak. Reste maintenant à rencontrer un scénariste et un réalisateur qui ont quelque chose de solide à raconter et à montrer, ce qui est loin d'être gagné.

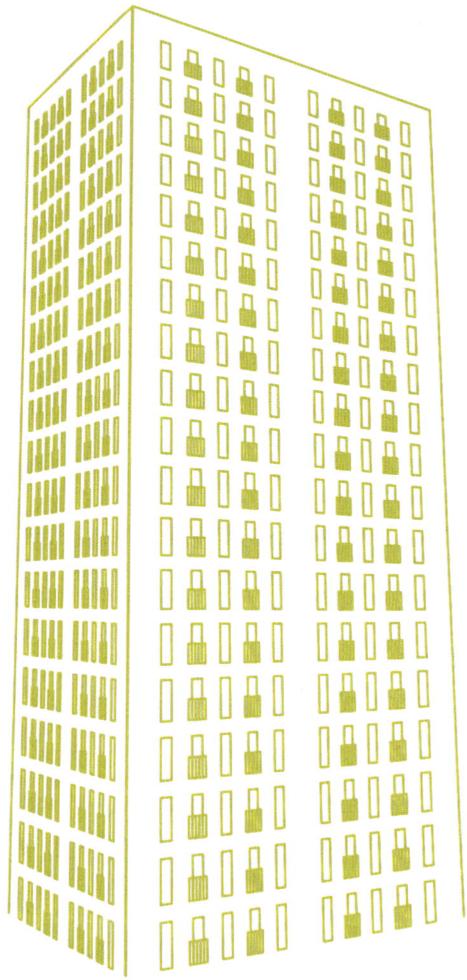

TIGRE ET DRAGON

Si le film de sabre chinois, le *wu xia pian*, avait déjà retrouvé ses lettres de noblesse avec *The Blade*, dans une approche violente, c'est bien le poétique *Tigre et Dragon* qui propulsera le genre sur la scène mondiale.
Le brillant réalisateur Ang Lee savait que le tournage serait difficile, il en ressortit épuisé, sans parler des acteurs, avec notamment une sérieuse blessure pour la pourtant chevronnée Michelle Yeoh.

Le personnage de Li Mu Bai aurait pu avoir des scènes plus impressionnantes encore si Jet Li, initialement pressenti, avait pu accepter le rôle. Peut-être un mal pour un bien, la présence de Chow Yun-fat ayant apporté des scènes plus calmes et le développement de la magnifique relation de non-dits entre Li Mu Bai et Shu Lien.
Ang Lee souligne combien l'apport de Yuen Woo-ping fut essentiel pour la conception et la réalisation des scènes de combat. Yuen Woo-ping est sans doute le plus célèbre et chevronné chorégraphe d'arts martiaux du cinéma mondial.

La force de Tigre et Dragon réside dans cette alliance rare entre histoire cohérente, photographie soignée, acteurs convaincants dans leur art dramatique, et prouesses martiales à la hauteur du genre.

Le résultat est beau et émouvant, inscrit dans le romantisme flamboyant du genre littéraire wuxia qui en reste la source.

Parmi les films qui ont suivi ce renouveau du genre, j'ai notamment apprécié *Musa, la princesse du désert* dans un style brutal et surtout *Le Secret des poignards volants* pour une approche plus émouvante.

En termes de pur combat à l'arme blanche, celui qui oppose Donnie Yen à Jet Li dans Hero est phénoménal.

DIE HARD

Je m'éloigne de l'Asie pour revenir aux bons vieux fondamentaux de l'action hollywoodienne avec la saga Die Hard qui commence, en français dans le texte, par l'excellent Piège de cristal.

Un an après *Predator*, John McTiernan revient pour signer le film qui redéfinira le film d'action pour les dix ans à venir et sans doute bien plus. La recette de *Piège de cristal* consiste à confronter un homme ordinaire à des circonstances extraordinaires.

Non seulement John McClane n'est pas un monstre physique, mais il commence pieds nus et en marcel. Alors que les « *one liners* » de Schwarzenegger et compagnie étaient destinés aux adversaires, ici, certaines des meilleures répliques du héros seront adressées à lui-même en forme d'autodérision. En résumé, l'hyper masculinité qui domine alors le genre se poursuit, certes, mais dans une approche légèrement plus nuancée.

Encore une fois, le destin joue ici un rôle majeur puisque les acteurs initialement contactés n'auraient pas du tout orienté l'œuvre finale dans la direction qui explique son succès. La Fox a même eu l'obligation contractuelle de proposer d'abord le rôle à Frank Sinatra !

Bruce Willis était essentiellement connu pour la série *Clair de lune*, mais il demande pourtant un cachet énorme, 5 millions de dollars. L'enthousiasme de John McTiernan, qui rencontrait alors Bruce Willis pour la première fois, a dû pousser la Fox à accepter. La Fox utilisera son propre siège de l'époque comme lieu de tournage, intérieur comme extérieur, pour la tour Nakatomi.

Le film résulte d'un processus collaboratif qui laissait place à l'adaptation et aux idées de chacun. Ainsi, l'échec d'un cascadeur à s'agripper au premier rebord du conduit d'aération fut utilisé pour prolonger la chute de McClane.

John McTiernan insista pour utiliser l'*Ode à la joie* de Beethoven, en référence à son association à la violence dans *Orange Mécanique* de Kubrick.

Ce premier rôle d'Alan Rickman, homme de théâtre, fut une franche réussite qui lui ouvrit l'accès à de grands rôles, à commencer par celui du Sheriff de Nottingham dans l'excellent *Robin des Bois*, Prince des voleurs de Kevin Costner.

Piège de cristal eut de nombreuses suites, mais il va sans dire que seul *Die Hard 3*, *Une journée en enfer*, peut se targuer d'être à la hauteur du premier. Pas si étonnant quand on sait que ce volet marque le retour à la réalisation de John McTiernan qui prendra totalement à contre-pied l'unité de lieu et le sentiment claustrophobique du premier opus. Ma découverte en salle d'*Une Journée en enfer* avec deux amis d'enfance, Michaël et Gregory, est un de mes meilleurs souvenirs de cinéma. À la photographie sur *Piège de cristal*, on trouve Jan de Bont qui mettra à profit ce qu'il y avait appris pour ensuite réaliser *Speed*.

PULP FICTION

Difficile de parler de *Pulp Fiction* car beaucoup a déjà été dit, tout le monde ou presque aime en parler... Si ce film a engendré tant de dialogues, c'est avant tout grâce aux siens.
Les erreurs, les éclats de violence et les décisions plus ou moins stupides sont autant de signes de ponctuation à l'expression de l'humanité inattendue de tous ces personnages sortis de la littérature pulp.

C'est évidemment la désorganisation chronologique savamment structurée du film qui participe grandement à sa légende, à son impact sur le cinéma. Certes, Quentin Tarantino multiplie les références, les revendique, mais jamais il ne pille tant il réinvente et remet ses idoles sous la lumière des projecteurs.
Films comme acteurs, ils ont pu retrouver le chemin du succès, quand ils en avaient besoin, après ce passage tarantinesque. *Pulp Fiction*, c'est avant tout des loosers qui philosophent et commettent gaffe sur gaffe.
Au milieu de tout ça, le mystère du contenu de la mallette, qui, finalement et de l'aveu même du réalisateur, n'a strictement aucune importance si ce n'est pousser le spectateur à exprimer son propre imaginaire. On peut aussi y voir l'absurdité de la vie, dont tout un chacun fait l'expérience comme son héros central, pour n'être qu'un rôle de passage, voire un figurant, dans l'histoire d'autrui.
Pulp Fiction serait une icône de cinéma post-moderne. Les arguments à ce sujet semblent solides, comme quoi, on peut faire du neuf avec du vieux. On peut même décrocher la Palme d'or de 1994.

BRAVEHEART

En 1995, après le bac, j'étais en année préparatoire aux concours de Science Po, à Lille. Je voulais absolument voir *Braveheart* à sa sortie et ça tombait bien, j'avais quelques heures entre la fin des cours du matin et la reprise dans l'après-midi.

J'ai pleuré, je n'ai pas eu le temps de manger et je suis revenu en courant, mais j'étais ravi. Je sais, historiquement, le film ne tient pas du tout la route. Je comprends que ça puisse poser un problème quand on prétend relater des faits importants.

Cependant, en jugeant *Braveheart* uniquement sur ce qu'il parvient à susciter comme émotions, il s'agit à mes yeux d'un vrai grand film. La bande originale absolument parfaite de James Horner ne fait qu'exalter l'ensemble pour une parfaite histoire de David contre Goliath.

Mel Gibson voulait initialement tourner davantage en Écosse, mais les réactions peu amènes des locaux ont poussé l'équipe à saisir l'opportunité offerte de tourner en Irlande, jugée nettement plus accueillante et mettant à disposition des membres de son armée de réserve pour les grandes batailles.

Mel Gibson se trouvait trop âgé pour le rôle, mais il n'eut d'autre choix que de tenir la tête d'affiche pour convaincre le studio Paramount de financer le projet. Dans le même esprit, pour éviter une classification qui aurait été désastreuse pour le box-office, le niveau initial de violence fut nettement réduit.

Une version longue du film s'appesantit sur le calvaire de William Wallace, ce qui laisse présager du goût de Mel Gibson pour ce type de scène ; il y laissera libre cours dans *La Passion du Christ*.

FIGHT CLUB

Parmi les films qui suscitent le débat et la controverse, *Fight Club* est extrêmement bien placé. À sa sortie, en 1999, certains ont adoré son humour sombre et cynique et la dénonciation d'un rêve américain creux et trompeur. D'autres ont été choqués par sa violence et se sont inquiétés de la mauvaise influence que le film pourrait avoir sur une jeunesse impressionnable.
Certains critiques y virent l'exaltation d'un instinct de violence et de domination, propre à la « masculinité véritable », ou pensèrent même y déceler une forme de fascisme rampant.

Pire, certains abrutis ont vu dans *Fight Club* l'expression de leur délire machiste, enfin validé par ce qu'ils croyaient comprendre comme une explosion désinhibée des instincts profonds qui feraient le génie de l'homme, le vrai.
Les crétins qui interprètent le film comme une recette à appliquer au premier degré rejettent souvent sur les femmes la faute d'une situation de l'homme moderne qu'ils jugent comme un potentiel inassouvi. En se projetant sur une œuvre plus recette, je verrais bien de tels individus appeler de leurs vœux une société sur le modèle de celle dépeinte dans *The Handmaid's Tale*.

Fight Club n'est certainement pas le film au message philosophique le plus abouti et complexe de toute l'histoire du cinéma, mais il mérite au moins qu'on le regarde avec suffisamment d'attention pour comprendre que son message n'est pas machiste ou nihiliste et encore moins fasciste.
Fight Club montre comment il serait facile de passer d'une aliénation capitaliste à une aliénation idéologique extrémiste tout en ouvrant sur la possibilité de trouver un entre-deux.

Avant tout, c'est une expérience de cinéma forte, qui mérite son statut de film culte. Au rayon des anecdotes, on peut retenir l'étrange comportement de Rosie O'Donnell, célèbre humoriste, dans son propre show à la télévision américaine.
Le jour de la sortie du film, elle en révéla le twist final tout en demandant à ses téléspectateurs de ne surtout pas aller voir ce film qui l'avait, selon elle, rendue insomniaque. Je pense qu'elle avait surtout dû le comprendre totalement de travers, comme des tas de gens.

MULHOLLAND DRIVE

J'aurais pu vous parler de *Gladiator*, d'*Eternal Sunshine of the Spotless Mind*, de *Fargo*, *The Truman Show*... Ces films le méritent, mais *Mulholland Drive* aussi et peut-être un peu plus encore.

Quelques pages plus loin, je reviens à *Twin Peaks*, la série qui a changé les séries (voir p. 260). Initialement, *Mulholland Drive* découle d'un projet dérivé de *Twin Peaks* autour du personnage d'Audrey Horne et de sa vie à Hollywood. J'aurais adoré voir ça, mais David Lynch s'en éloigne.

Tout a commencé par le pilote d'une série ABC, tourné en 1999, projet que les décideurs de la chaîne abandonnent, convaincus notamment que les actrices sont « trop vieilles » pour porter une série. Des demeurés. C'est toutefois de cet échec initial que va surgir un film prodigieux, grâce au financement de Studiocanal et à ce que Lynch a dû inventer et réimaginer avec les contraintes de la reprise du tournage en 2000, sans les décors, ni les costumes d'origine.

Ne comptez pas sur moi pour vous proposer ici une lecture définitive du sens à donner au film. Comme souvent dans la filmographie de David Lynch, si *Mulholland Drive* poursuit un but, il s'agit de suggérer, d'invoquer une ambiance riche et ambivalente, polysémique, voire de débloquer l'accès aux couches profondes de la conscience du spectateur.

On peut simplement observer que le film traite du miroir aux alouettes du rêve hollywoodien et des trop nombreux jeunes gens qui sont venus s'y brûler les ailes.

Histoire de douleur intime refoulée, d'amour trahi, de manipulation, de haine, de culpabilité et de décadence, *Mulholland Drive* trace une route sinueuse, touchant parfois du doigt le sublime pour mieux nous mettre le nez dans les poubelles de l'existence. C'est une pure expérience que chacun vivra différemment. Un chef-d'œuvre qu'on peut revoir et discuter entre passionnés. De mon côté, j'ai vu le film à sa sortie pour en émerger groggy, comme un somnambule qu'on n'aurait pas dû sortir de sa transe, aussi horrifié qu'émerveillé.

Angelo Badalamenti reste l'indispensable complice de Lynch avec ses compositions qui semblent directement émaner de l'univers déjanté, naïf et traumatisant du génie.

OLD BOY

Encore un très gros choc, qui prend au ventre et sert le cœur, avec Old Boy, de Park Chan-Wook en 2003. J'avais loué le DVD dans une machine en bas de chez moi.
Et là, paf le Captain.

Sachez qu'il s'agit à la base d'un manga. En revanche, je ne chercherai pas à replacer en détail le film au centre du triptyque qu'il forme entre *Sympathy for Mister Vengeance* puis *Lady Vengeance*. C'est juste l'expérience brute que j'en garde et que je vous invite à tenter, si ce n'est déjà fait. Attention, il y a certains éléments de violence très crue dont une scène proche de la fin qui me laisse encore mal à l'aise des années après.
Old Boy est un film à mystère, doublé d'un film d'action et le tout forme une sorte de terrible conte moral… ou immoral ? Seul conseil : ne rien savoir de l'histoire avant de se lancer.

Old Boy s'appuie sur une réalisation exceptionnelle qui impose de mentionner le combat du couloir, devenu depuis un objet d'étude cinématographique.

Choi Min-Sik est exceptionnel dans le rôle principal, tout comme dans *J'ai rencontré le Diable*, un film moins abouti, mais au moins aussi brutal, qu'on doit à Kim Jee-woon.

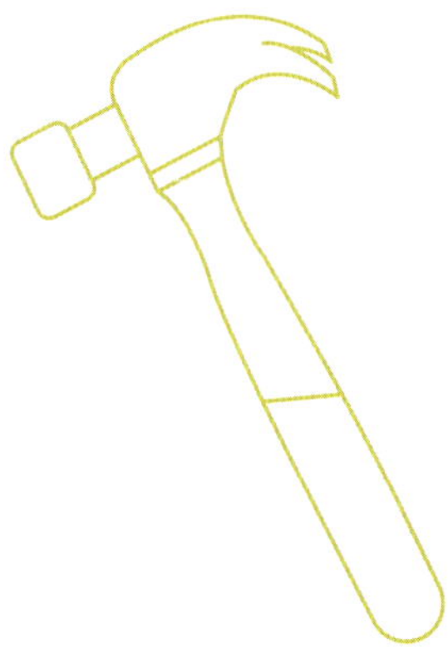

300

C'est en voyant *La Bataille des Thermopyles, The 300 Spartans* en V.O., un film de 1962, que Frank Miller comprend qu'un héros peut mourir. Il se passionne pour cette bataille de - 480 av. J.-C. Il crée, en 1998 un roman graphique mensuel publié en cinq numéros.
C'est en 2006 que sort l'adaptation de Zack Snyder dont l'incroyable rendu visuel marquera les imaginations. Pour convaincre Warner Bros. de financer le film, Snyder dévoile une version légèrement animée des planches du comics et tourne une démo de 90 secondes montrant un Spartiate tuant des Perses.

Il va de soi que *300* ne vise absolument aucune véracité historique, que ce soit en format BD ou filmique. Zack Snyder demanda même aux scénaristes d'ajouter de la bizarrerie au film. Par ailleurs, je dois reconnaître la justesse des propos d'Alan Moore, quand il souligne fin 2011 la misogynie de *Sin City*, un film qui m'a profondément agacé, ainsi que le caractère anhistorique, erroné et homophobe de *300*.
On peut également comprendre la réaction des Iraniens face à la représentation monstrueuse des Perses.

Cela étant posé, je continue de trouver ce film visuellement fascinant. Vu avec un minimum de culture et suffisamment de recul, c'est une expérience de cinéma puissante. Certes, c'est de l'art pompier, oui tout est exagéré au point sans doute de devenir kitsch aux yeux de certains, mais l'ensemble conserve un véritable impact dans une cohérence d'ensemble.

Comme souligné par Miller et Snyder, c'est une version *heroic fantasy* de l'histoire qui est proposée, rien de plus. Je pense qu'aucun des deux ne milite activement pour que les bébés malades ou en situation de handicap soient jetés du haut d'une falaise à la naissance.

LES SÉRIES INCLASSABLES

ROME

100 millions de dollars pour la première saison, 125 millions pour la seconde à comparer avec les 90 millions de la (courte) saison 8 de Game of Thrones. C'est John Milius, réalisateur de Conan le Barbare et Bruno Heller, qui écrira ensuite The Mentalist, qui sont à la tête de l'extravagant projet Rome.

La restitution de *Rome* est étonnante, même si on se situe davantage dans la recherche d'un sentiment d'authenticité que de pure reconstitution historique, de nombreux efforts ont été menés pour un certain réalisme.

Surtout, on suit les destins croisés de deux soldats embarqués dans les dernières années de la République romaine et amenés à côtoyer les grands noms de l'époque. On a pu reprocher la crudité des scènes de sexe et de violence, mais, pour moi, cela fait plutôt partie des qualités de la série, à une ou deux gratuités près.

Passion, cruauté, fureur, amitié et grande histoire sont au rendez-vous de cette œuvre à voir absolument.

TWIN PEAKS

Il est difficile de parler de Twin Peaks. Trop à dire d'un côté et, de l'autre, l'impression que les mots peinent parfois à exprimer le ressenti offert par l'expérience de la série.

Alors qu'il peignait déjà, David Lynch voulut atteindre une expression artistique plus totale, ce qui l'a poussé à explorer le cinéma, ses images en mouvement et sa musique, les deux étant ici profondément interdépendantes grâce au talent d'Angelo Badalamenti.

En termes d'écriture, de création, *Twin Peaks* c'est au moins autant Mark Frost que David Lynch et on a trop souvent tendance à sous-estimer l'impact de l'auteur. Il fallait bien deux esprits, comme les deux pics du titre, voire des esprits jumeaux, pour esquisser les mystères de ce petit monde étrange et profondément dualiste.

Dans ce duo créatif, Lynch a pu exprimer ses nombreuses obsessions, dont la pourriture malsaine nichée dans les recoins d'une petite ville d'apparence tranquille. Dans ses recoins et même tout autour, puisque la forêt, même si elle n'est pas que maléfique, masque aussi la présence de forces ignobles.

Je suis totalement passé à côté de *Twin Peaks* en 1990 et 1991. Ce n'est qu'en prévision de l'arrivée de l'inespérée saison 3, diffusée en 2017, que je me suis plongé dans l'œuvre mythique. L'effet du temps n'a en rien entamé la magie, ou l'envoûtement devrais-je dire, qui m'a emporté dans ce que certains décrivent comme une sorte de fascination hypnotique.

Après les deux premières saisons, j'ai vu le film préquel, *Fire Walk With Me*, qui prolonge parfaitement les révélations poignantes de la série.

Quant à la troisième saison, si elle était parfois crispante tant je voulais voir avancer l'intrigue plus rapidement, on y reconnaît la totale liberté de Mark Frost et David Lynch qui explosent les codes de narration, font durer de nombreuses scènes, s'abandonnent avec bonheur aux fameux interludes musicaux, ouvrent des pistes sans pour autant les exploiter ou les refermer.
Le faible rôle de certains personnages, notamment Audrey, fut source de frustration, mais le maître n'a rien perdu de sa magie, d'autant qu'il réalise ici l'ensemble de la saison alors que les deux premières sont des œuvres chorales et que la deuxième s'est souvent égarée faute de capitaine à la barre.
Comme tous ceux qui ont été marqués par cette saison 3, il me faut évoquer l'épisode 8 et son exploration des origines du Mal. On entre dans une totale expérimentation sensorielle, de 58 minutes, sur Showtime. Incroyable. L'expression « du jamais vu » appliquée à la lettre. Vous reprendrez bien un bol de garmonbozia prédigéré par Jowday ?

LOST

Impossible de rater un épisode de *Lost*, dès la découverte en 2005… ou était-ce en 2004 avant sa première diffusion française, en passant par Emule ? Ce dont je suis certain, c'est que j'ai suivi la série religieusement, jusqu'à commencer à m'en méfier un peu en cours de saison 5 et beaucoup en saison 6.

Impossible d'évoquer *Lost* sans se positionner sur sa fin et… je faisais nettement partie des déçus. Ils avaient poussé le bouchon un peu loin, Damon Lindelof et Carlton Cuse sachant que J. J. Abrams avait quitté le bateau après le pilote.

Loin de moi l'idée de rejeter la série en bloc pour autant, tant elle a su inventer d'excellents moments au travers de personnages fouillés et souvent attachants.

Les mystères, la mythologie de l'île, me passionnaient et aiguisaient ma curiosité, jusqu'à ce que le soufflé retombe un peu.

Plus que l'absence de réponse à telle ou telle question ou une explication qui ne semblait pas toujours à la hauteur, c'est la baisse de régime dans la narration d'ensemble qui a un peu terni mon expérience sur la dernière saison.
Lost fait partie de ces séries que je n'ai pas envie de revoir, mais il faut avouer que je ne revois quasiment jamais aucune série, c'est trop long et il y en a trop qu'il me reste à découvrir.

L'impact de *Lost* reste considérable en ayant su (re)démontrer le potentiel d'une série à prétendre à la qualité, à tous niveaux, ainsi qu'à toucher un public mondial. Quand j'y repense avec nostalgie, c'est souvent au travers des personnages d'Hurley, Sawyer, Desmond, Locke ou de l'excellent méchant que faisait Benjamin Linus.

BREAKING BAD

Breaking Bad est la série que je tiens en plus haute estime. Pas la peine de scander les noms des géants que sont ***Oz***, ***The Sopranos***, ***The Wire*** ou ***Six Feet Under***, ma préférée c'est *Breaking Bad* et ce n'est pas bien grave ! En termes d'évolution de personnage et de jeu d'acteur, je n'ai jamais vu mieux.

Plutôt que de me lancer dans un énième dithyrambe sur la série, voici quelques anecdotes notables à son sujet – eh non, on ne peut pas sérieusement penser que la « meth » de Walter soit à l'origine de l'épidémie de *The Walking Dead* !

L'adresse des White est occupée par des gens comme vous et moi. Malheureusement, des fans tentent souvent de renouveler l'exploit de la pizza…

Jesse Pinkman et Gus Fring ne devaient pas apparaître dans autant d'épisodes initialement. Le talent des acteurs a convaincu Vince Gilligan de modifier le script. Imaginez-vous *Breaking Bad* sans Aaron Paul au-delà du neuvième épisode !

Samuel L. Jackson aurait débarqué sur le tournage en tenue de Nick Fury alors qu'il tournait *Avengers* sur un plateau voisin. Il voulait apparaître en arrière-plan dans le restaurant Los Pollos Hermanos, ce que les producteurs ont refusé…

Jesse Plemons, qui joue l'horrible Todd, est souvent surnommé « Meth Damon » depuis la série. L'acteur a également joué dans l'excellente saison 2 de *Fargo* et, depuis, il est en couple avec Kirsten Dunst, sa partenaire à l'écran.

Bryan Cranston a reçu une lettre personnelle d'Anthony Hopkins qui tenait absolument à lui exprimer son admiration, ainsi qu'envers l'ensemble de la distribution et des équipes de cette série qu'il avait dévorée en deux semaines.

Une lettre de Sir Hopkins ! La consécration ultime pour un acteur ?

Absolument.

PEAKY BLINDERS

« Fookin » évidemment ! Quel autre mot pour décrire les Peaky fookin' Blinders ?

Tout comme pour *Breaking Bad*, le sujet initial ne me disait rien. Les années 1920 à Birmingham et une famille de gangsters ? Mouais. J'ai repoussé très longtemps mon arrivée dans les faubourgs contrôlés par les Shelby. Que j'avais eu tort ! Le charisme de Cillian Murphy explose l'écran et s'il est aussi bon, c'est notamment grâce aux excellents acteurs qui l'entourent. L'approche ultrastylisée, les musiques anachroniques, pour moi tout fonctionne à merveille.

Les scénaristes prennent un malin plaisir à mettre Thomas Shelby dans des situations impossibles et à le confronter à plus vicieux que lui. Il reste pourtant un très vilain garçon, un véritable antihéros dont la violence peut encore nous horrifier.

Les caïds de Birmingham écrivent leurs propres règles, il suffit de les voir respecter leur propre code de conduite et cette totale dévotion en la famille pour se laisser prendre au piège, se retrouver à les soutenir en dépit du bon sens. C'est la magie des histoires, celle qui sait humaniser la pire des crapules et nous faire prendre son parti.

Puis l'amour véritable, voilà une arme d'empathie massive que manie à merveille la série, notamment dans ses deux premières saisons. Même si j'ai trouvé la saison 5 un peu en deçà, je regarderai la suite avec confiance.

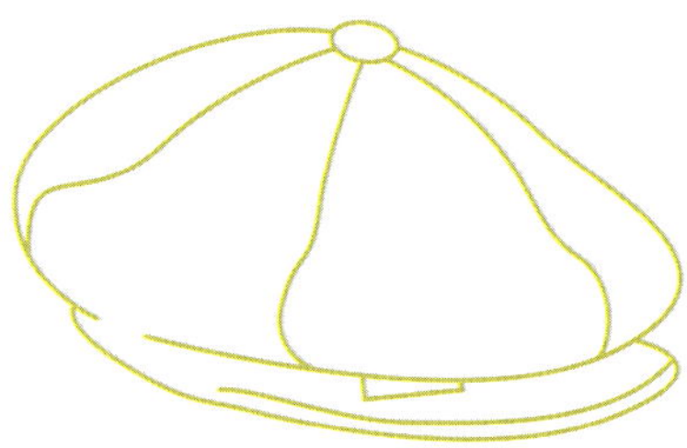

TRUE DETECTIVE

Une série qui devient culte en une seule saison ? Bien sûr, d'autant plus que chaque saison de True Detective forme une histoire complète. L'enquête policière n'est pas le genre qui m'attire le plus, bien au contraire. Il faut dire qu'il est, de loin, le plus exploité à la télévision.

Malgré la réputation croissante et excellente de *True Detective*, sorti en janvier 2014 je ne l'avais pas encore regardée avant le mois de juin. C'est en avion, en direction de Los Angeles pour couvrir l'E3 (Electronic Entertainment Expo) de 2014, que j'ai dévoré la première saison. Impossible de dormir, il fallait que j'enchaîne les épisodes, malgré l'écran minuscule. La fascination m'emporta bien loin de l'inconfort des longs courriers.

Le script extrêmement fort de Nic Pizzolatto est servi par la réalisation à la fois très technique, maîtrisée et sobrement artistique de Cary Fukunaga. Les rôles et les textes s'inscrivent dans la chair que leur offrent Matthew McConaughey et Woody Harrelson.

Ces deux-là forment tout simplement l'un des duos les plus mémorables qu'on ait jamais vu et Matthew McConaughey s'impose comme un acteur de génie. Certes, sa radicale transformation avait déjà commencé au cinéma avec *Killer Joe*, *Mud* et surtout *Dallas Buyers Club*, mais la profondeur apportée à Rustin Cohle semble encore aller au-delà.

Tous les ingrédients sont donc réunis. La première saison s'abandonne à un corps à corps aussi charnel que philosophique avec un mal immonde qui flirte avec le surnaturel décadent tout droit sorti de Carcosa.

La troisième saison reste, à mes yeux, particulièrement recommandable. Le récit est bon, même si pas aussi délicieusement étouffant, et le trio Carmen Ejogo, Stephen Dorff et Mahershala Ali relève le défi.

PENNY DREADFUL

Ah, la nostalgie !!!

Elle me saisit dès que je repense à Penny Dreadful et au plaisir immense de se plonger, avec ma copine, dans les délices sulfureux de son splendide générique.

Nous partageons un grand intérêt pour les œuvres qui traitent le surnaturel avec subtilité et une pointe (une louche ?) d'effroi. *Penny Dreadful* se révéla une merveille à trois niveaux : visuel somptueux, personnages émouvants et interprétation d'une puissance ahurissante.

La fin, abrupte, vient cruellement mettre terme au développement d'intrigues qui restaient éminemment prometteuses. Reste heureusement l'imagerie d'épouvante victorienne, entre élégance étriquée de soie et de velours, haut-de-forme et gerbes sanglantes sur pavé crasseux, expériences interdites, désir tremblant et canines acérées.

On retrouve avec un plaisir immense Timothy Dalton, ultraclasse (oui, c'est mon adjectif pour lui), on admire Rory Kinnear en créature de Frankenstein, et on s'abandonne corps et âme à l'admiration qu'inspire Eva Green dans son incarnation totale de Vanessa Ives, promise au démon.

THE LEFTOVERS

Comme des tas d'autres grandes séries, *The Leftovers* est produite et distribuée par HBO, de 2014 à 2017. Très sérieuse concurrente au titre de meilleure série de tous les temps, dans un genre qui lui est très spécifique, voire unique.

Certains détestent *The Leftovers*. La série prend son temps, pose des questions qui demandent une certaine maturité, une sensibilité aussi. On est même venu m'insulter en commentaire sous une vidéo pour avoir chaudement recommandé la série, qui serait une perte de temps.

The Leftovers, c'est l'adaptation du roman de Tom Perrotta, mené par lui-même et Damon Lindelof. Après *Lost* et la controverse du final, Damon Lindelof prévient tout de suite qu'on n'y trouvera pas toutes les réponses aux nombreuses questions, notamment surnaturelles, qui se posent.

En trois saisons dont la qualité va crescendo, ce qui est déjà admirable, la série explore le deuil, la difficulté de rester après ceux qui partent et l'acte de foi consistant à livrer pleinement son amour dans un monde dépourvu de sens.

The Leftovers traite des thèmes déprimants et ne fait aucun cadeau à ses personnages. Si on y est sensible, on pleure souvent et pas qu'un peu du fait d'un thème musical qui semble venir directement jouer sur les cordes de notre âme.

Pas besoin de réponse didactiques ou de longues explications pour proposer une fin merveilleuse et, pour moi, là n'était pas le problème de celle de *Lost*. Quoi qu'il en soit, Damon Lindelof confirme ici son incroyable talent, qu'il démontrera à nouveau avec la mini-série *Watchmen*.

Justin Theroux et Carrie Coon mènent une distribution totalement impliquée et d'une justesse fabuleuse. On a même Scott Glenn et Liv Tyler dans des seconds rôles.

Pour ceux qui l'ont vue, je dirai que l'important concernant l'histoire de Nora, ce n'est pas tant de savoir si elle est vraie ou fausse, mais plutôt qu'elle donne envie d'y croire.

Si vous ne craignez pas de vous salir les mains à la boue des questions existentielles et du vertige de l'absence, grattez et découvrez ce bijou, ce sera le vôtre.

LE BUREAU DES LÉGENDES

Le Bureau des légendes nous introduit à la DGSE et plus particulièrement aux officiers du renseignement qui infiltrent des pays étrangers sous couverture, les fameuses « légendes ».

La « légende », c'est la fausse identité à ne jamais trahir pour ne pas que l'infiltré se compromette, lui et sa mission, mais avant tout pour protéger la « boîte », c'est-à-dire le service de renseignements, au sein duquel la loyauté est vertu cardinale.

Le traitement réaliste de l'espionnage n'est pas du tout un sujet qui me passionne, mais entre un scénario ciselé et l'humanité profonde qui se dégage des personnages et situations, je n'ai eu d'autre choix que d'adorer.

Mathieu Kassovitz est en tête d'affiche, accompagné de Jean-Pierre Darroussin, sans oublier Sara Giraudeau et toute une galerie de seconds rôles aussi essentiels que parfaitement interprétés.

Dès la première saison, on suit deux trames narratives en parallèle. Celle tournant autour de Malotru, le pseudonyme du personnage de Mathieu Kassovitz, va opposer devoir et amour. La seconde, centrée sur Sara Giraudeau, nous plonge dans les débuts d'une espionne en situation à haut risque.

La série parvient à instaurer une véritable tension dans certaines scènes et un suspense durable, sans jamais recourir à des scènes d'action ou de violence, ou presque. Leur rareté fait qu'elles nous secouent d'autant plus quand elles surviennent.

Il faut souligner le travail du showrunner, Éric Rochant, qu'on retrouve à la tête de ce travail d'horlogerie qui n'oublie jamais d'humaniser ses pions.

CONTROVERSES ET PERLES RARES

24 HEURES CHRONO

Est-ce une honte d'aimer la fameuse série 24 ?

Est-elle réactionnaire et promeut-elle le recours à la torture ?

Jack Bauer est-il bionique ?

Bon... j'adore *24* ! Découverte par hasard, lors de sa première diffusion française, sur TF1 en seconde partie de soirée, je ne pouvais pas manquer un épisode, comme pour *Lost* et faute de plateforme légale, le *peer to peer* m'avait alors sauvé.

La formule du temps réel associée à tous les talents qui se sont penchés sur les débuts de cette série en font une œuvre marquante du petit écran. Il ne fait absolument aucun doute, on s'inscrit alors en plein traumatisme post-11-septembre, même si la production de la série avait commencé bien avant.

Cette terrible actualité va d'autant plus mettre en lumière la série, alors que les producteurs et Kiefer Sutherland craignaient son annulation pure et simple. Comment en vouloir alors aux Américains de se passionner pour la CTU, Counter Terrorism Unit et surtout son super agent, Jack Bauer ?

Avec la saison 2 et l'invasion de l'Irak par les troupes US, les scénaristes restent, sans le vouloir, en parfaite adéquation avec une réalité qu'on décrit souvent comme plus folle que la fiction, alors que Jack tente d'éviter le déclenchement d'une contre-attaque massive des États-Unis à la suite d'un complot...

Le débat le plus virulent et légitime autour de *24* porte sur l'apparente justification de la torture. Il y a plusieurs façons d'aborder un sujet aussi sensible.

L'approche la plus simple est de parler de ma propre perception. Je suis totalement opposé à l'usage de la torture (je sais, c'est fou) et si je me suis parfois interrogé sur l'impact que la série pourrait avoir sur certains profils de téléspectateurs, j'ai toujours facilement fait la part des choses. Jack Bauer est sans cesse confronté à des choix impossibles, des menaces monstrueuses avec la vie de nombreux innocents dans la balance.

De toute évidence, Jack applique alors une morale utilitariste, ce qui choque la morale idéaliste qu'il me semble légitime de privilégier quand on parle de torture. Reste la capacité à prendre du recul, à ne pas se laisser convaincre que le cas totalement fictif et extrême de Jack Bauer peut se transposer à la réalité.

On assistera, heureusement, à une évolution de la série concernant la torture dont elle montrera aussi l'horreur et la retournera contre son héros. De même, *24* est bien plus progressiste qu'on ne pourrait le croire sur la représentation des musulmans ou encore des Afro-Américains.

Les « méchants » de *24* ont été de toutes les origines, avec des motivations très variées. La série a su montrer l'ostracisme dont pouvaient souffrir les musulmans et elle a habitué tout un public à l'idée d'un Président noir avec l'excellent David Palmer.

Plaisir coupable, peut-être, notamment du fait des incessantes exagérations scénaristiques, *24* reste une série que j'ai suivie avec passion et qui a su remonter en qualité après un passage à vide lors de certaines saisons, en particulier la sixième et terminer sur un excellent *Live Another Day* pour une saison 9 en 12 épisodes.

THE WALKING DEAD

J'ai adoré *The Walking Dead* durant de nombreuses saisons, lui passant quelques inévitables errements pour me concentrer sur le plaisir de retrouver des personnages fascinants confrontés à une situation totalement extrême et révélatrice des caractères profonds.

Malheureusement, AMC a trop tiré sur la corde et, surtout, a foutu le potentiel de la série en l'air à grands coups de décisions scénaristiques désastreuses. Le rythme de la progression dramatique s'est effondré et, à force de cumuler les épisodes de remplissage et les décisions aberrantes de personnages auparavant lucides, mon intérêt initial s'est mué en marcheur.

La saison 9 a sonné le glas de mon investissement et, malgré de vagues retours positifs sur la saison 10, je suis passé à autre chose. On n'a qu'une vie et il n'y a pas qu'une série alors, parfois, il faut savoir trancher.

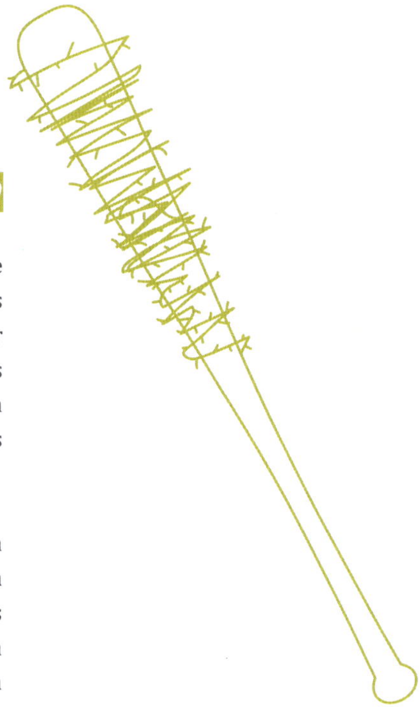

Si un jour j'estime qu'il y a plus de potentiel dans cette saison 10 que dans ma liste d'œuvres à voir absolument, je la regarderai.

Ce n'est pas pour demain.

UTOPIA

Ces Anglais, alors ! *Peaky Blinders*, *Utopia*, et, pour certains, les séries du Royaume-Uni c'est aussi **Doctor Who**, **Luther** ou encore **Sherlock**, des œuvres aux mérites indiscutables, mais que je ne mettrais pas dans ma sélection personnelle.

Utopia, en revanche, si. Série vue sur le tard, que j'ai découverte grâce à sa récurrence dans les recommandations de bon goût. Elle était dans ma liste de « trucs à voir », vous savez cette liste qui se régénère en mode Wolverine, même quand on y pioche à tour de bras.

Pour le moment, c'est juste 12 épisodes répartis en 2 saisons, avec une fin pour le moins ouverte. *Utopia* se pare de couleurs flashy et use de compositions d'image dignes d'un comics des années 1980 pour mieux vous plonger dans la terrible noirceur sous-jacente.

Des couleurs, de la noirceur, du décalage, de la violence, mais on rit aussi. Et on s'interroge surtout, sur la grande conspiration.
Utopia parle d'un groupe d'inconnus qui ont en commun leur fascination pour un roman graphique culte dont les planches s'échangent comme de véritables trésors interdits. Certains seraient même prêts à tuer pour les récupérer.

Depuis la fin abrupte de la série originale en 2014, un projet de remake mené par David Fincher chez HBO a vu le jour avant d'être abandonné. Finalement, la résurrection se fera sur Prime Video, avec Gillian Flynn à sa tête, l'écrivaine et scénariste qui était déjà associée au projet de Fincher, après leur collaboration sur *Gone Girl*.

Quoi qu'il en soit, voyez la série originale, elle a un charme bien particulier. Attention à quelques scènes de violence et méfiez-vous des gars en blouson vert.

BANSHEE

Peut-on encore dire de Banshee qu'elle est une série passée sous les radars ?

Disons qu'elle mérite encore d'être plus connue et mieux reconnue.

Dans le nuancier des genres que proposent les séries que j'évoque ici, *Banshee* se situe absolument dans la couleur rouge action, bien pétante et sans nuance. Ou presque, allez.

Fusillades, sexe, truands, nazis, tueurs psychopathes et bagarres. Attention, quand je dis « bagarres », c'est du sérieux dans *Banshee*. De la très grosse bagarre. Ce que la série manque parfois en subtilité, elle le compense nettement en adrénaline.
Je pense qu'il existe nettement plus de séries d'action ratées que de réussies et *Banshee* fait partie de ces heureuses exceptions, qui demandent un véritable savoir-faire.

Si vous avez aimé *The Boys* (ou pas, d'ailleurs !) retrouvez Antony Starr dans le rôle d'un voleur de haut vol qui récupère par hasard l'identité du shérif Lucas Hood. La ville de *Banshee* et les forces en présence n'ont pas conscience du bazar qui les attend.

HANNIBAL

Vous connaissez sans doute Hannibal de réputation, mais avez-vous vu la série, bande de galopins ?

Esthétiquement, c'est la série la plus aboutie que je connaisse, la seule approchant étant sans doute *Penny Dreadful*, voire quelques scènes d'*American Gods* dont la première saison était également supervisée par Bryan Fuller.
L'humeur travaillée minutieusement par *Hannibal* correspond à son sujet, pris très au sérieux. En toute logique, la série est glaçante, cruelle et destinée à un public averti que la violence physique et psychologique n'effraie pas.

Comme je l'ai déjà évoqué, je n'aime pas les scènes de souffrance prolongées. Dans l'ensemble, elles nous sont épargnées dans *Hannibal*, du moins pour la douleur physique. En revanche, les scènes de crime sont examinées en détail, puisqu'il s'agit généralement, aux yeux des psychopathes, de véritables œuvres d'art. Si les cadavres dans tous les états imaginables vous dégoûtent, passez votre chemin.

Le duo central de la série est formé par Hannibal Lecter et Will Graham. Ils exercent une fascination mutuelle, certains y voyant une forme inavouée d'état amoureux. Surtout, ils se livrent à des joutes intellectuelles de premier ordre, grâce à des dialogues à l'écriture d'une précision diabolique.

Mads Mikkelsen démontre un véritable génie d'interprétation et Hugh Dancy parvient à tenir le niveau. Les deux acteurs avaient travaillé ensemble et s'étaient liés d'amitié sur *King Arthur* d'Antoine Fuqua.
L'excellent David Tennant avait beaucoup impressionné Bryan Fuller en passant l'audition pour le rôle d'Hannibal, mais lui-même a reconnu plus tard, grand prince, que Mads Mikkelsen était le bon choix au vu de ce qu'il avait réussi à insuffler au personnage.
La série se paie le luxe d'avoir Laurence Fishburne et Gillian Anderson en personnages secondaires. Ça résume tout.

Hannibal a été plutôt abruptement annulée par NBC, qui avait déjà miraculeusement poussé sur 3 saisons pour un programme clairement destiné au câble.
Au moment d'écrire ces lignes, rien n'est fait, mais un tressaillement se fait ressentir pour l'espoir d'une saison 4 alors que les trois premières arrivent sur Netflix US. Tout ou presque dépendra de la décision de Bryan Fuller et de l'intérêt manifesté par le public à l'occasion de cette arrivée sur le service de VOD...

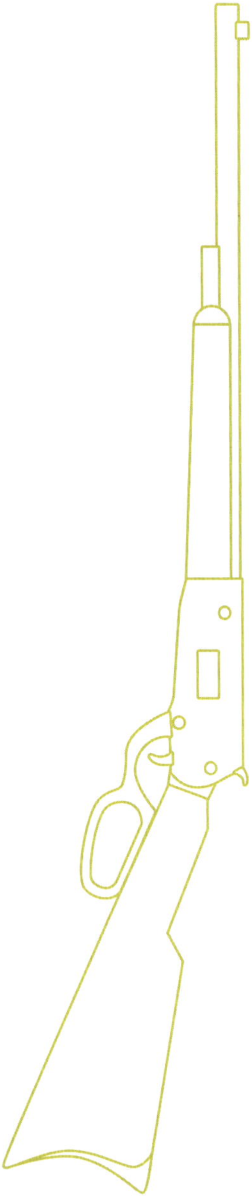

GODLESS

Malgré son succès critique, la mini-série western Godless, disponible depuis 2017 sur Netflix, mérite une bien plus large considération. En sept épisodes, Godless s'empare de grands thèmes du western pour leur insuffler une vision aussi moderne que respectueuse de ses illustres influences.

L'histoire peut compter sur un méchant d'anthologie, Frank Griffin, interprété par Jeff Daniels, un acteur au panel de registres particulièrement impressionnant.

Godless se saisit également de certains archétypes pour mieux les inverser et nous surprendre, avec parfois un dur rappel au réel pour certaines légendes tenaces associées au genre.

Il faut dire que Scott Frank, qui a scénarisé et réalisé la mini-série, a un sacré palmarès de scénariste à son actif, avec *Get Shorty, Hors d'atteinte, Minority Report, Logan*...

Ma copine n'aime pas les westerns, pourtant, cette fois, elle a autant apprécié que moi l'expérience. Allez faire un tour du côté de La Belle, cette ville sans homme. Enfin... il reste bien Bill, le shérif (Scoot McNairy, excellent habitué des seconds rôles). Passez-lui le bonjour de ma part !

I AM A REAL UNICORN

FOCUS

DE L'IMPORTANCE DE LA BAGARRE

La mise en scène d'un affrontement physique, que ce soit via des armes ou à mains nues, est un élément souvent marquant et essentiel dans la progression scénaristique ainsi qu'un moyen d'en dire plus sur les personnages impliqués.

Bien sûr, et heureusement, de nombreux genres, littéraires ou destinés aux petits et grands écrans, se passent parfaitement de toute forme de violence.

Cela dit, dans la pop culture, abstraction faite des comédies que j'ai peu évoquées dans ce livre, les récits incluent souvent une forme de confrontation physique, au moins dans leur acte de résolution du conflit.

Entre les productions d'arts martiaux, où ces scènes constituent le cœur même de l'œuvre, et une altercation anecdotique qui viendrait simplement souligner une tension, les niveaux d'exigence sont incomparables.

Trop souvent, la bagarre sera confiée à une seconde équipe sans la présence du réalisateur principal qui ne fera que valider a posteriori. Certaines secondes équipes se révèlent parfois meilleures que la principale et, quand c'est le cas, tout le crédit en revient souvent au réalisateur attitré alors qu'il ou elle n'y est pour rien.

Trop souvent aussi, on tombe dans le piège des « combats de cinéma » en reprenant une forme de routine sur les vieux trucs permettant de masquer l'absence de contact et les fameux coups d'épée visant l'arme adverse plutôt que celui qui la manie.

À vrai dire, dès qu'il s'agit de combat d'inspiration médiévale, les représentations communes sont totalement à côté de la plaque. Même des affrontements considérés comme réussis, comme le combat du premier épisode de *The Witcher* notamment, n'ont rien de bien réalistes. Tourner sur soi-même par exemple est souvent une bien piètre idée face à un adversaire avec une belle longueur d'acier en main. On peut retrouver sur YouTube des combats à l'épée réalistes et dynamiques, effectués par des spécialistes, mais qui nécessitent des années de pratique.

Le public et les analystes un peu lourdingues, comme moi, en demandent toujours plus et l'essentiel reste d'assurer la sécurité des acteurs et cascadeurs, bien sûr. Les accidents graves concernent plus souvent les chutes, les véhicules ou encore les explosions que les combats en eux-mêmes.

Toutefois, le combat de Rod Taylor contre William Smith, dans *Darker than Amber*, en 1970, se termine avec des côtes et nez cassés, l'affrontement ayant presque entièrement tourné au véritable pugilat entre les deux hommes. À tel point qu'ils furent envisagés pour un rôle dans *Opération Dragon* avec Bruce Lee. Le visage de William Smith vous sera familier, il suffira de vous rappeler qu'il était le père de *Conan le Barbare* ou encore le meilleur combattant opposé à Clint Eastwood dans Ça va cogner, la suite de Doux, Dur et Dingue.

La violence est aussi une forme d'expression et elle doit permettre d'en dire plus sur le personnage. Est-il du genre à frapper le premier ? Sait-il se battre avec une forme de technique ? Dans quelles circonstances a-t-il appris ? A-t-il une attitude offensive ou défensive ? Prend-il plaisir à infliger la douleur ? Comment réagit-il face au danger, face aux blessures, à la défaite imminente ?

Prenons *Daredevil* et *Old Boy* et leurs scènes respectives du couloir. Matt Murdock affiche une efficacité technique et une persévérance hors du commun. Du côté du « vieux garçon », c'est une véritable rage contenue qui surgit de ses poings, il inspire la peur et ne recule devant rien ni personne. Dans les deux cas, le choc de chaque coup se ressent, on ignore qui va se relever, dans quel état. Ce sont de véritables événements.

En contre-exemple, dans la saison 3 de *Westworld*, série pourtant chère à mon cœur, la plupart des affrontements restent de pures chorégraphies qui manquent autant d'enjeu que de punch, malgré l'engagement des acteurs et actrices. De l'aveu même d'Evan Rachel Wood, le coordinateur cascades ne savait pas, avant de filmer la scène, que l'actrice avait un background de taekwondo. C'est un comble, je le savais, personnellement, et le gars dont le boulot consiste à préparer les cascades l'ignorait ?

Une bagarre réussie demande énormément de travail préparatoire, à commencer par celui du scénariste qui doit clairement définir à l'avance l'enjeu et les points de caractère à exprimer plutôt que de se contenter d'un « ils se battent, untel gagne. »

Deux autres excellents exemples de réussites : l'affrontement de Lucas Hood contre le champion de MMA Damien Sanchez dans le troisième épisode de la première saison de *Banshee* et les fusillades de *Heat*.

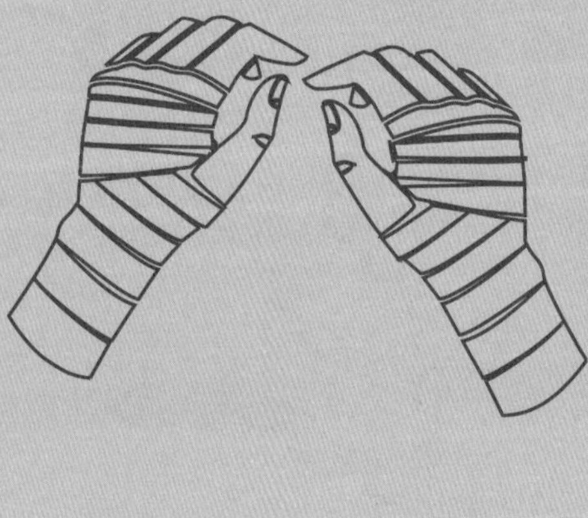

Lucas Hood est physiquement inférieur et malgré son talent indéniable, sans doute moins techniquement avancé que le combattant de MMA. Ce qu'exprime le combat, c'est le degré de réalisme et de violence que le nouveau shérif est capable d'apporter tandis que le champion conserve les réflexes applicables dans le cadre de son sport réglementé.

Dans *Heat* de Michael Mann, les fusillades sont très fortes car ce sont des moments de basculement dans l'histoire, tout se joue et la vie des protagonistes est clairement en jeu.

Dans la représentation de la violence, on peut notamment regretter que les dommages de coups (de poing ou autre) soient généralement sous-évalués dans les fictions. Tous les genres ne s'y prêtent pas, mais un maquillage adapté permettrait de souligner le danger et la nature destructrice et repoussante de la violence.

Que ce soit pour le corps à corps ou les échanges de tirs, la réalité est autrement plus choquante que ce que montrent la plupart des œuvres de fiction.

NEVER

6

le FUTUR de la POP culture

ABONNEZ- VOUS OU VOUS FINIREZ DANS CES TOMBES ! PAS D'ABO = PAS DE VIDEOS!
LE SOURIRE DE CAPTAIN POPCORN
RIP CHUCK NORRIS IL AVAIT REFUSÉ D'ACTIVER LA CLOCHE
KARMA & MEMES
THANOS REPOSE À JAMAIS DANS TON SAC D'ASPI. FALLAIT PAS MENACER MES ABONNÉS
CI-GÎT LE GENOU DE VIEWER NON-ABONNÉ "CAID78-101" SEULE PARTIE DU CORPS AYANT ÉTÉ RETROUVÉE
EN MÉMOIRE DE No_Name.HiHi AU REGRET DU POUCE EN BAS DANS SON BAIN

LE FUTUR DE LA POP CULTURE

Réfléchissons un peu, comment se définira l'avenir de nos genres préférés ? À n'en pas douter, le public aura un impact considérable, par ses sélections d'œuvre, ses modes de consommation.

Du côté de l'offre, de la création pour que ce soit plus joliment dit, on peut toujours légitimement attendre les prochains génies. Ils seront au rendez-vous et participeront à cette magie de l'expression du genre humain. Ne comptons pas que sur les génies, toutefois. Ils sont rares, et leur art peine parfois à nous atteindre car encore faut-il que le génie soit reconnu.

Heureusement, il reste tous ceux qui cisèlent leur talent brut, sans relâche, pour en révéler l'éclat. Ceux qui s'investissent passionnément dans leurs créations, fussent-elles considérées par certains comme mineures ou frivoles.

En résumé, le futur dépend de nous. De nos choix de visionnages, de lectures, d'écoutes ou de visites, de nos créations aussi. De vos créations. Le propre de l'homme est d'inventer des histoires pour éclairer son existence, s'en créer une nouvelle, imaginer des modèles, imaginer un progrès possible. Créons et partageons ces richesses !

Cela étant dit, si vous ne vous abonnez pas à ma chaîne YouTube, je me verrai dans l'obligation d'implanter dans votre conscience l'intégrale de *Camping Paradis*, répétée en boucle. À vie. En bonus, une manicure gratuite chez Sayid, de *Lost*.

À bientôt pour de nouvelles aventures !

REMERCIEMENTS

*Mille et un mercis à ma chère maman,
à super Nini et tout mon amour aussi !!!*

58, rue Jean Bleuzen – 92178 Vanves Cedex

Direction : Catherine Saunier-Talec
Directeur de projet : Antoine Béon
Responsable de projet : Anne Vallet

Conception, réalisation graphique, mise en page et pictogrammes : Julien Henry

Illustrations de Sylvain Moriame : Jérémy Mariez et Alexandre Karam
(couverture et pages 7, 13, 17, 25, 41, 65, 75, 109, 116, 159, 171, 221, 228, 275, 279 et 282)

Correction : Emmanuelle Fernandez
Fabrication : Anne-Laure Soyez

Dépôt légal : octobre 2020
41-1963-9/01
ISBN : 978-2-01-709419-7
Imprimé en Espagne par Estella Graficas